船舶气象导航

主　编　王　辉　白春江
主　审　张永宁

大连海事大学出版社

图书在版编目(CIP)数据

船舶气象导航 / 王辉, 白春江主编. —大连：大
连海事大学出版社, 2018.8
ISBN 978-7-5632-3684-8

Ⅰ.①船…　Ⅱ.①王…②白…　Ⅲ.①海洋气象学—
航海导航　Ⅳ.①U666.135

中国版本图书馆 CIP 数据核字(2018)第 183488 号

大连海事大学出版社出版

地址：大连市凌海路1号　邮编：116026　电话：0411-84728394　传真：0411-84727996
http://www.dmupress.com　E-mail：cbs@dmupress.com

大连住友彩色印刷有限公司印装　　　　　　大连海事大学出版社发行

2018 年 8 月第 1 版　　　　　　　　　　2018 年 8 月第 1 次印刷
幅面尺寸：184 mm×260 mm　　　　　　　　印张：11
字数：256 千　　　　　　　　　　　　　　印数：1~1500 册

出版人：徐华东

责任编辑：宋彩霞　　　　　　　　　　　责任校对：董洪英　陈青丽
封面设计：解瑶瑶　　　　　　　　　　　版式设计：解瑶瑶

ISBN 978-7-5632-3684-8　　　审图号：GS(2018)4141 号　　　定价：25.00 元

前　言

　　船舶在航行中往往会受到各种不同的海洋环境及气象因素影响,恶劣的海况和天气都会直接威胁到船舶安全,甚至因船舶遇险、船期延误等而带来经济损失。因此,远洋船舶在横渡大洋时,总希望能够选择出一条既安全又经济的最佳航线,以便赢得较好的航行条件。但是,长期以来,由于技术条件的限制,跨洋航行船舶的航线选择往往达不到令人满意的效果。因此,它始终困扰着远洋航行的船长及其他船舶驾驶人员。

　　与此同时,当今世界的航运业已不再单纯地将货物安全运送到目的港,船舶管理人无论船东或租船人都同样面临着各种可能影响经营效益的潜在风险,如燃油费用波动频繁、船舶租金浮动不定和港口泊位紧张等等,这些都是船舶营运商需要面对的问题。

　　船舶气象导航的目的是通过系统的气象和海洋环境预测,为船舶设计出符合安全效益和经济效益的优化航线,避开恶劣的天气,减少不必要的绕航,以缩短航时,达到安全、省油及准时到港的目的。

　　船舶气象导航将气象学、海洋学、航海学等学科与计算机应用有机地结合起来,从而使船舶在海上的航行达到最佳效果。大量的海上实践表明,船舶气象导航具有明显的安全性和显著的经济效益,目前已被全球的海运界广泛采用。

　　为了加深航海技术专业学生和海洋船舶驾驶人员对这种现代化船舶气象导航技术的了解和应用,以适应当前航海事业的需要,我们编写了此书,以供远洋船长、其他船舶驾驶人员及海运院校航海技术专业的师生学习参考。

　　为反映气象导航的最新技术成果,编者做了大量调研,并收集了许多知名气象导航公司的相关资料。应众多远洋船长的要求,书中保留了大量英文气象导航报告实例及往来邮件,以供在实际工作中参考。

　　全书由大连海事大学航海学院王辉、白春江担任主编。其中,白春江编写第一章第三、四节,第二章第一节,第四章第一节;刘大刚编写第一章第五节;冷梅编写第二章第二节;简俊编写第二章第三节;李元奎编写第三章第一节;王辉编写其他所有章节并统稿。全书由张永宁教授主审。特别鸣谢 Applied Weather Technology Inc.（AWT)杨晓斌先生、中远海运散货运输有限公司安监部陈建锋船长提供大量的参考资料。

　　由于编者水平有限,时间仓促,加之篇幅所限,缺点和不足之处在所难免,敬请读者批评指正。

编　者

2018 年 3 月

目 录

目 录

第一章 气象导航原理和方法

第一节 气象导航发展史

　　船舶始终航行在海洋和大气的交界面上,海洋环境的好坏直接影响船舶的航行安全。因此,航海家们历来都非常重视海洋环境对船舶航行的影响。

　　早在帆船时代,航海被认为是一种冒险活动,当时航海的成功与否完全取决于海上的水文气象条件。人们通过长期的海上实践,积累了许多航海资料和航海准则及经验。人们很早就发现了海流的相对稳定性和简单的气候规律,当时的航海家们就是根据这种简单的气候规律进行冒险航行的。例如,唐朝时期,我国曾多次派遣高僧,如鉴真和尚等东渡日本讲学,日本也曾多次遣使到我国来进行文化交流,当时两国间的往来不像如今这样方便,而要几经风浪、历尽千辛万苦才能到达。当时两岸往来的船舶主要利用季风和海流来航行。

　　明朝永乐年间(1405—1433 年),我国伟大的航海家郑和率 200 多艘船、27 000 多人,七下西洋,遍访了亚非 30 多个国家,将中国古代航海事业推向顶峰,为人类进一步征服海洋做出了巨大贡献。如此辉煌的成就源于他们先进的航海技术和勇于探索的精神,成功地完成了人类航海史上这一伟大的壮举。郑和七下西洋航海的成功,其很大程度上就是充分利用了气候规律(季风和海流)指导船舶航行,中华民族的航海史曾一度引领和推动世界航海史的发展和进步。

　　15 世纪末 16 世纪初,欧洲涌现出一批航海家,如达·伽马、迪亚士、哥伦布、麦哲伦等,在他们航海探险的生涯中,又发现了很多大自然的奥秘,也从中找出了一些有规律的自然现象,并在航海中加以应用,进一步推动着航海事业不断向前发展。

　　随着科学的发展以及人们对自然界认识的提高,大气环流理论的产生,科学地划分了全球气压带和风带,同时也发现了大洋洋流的环流模式及其相对的稳定性。这样人们根据全球风带和大洋洋流的分布来选择海上船舶的航行路线,指导船舶航行。

　　帆船时代,最理想的航线是选择在顺风的海域范围内航行,同时尽可能地避免偏离最短航线。但是,由于前人对气象和海洋观测资料缺乏系统的分析和总结,因此航海家们把那些凭经验得来的航海准则变成了轻易不得外传的秘密。这个时期海上的航线选择主要建立在气候资料统计、结合航海经验和利用各大洋季节特征的基础上。

　　1806 年,法国人罗姆出版了《地球的风、海潮和海流图》,并在书中写道:"如果有一天大气和海洋运动的历史和理论能达到臻于完美的程度,它将成为航海家们制定航线的重要依据,并宣告在更安全的条件下环游世界各国的时代的到来。"

19世纪中叶,美国海军军官、著名的气象航海学家马修·方丹·莫里,将毕生的心血和精力倾注于巨量的研究和资料收集工作,他将沿海的报纸收集起来加以研究,并于1840年首次整理出地球各大洋的逐月气候风向图。最初他将全年的风向都绘制在一幅图上,绘制工作十分复杂。后来绘制方法逐渐改进,直到现在,从莫里的第一幅海图演变而来的"航海图"实现了分月出版,并且每幅图侧重一个大洋。

当时尽管莫里的海图还很不完善(只标有风向,缺少风力),却使帆船的航行节省了大量的时间,并首次实现了"气候导航"。例如:从纽约沿智利的合恩角到加利福尼亚州的航行时间平均需要180天以上,采用了莫里的航线则缩短到125天,之后又缩短到100天。最突出的例子是澳大利亚航线,从英国经合恩角到澳大利亚悉尼的船沿过去的航线航行往返约需250天,莫里则把这条航线改为环球航行,即去时经好望角,返航时经过合恩角,利用西风带的有利条件,航行只用了136天,这一记录直到1975年才被邮船"大不列颠号"和"肯特号"所打破。

1853年,在布鲁塞尔召开的国际会议,确定了气象在航海中的地位。莫里的"大洋航路图"得到广泛应用,他的《航路指南》一书被译成了多国文字,从而促使航海气象有了飞速的发展。

据1870年统计,全世界的航海业因采用莫里的航线,每年可节省一亿多法郎,这在当时是一笔可观的数目,气象研究的成果从来没有达到如此辉煌的程度。在通信工具不发达的当时,能做到这样已经很不容易,这是气象与航海相结合的一大成就,同时也为现代气象导航奠定了基础。直到现在,以莫里资料为基础的季节性气候航线仍为许多跨洋航行的船长所使用。

19世纪末,帆船被送进了历史博物馆,最初的蒸汽机动力船代替了帆船。船舶机械动力的发展促使航海寻求最短航线以便节省燃料。与此同时天气图问世了,人们可以根据天气形势来预报天气;随之又发明了无线电报,使得海上航行的船舶可及时获得当时的天气实况和未来的天气预报。这样就使得莫里的气候航线逐渐显得不那么重要了,而产生的新问题是如何利用天气来选择航线。航海的需要进一步促进了航海气象的发展。

随着气象科学的发展,天气预报的水平逐步提高,世界海运业的竞争越来越激烈,为保障海上船舶安全、经济航行,提高营运效益,使海上运输更加安全合理化,在此形势下,气象导航诞生了。20世纪40年代末,美国海军水道局的詹姆斯等人最早进行了这项试验,他们利用美国加利福尼亚蒙特雷舰队数值预报中心提供的天气和海况资料,主持"美国海军运输队"在北太平洋和北大西洋上进行所谓"最短航时的航行试验"。试验结果表明,横跨大西洋平均节省9~12 h,横跨太平洋平均节省19 h。

1952年,由霍华德卡特先生领导创建了世界上第一个气象导航公司——美国海洋气象导航公司(OCEAN ROUTES INC.),承担全球的气象导航业务。

由于海洋船舶气象导航具有明显的安全和经济效益,现已被海运界广泛采用。20世纪60年代后世界上一些主要航运国家,如美国、苏联、英国、日本、德国、荷兰、挪威等国,都相继开展了气象导航服务业务。随着技术的发展与进步,气象导航服务业竞争日趋激烈,目前存在的气象导航公司有 AWT(APPLIED WEATHER TECHNOLOGY)、AMI(AEROSPACE &

MARINE INTERNATIONAL)、WNI（WEATHER NEWS INCORPORATION）、WRI（WEATHER ROUTING INCORPORATION）等。

第二节　气象导航定义

一、气候航线（Climate Routes）

以气候资料为基础,结合航海经验而制定的航线,称为气候航线,又称习惯航线。气候航线是建立在气候资料统计基础上的,是前人宝贵经验的总结,它经历了一个不断丰富和发展的过程,在相当长的时期内,它对大洋航行船舶的安全和船长的决策工作都起到很大的指导作用,迄今仍有许多船长将它作为选择大洋航线的主要依据。

二、气象航线（Weather Routing）

气象航线是根据较准确的短、中期天气预报和海洋预报,结合船舶性能、装载特点、技术条件、航行任务等,为横渡大洋的船舶选择的最佳天气航线。

三、气象航线与气候航线的关系

气象航线与气候航线是不同的,气象航线是气候航线的发展,气候航线是气象航线的基础。两者关系十分密切,但亦有本质上的区别。

《世界大洋航路》中所推荐的航线均属气候航线,这种航线大都是根据大气环流、世界风带、季风和洋流等方面的统计资料和航海人员的经验来制定的。不同季节航线差别很大,这种季节性的气候航线(又称习惯航线)是建立在气候学的统计方法基础上的,它是某种气候条件下的较优航线。然而,气候资料只能反映某一海域、某一季节天气和海况的平均状况,而船舶在气候航线上实际遇到的天气和海况往往与这种平均状况差别很大,有时甚至会遇到意想不到的天气和海况,从而导致航行条件复杂化,给船舶航行带来许多困难,使航行达不到预期效果,有时甚至会因意外的灾害性天气而造成船损、货损、费时等损失。由于气候航线所考虑的只是某个海域的天气、海况的平均状况,而温带地区的一些移动性低压系统在一般的气候图上是反映不出来的。也正是这些移动性的低压系统常常造成恶劣的天气和海况,对船舶航行威胁很大,甚至有一定的危险性。

另外,某些气候上的优越航线,在天气上有时却是很坏的航线。例如:中远公司一些远洋船舶在采用气象导航之前,在中—美西、中—加航线上的常规航法是沿35°N或稍偏南的航线航行,通常称其为中纬度航线或南方航线。这是因为根据气候资料介绍,冬季北太平洋中、高纬度低气压活动频繁,该海域风浪较大,不利于航行。为了避开中、高纬度大风浪区,故推荐35°N或稍偏南的航线,它虽然比大圆航线航程长500～600海里,但被认为可以保证航行安全。实际上到目前为止已有许多资料和实践证明,这条航线并非一条较理想的航线,特别是在冬季船舶西航时,它可能是一条较危险的航线。因此,一般航海图书资料中推荐的气候航线,从气候角度分析都是比较好的,但是从当时实际的天气和海况来分析,就不一定是较优越的航线。根据一些有实践经验的船长反映,对于航海图书资料中推荐的某些航线,实践中有时无法完全实施,原因是常常遇到大风浪,迫使船舶不得不改变航向,以致达不到较好的安全效益与经济效益。相反,某些气候资料认为不适航的海域,在某些时段会出现有利于船舶航行的好天气。这正是气候航线的局限性和它难以满足今日航海需要之处。

与气候航线相比,气象航线充分考虑了航线上未来的各种天气过程,并在很大程度上克服了气候航线的局限性。但是,由于气象航线对天气和海况预报时效要求较高,原则上是预报时效越长,预报准确率越高,则航线优化效果越好。而目前国际上天气预报的水平只能提供较准确的 5 天预报,无法完全满足跨洋航线的需求。所以,在目前阶段,气象航线还不能完全取代气候航线,在很多情况下还要参考有关的气候资料。因此,在适当地使用气候航线基础上,选择气象航线可避免定线的盲目性,能大大减少工作量。从大量实际气象航线例子中可以看出,在许多情况下,有些气象航线和某一气候航线是比较接近的。因此,在使用气象航线的基础上选定气象航线是恰当的。所以说气候航线是气象航线的基础,气象航线是气候航线的发展。

四、气象导航的定义

气象导航根据较准确的短、中期天气预报及有效的长期天气和海洋预报及大洋气候资料,结合船舶性能、装载特点、技术条件、航行任务等,为横渡大洋的船舶选择最佳天气航线。在航行中气象导航公司始终跟踪被导船舶,利用不断更新的天气和海况资料指导船舶安全、经济航行。这一导航过程俗称船舶气象导航,即根据船舶性能和装载特点,把短、中、长期天气和海况预报应用在优选航线和监视航行过程中,以达到在最短时间内和损失最小的情况下,安全完成航行的目的。

最佳航线的含义是指在始发港和目的港之间寻找一条既能保证船舶航行安全,又能使航行时间最短的航线。船舶的航行任务和船长的要求不同,所推荐的航线也不同,通常可分为最短航时航线和最舒适航线。

最短航时航线是在船舶自始发港到目的港之间的整个航程中,在确保安全(船损、货损减少至最低限度)的条件下,航时最少、节省燃料、船舶营运效益较高的航线。因此,最短航时航线又称经济航线,多为一般货船采用。

最舒适航线要求船舶在航行中尽量减少受风、浪的影响,使航行条件安全、舒适。这种航线多为客船和旅游船所采用。

气象导航公司提供的最佳航线属于咨询服务性质,故称为推荐航线。它将气象学、航海学、海洋学、造船学、船艺学、计算机应用和通信等多种学科综合应用,是一门新兴的现代化航海技术。

第三节　影响船舶航线设计的本船因素

在船舶气象导航中,欲寻求最佳航线,首先要分析影响船舶运动和航线选择的客观因素,这些因素主要包括船舶自身的约束条件和海洋环境因素,气象导航机构在选择推荐航线时必须加以综合考虑,才能选出最佳气象航线,以保障船舶航行安全。

船舶自身条件、载货情况、船员素质及船长的特殊要求等,都是气象导航机构在制定最佳航线时必须予以考虑的约束条件。

一、船舶结构强度

船舶的船龄不同,其结构强度亦不同。例如老船锈蚀严重,抗风能力差。在冬季,北太平洋的40°N以北的海域常有10级偏北大风,如船舶为低速的老船,气象导航在拟定大洋航线时应适当予以考虑。

二、船舶尺度

某些航线如海峡、运河、水道包括进出港的航道,对于船舶的长、宽、高皆有一项或多项的限制。

三、吃水

船舶空载时,吃水浅,受风面积大,船舶摇摆大,不利于发挥车效、舵效;船舶满载时,干舷低,遇强顶风严重上浪,则会损伤船体。

四、航速

航速快慢对航线选择的影响较大。因为航速与顶风浪的能力有关,一般低速船顶风航行,航程进展小;傍风航行,偏移很大,舵效较差。所以不同航速的船舶应选择不同的推荐航线。

五、吨位

吨位大的船一般抗风能力强,但与船型也有一定关系。

六、客货载情况

拟定航线时应考虑是否满载,是否载有危险品、甲板货,以及封舱、衬垫和绑扎情况。如甲板上装有大量货物,舱内装有易滑动的货物而未经平舱或认真绑扎,装有大量易爆、易燃、易污染的货物,货物重心太高或太低而致 GM 值过小或过大时,都会使船舶在海上的风险大大增加,因此,客货载情况不同,则选择的航线也应不同,需慎重考虑。客船一般应选择风浪小的航线。

七、船舶续航力

船舶续航力应考虑燃料、淡水和食品等的储备量,船舶在航行中需要消耗大量的燃料,对于大型集装箱船,航行时每天要消耗燃油百吨左右。对于航线长的船舶,航行时间长,燃料消耗大,开航前的燃料储备量也大。考虑到船舶航行安全,一般会储备一定数量的燃料,以防在航行途中因缺乏燃料而停车漂航,或不得已挂靠港口补充燃料,延误到港时间,增加不必要的开支。设备老旧的船舶尤其是主机状况不佳的船舶,要适当增加储备量。船舶在航行中,如遇冬季、台风季节或其他恶劣天气,船舶顶风、顶浪航行,会使船速下降,航行时间增加,或为了避离灾害性天气,船舶因调整航线而增加航程,都将会增加燃料消耗量。因此,船舶在航行中应每天检查燃料消耗量,将剩余燃料与剩余的航程进行比较,选用合适的航速,以保证船舶安全、顺利地抵达目的港。

八、船员情况

航线拟定时应考虑船员的素质和干部船员的技术状况。事实表明,世界上所发生的海事中由于人为因素导致的事故占总数的80%,所以人员的素质和专业技能对于航线的安全有着很重要的作用。所以在设计航线时,要考虑船员的技术水平和应对紧迫局面的能力。在其他条件一定的情况下,船长的经验和船员集体的应变能力是选择航线时应当考虑的一个重要因素。

根据上述船舶约束条件,就可以确定出船舶的抗风浪上限,以保证船舶安全航行在气象导航机构推荐的气象航线上。

第四节　影响船舶运动的海洋环境因素

海洋环境主要包括大气、海洋和海底地貌等。它们与航海的活动有着十分密切的关系,特别是大气和海洋,经常处于不停的甚至很激烈的运动中,这就使得航行在海上的船舶受到很大的影响和制约。远在帆船时代,对于海上的活动,天气往往起到决定性的甚至不可抗拒的作用,所以人们视航海为一种冒险活动。随着科学技术的发展,现代化的船舶趋向大型化、自动化,但是无论船舶多大,自动化程度多高,实践证明,恶劣的海洋环境仍会给船舶造成严重损失。因此,在现代化航海活动中仍不可忽视海洋环境因素对船舶的影响。

影响船舶运动的海洋环境因素主要有:风、海浪、洋流、雾、海冰及其他一些碍航物等。

一、风的影响

在海上,风(Wind)是航海者最关心的气象要素之一。风不仅直接影响船舶运动,而且会通过海浪和海流的作用间接地表现出来。

风对船舶的影响,一方面使船舶向下风漂移,另一方面使船舶产生偏转。船舶因风压产生的横向漂移速度与风速、风舷角、船速、船舶水上受风面积和船舶形状等因素有关。

船舶在风中的偏转规律主要受风力中心、船舶重心和船舶水线下水阻力等因素的影响。船舶在风中的偏转规律可归结为:

(1)船舶静止时或船速接近于零时,船身将趋向与风向接近垂直。

(2)船舶前进时,正横前来风,空载、慢速、船首受风面积大的船舶将顺风偏转;半载或满载、船尾受风面积大的船舶将逆风偏转。正横后来风,逆风偏转显著。

(3)船舶后退时,若有一定的后退速度,船尾迎风。正横前来风比正横后来风显著,左舷来风比右舷来风显著。后退速度极微时,船舶的偏转基本上与静止时相同,并受倒车的影响,船尾不一定迎风。

不同类型的船舶水上部分受风面积的大小和形状有很大差别,受风影响亦不同,所以风对船舶运动的影响很难准确地测定,只能得出一些定性的结论。

风对船速的影响在一般情况下表现为顶风减速,顺风增速。当风速小于 20 kn 时,顶风约减速 5%,顺风约增速 2%,其他舷角介于两者之间。当风速较大时,风引起的中、大浪对船速影响很大,无论顺风还是逆风均使船速减小。当船速与风速相当时,风既影响航速又影响航向,导致船舶发生偏荡运动。

例:若一艘航速为 20 kn 的船舶遇到舷角 60° 的 7 级风,且有 4 m 高的大浪,船速将下降 20% 左右,降至 16 kn。同时为了防止船体受海浪的冲击等,船长可能有必要下令降低主机转数,使船速更慢。

一般而言,当风舷角相同时,客船受风影响最大,货船次之,油船最小。风对同样吨位的满载集装箱船比满载油船作用大得多。总之,风对船舶运动的影响主要视船舶类型、装载情况、干舷高度、上层建筑面积及形状等因素而定。

二、海浪的影响

海浪(Sea Wave)是发生在海洋中的一种波动,是海水运动的主要形式之一,同时也是影响船舶运动的重要因素。船舶在海浪的作用下可以产生摇摆、偏荡、砰击、上浪和失速等现象。

船舶在海浪中的失速取决于船舶特征函数(吃水、吨位、船型等),风浪的大小、范围及浪舷角等因素。当浪较小时,顶浪航行可使船速降低,顺浪航行可稍增加船速。当达到中至大浪或以上时,无论顺浪或顶浪航行都会减小船速(顺浪减速是船舶在大浪中产生偏荡运动的结果)。狂浪不仅使船舶减速,同时还会使船舶产生纵摇、横摇和升降运动。横摇过大会造成货物的位移,危及船舶安全。如果船舶的横摇周期与波浪周期相同则会趋向共振,可产生谐摇,可能导致船舶倾覆。大的纵摇会产生严重的船首入水撞击船体。在风暴条件下,浪的冲击力可超过 20 t/m²,有时会造成空车,降低舵效,损害推进设备;有时还会导致船舶出现中拱或中垂现象,形成危险的应力强度,严重时会使船舶断裂。浅水区的升降运动也会对船舶构成极大的威胁。上述危及船舶安全的不利运动本身会大大降低船速,同时船长为了减少这些不利因素的影响,必要时会主动地降低船速或改变航向,从而延长航时或航程。

理论和实践证明,对于上层建筑不太臃肿和主机功率较大的现代船舶来说,船舶因风的阻碍作用引起的失速占全部失速的1/3,而海浪引起的附加阻力作用产生的失速占全部失速率的2/3。由此可见,海浪是使船舶失速和危及船舶航行安全最主要的因素。

三、洋流的影响

洋流(Ocean Current)是海水具有稳定流向、流速的水平流动。它主要受大气环流的影响,同时还受海底地貌、海岸和岛屿等因素的影响。

洋流主要影响船舶的航速和航迹。船舶受洋流的作用而做相对海底的运动是流速与船速的合成结果,其影响程度视洋流的势力强弱和舷角的大小而异。顺流增加船速,逆流降低船速,横流主要影响航迹,其他舷角既影响航迹又影响航速。

洋流对船速的影响一般以投影到船舶首尾线上的流速矢量大小为准,若此方向上流速分量大于0.5 kn,就要考虑流对船舶运动的影响。

例如:有一艘船速为18 kn的货船在某海区航行,受到一股流速为2 kn、相对流向为30°的洋流影响,其船速将降低为16.4 kn左右(如图1-1所示),同时船舶还会偏离原航线。

气象导航中经常利用有利的顺流条件以达到提高船速的目的。

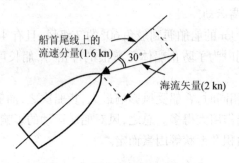

图 1-1 海流对船速的影响示意图

四、雾的影响

雾(Fog)是影响海上能见度的主要因素之一。雾是指悬浮在低层大气中极其微小的小水滴或小冰晶。在低层大气处于稳定状态时,水汽的增加及温度的降低使近海面的空气逐渐达到饱和或过饱和状态,水汽凝结物悬浮在空中,致使海面能见度下降。雾对船舶航行安全的影响主要表现在以下几个方面:

(一)采用安全航速导致航行时间增加

船舶被迫在受雾影响的低能见度下航行时,航行安全将会受影响,尤其在能见度只有几海里时,海上目力定向的困难较大。在这样的条件下,为了能及时发现和避开相向而行的船舶以及顺利通过航海情况复杂的地区,如数目很多的小岛、暗礁、石滩和浅滩,往往不得不把航速降低到安全航速。

(二)雾危及航行安全

在近岸水域和狭窄航区,船舶在低能见度条件下航行非常危险。原因在于,船舶不能根据岸上目标进行目测定向,从而导致妨碍甚至阻止船舶正常航行的概率剧增,结果必然产生航时损失。雾限制了目力助航的另一方面是驾引人员无法利用太阳、月亮、星或岛岸路标定位。有雾时,船舶在雾中进出港或锚地,如果不按雾中航行的规定操作,不加强瞭望,就可能发生碰撞或搁浅事故。

(三)雾限制和干扰船舶无线电设备的工作

由于雾对声、光、电波等具有吸收和散射的作用,因此它能缩短灯标的能见距离和闪光时间,改变音响传播距离。雾滴越大,吸收电磁波的能力越强,因而相遇船的回波越差;反之则越好。

因此,在选择跨洋航线时,雾是主要的考虑因素之一。但是对全年都有可能发生雾的海域来说,跨洋航线的选择要想完全避开雾区是不可能的。另外,海洋上这些大雾区往往又是大的渔场所在地,鱼汛期间渔船云集,加之雾的频繁出现,这就使得航行条件更加恶化。尽管气象导航的推荐航线考虑到了这一因素,但是想要完全避离雾区是不现实的,所以即使采用了气象导航也要有短时的雾航准备。

五、海冰的影响

冬季,船舶在高纬度航行时,常常会受到海冰和冰山的影响,由于海冰在水下的体积远大于水面上的体积,因此对船舶航行的威胁很大,轻者会使船体、推进器和舵装置受到损伤,严重时会造成船舶倾覆。

海冰的形式很多,但影响船舶航行的形式主要有以下几种:

(1)海冰(Seaice):由海水冻结而成的冰。多见于高纬度沿岸和岛屿附近,由当地的海水冻结于海岸而成。

(2)冰山(Iceberg):极地附近千年冰川断裂的高出海面5 m以上的巨大冰块,称为冰山。冰山可以是漂浮的,也可以是搁浅的,形状多为桌状、尖顶状及冰岛状。冰山的水下部分很大,其潜伏在水下的部分像暗礁或浅滩一样伸展得很远,不易被船舶发现,冰山的水上部分和水下部分之比约为1:9。冰山的规模、大小各不相同,形状规则的冰山露出海面的高度通常为总高度的1/7~1/5。南半球的冰山较北半球的冰山更大。1884年,有船舶在44°S、40°W处遇到高达518 m的冰山。1966年,美国曾观测到一座长333 km、宽96 km的巨大冰山。所以船舶接近冰山航行是非常危险的,航行中应尽量避开冰山。

(3)船体积冰:在海上,冬季高纬度航行时,当气温下降到海水冰点以下时,打到船上的海水会迅速凝结成冰依附在船体上,称为船体积冰(或称重冰集结和甲板冰)。

大风浪时,这种结冰可遍及船舶的上层建筑,严重地影响船舶操纵性能和稳性,并随时间的推移,冰层越结越厚,往往是不对称的,迎风面多厚,这种结冰沿船舶横向分布不均,严重时可导致船舶倾覆。

另外,在此状态下,降水落到船上时也会发生船舶积冰,这种结冰现象往往是自上而下发展起来的,对船舶的稳性影响很大。

船体积冰多发生在近岸水域,在开阔的海洋中较少发生。

六、其他碍航物的影响

除了上述环境因素的影响外,对船舶航行的影响还包括海上的一些碍航物,主要有:浅滩、暗礁、沉船、军事禁区、爆炸物倾倒区和战区等。

浅滩的影响使船体下沉,船舶在浅水区的垂直运动是非常危险的。驾引人员必须详细了解暗礁、沉船的位置及其周围的水深情况,并尽量远离。对于一些军事禁区、危险区、战区等不可盲目进入,在选择航线时必须迂回。所以,这些碍航物在很大程度上限制了船舶的活动范围。

上述海洋环境因素对船舶的运动都有不同程度的影响,因此,在船舶选择航线时都是必须考虑的因素。

第五节   海洋环境资料来源及其预报

及时可靠的水文、气象情报和准确无误的海洋环境预报是全面实施船舶气象导航的关键和保障。在气象导航服务业务中,通常所用的水文气象资料可分成气候资料和天气资料两大类。这些资料可通过各种不同的途径和渠道获得。

一、海洋环境资料来源

(一)水文、气象资料

大范围及时可靠的水文、气象实况和预报资料是实施船舶气象导航和跟踪导航服务的基础。为适应这一要求,岸上导航机构需要有详细的、准确的、全球性的气象、海洋资料。这些资料主要包括:不同层次的天气分析和预报图、各种要素的分析和预报图、大洋波浪分析和预报图、洋流图、卫星云图、各种警报图、水温图和航海危险通告等。这些资料的来源往往是多渠道的,例如美国 AWT 就采用极具广泛性的全球气象数据,其中包括美国国家环境预报中心 (NCEP)、美国国家海洋大气局(NOAA)、美国海军、世界气象组织(WMO)、日本气象厅(JMA)、联合台风警告中心(JTWC)、美国国家飓风中心(NHC)发布的气象信息和主要国家每天发布的地球同步卫星的云图。然后,利用先进及高速的大型计算机进行全球气象数值预报,再通过气象学家严谨分析,成为完整的短、中、长期气象预报产品,最后用于为船舶设计最佳气象航线。

为了获取全球海洋水文、气象资料,必须具备全球海洋监测网和通信网。全球监测系统是一个庞大的立体观测系统,它包括海岸和岛屿的气象海洋台站、船舶协作网、浮标站、探空气球、飞机、火箭和气象卫星等。它们能及时、大量地提供广阔洋区的天气和海况信息,是气象导航的基础资料之一。尤其是卫星技术在海洋气象中的应用,填补了大洋中监测站稀少、水文、气象资料难以获取的空白。

气象卫星有两种,一种是极轨卫星,它以近地轨道绕地球运转,极轨卫星距地面约800～1000 km,每日可获得两次全球表面和大气层的近实时情报资料,对天气和海况分析预报很有价值;另一种是静止气象卫星,距地面约35 800 km,它每隔30 min左右对固定区域进行一次观测,视野为南、北纬60°之间,东西跨经距140°左右,是监测海上热带气旋、风暴、台风、温带气旋、涡旋、海温、暴雨、海冰、冰雹等灾害性天气的有效手段。

卫星资料能显示出天气系统的实时分布状况,为预报人员进行天气和海洋预报提供了极有价值的资料。过去,对于观测资料稀少的地区,特别是大洋地区资料缺乏连续性,使得天气预报带有很大的局限性和猜测性。而气象卫星的出现使海洋资料大大改观,对于天气预报能力的提高起到很大的促进作用。另外,通信卫星可进行岸－船直接通信,及时传递情报资料,这些都为船舶的航行安全提供有力的保障。

(二)水文、气候资料

横跨大洋航行的船舶,有时需要航行数十天,对于这种航时长、航程远的气象航线的设计,由于受目前天气预报时效的限制,在拟定最佳天气航线时,往往还要借助一些气候资料来作为参考。在此情况下,首先要根据天气和气候资料选择出一条初始航线,然后在航行途中根据所获得的最新天气、海况资料对初始航线进行必要的修正或更改,力求达到最佳导航效果。所以说气候资料是气象导航过程中不可缺少的主要参考资料之一。

气候资料可以从一些专用的图书或表册中查得,船舶也必须备有多种航海水文、气候资料,如常用的有:

世界气候图(WORLD CLIMATIC CHART);

世界大洋航路(OCEAN PASSAGES FOR THE WORLD);

航路设计图(ROUTEING CHARTS);

航路指南(SAILING DIRECTION);

天气手册(WEATHER HANDBOOK);

航海家手册(THE MARINER'S HANDBOOK);

气候图和表层海流图(CLIMATOLOGICAL AND SEA-SURFACE CURRENT CHART)等。

这些图书中列入了各大洋的风、浪、流、涌、气温、气压、海温、海雾和海冰等的月平均状况。另外还列入了冰山的分布和冰界线、风暴出现频率和热带气旋路径等的平均状况。

在利用气候资料时必须注意:了解构成该资料的观测序列的长度;了解在已知时段内所研究参数的数值变化幅度;了解该参数的出现频率,特别是对船舶航行有威胁的危险现象,如各类风暴、巨浪、冰山等更应警惕。观测序列的长度很重要,它可以决定所用资料的可靠程度,如果序列少于25年,那么对该资料的使用就要特别小心,因为这样的序列不可能包含全部可能发生的现象,最大值和最小值也可能落不到序列范围内,从而导致现象的出现频率将不可靠。作为稳定特征,研究参数的变化幅度及频率也是很重要的,如果振幅不大,而出现的频率却很高,这就促使我们更有把握地采用平均值。而在另一些情况下,利用平均值也可能导致大错,因为在短序列内,它们会与一些极值相加,而使平均值偏高或偏低。因此,在利用气候资料时,要多加分析。

二、海洋环境预报

海洋环境预报的主体是海洋水文气象预报。它主要包括:天气形势预报、气旋路径和强度预报、热带气旋和强温带气旋引起的大风预报、海雾预报、海浪预报、海流预报和海冰预报等。

(一)天气形势预报

天气形势预报是其他各种水文气象预报的基础,只有天气形势预报准确了,其他各种预报的精度才有保证。天气系统的发生、发展、移动都与天气形势有关。所以,天气形势决定天气变化。实践证明,横跨大洋船舶最佳航线的选择,往往取决于大型天气系统的演变过程。对于选择最佳航线而言,天气形势的预报时效越长越好,预报精度越高,航线优选效果就越好。但是,因受预报水平限制,目前只能提供较准确的5天中期预报,虽可适当延伸,但随着预报时效的延长,预报难度增大,预报准确性也随之下降。所以,在天气形势预报业务中往往采用短期、中期、长期预报相结合的办法,通过不断更新预报以达到订正预报的目的。目前在气象导航业务中使用的天气形势预报有:比较精确的3天预报、精度稍差的3~5天预报以及7~14天的趋势预报。中期延时预报虽然精度较差,但能反映出大系统演变的实际情况,所以不失为选择航线时的重要参考资料。

天气形势的预报方法主要有天气学方法、统计学方法、数值预报方法以及三者相结合的预报方法。

(二)气旋路径和大风预报

在天气形势预报的基础上,结合获得的最新资料推算出发生最强风、浪、涌的海区位置和发生时间。引起海上大风、浪的天气系统虽然比较复杂,但能够造成范围较大和持续时间较长的风暴天气系统的主要是热带气旋和强温带气旋。

热带气旋引起的狂风、巨浪严重威胁海上船舶的安全,一般在选择航线时要力求规避之。正确预报热带气旋路径和强度是气象导航的关键问题之一。目前,热带气旋的预报方法主要采用天气学中的引导气流法,在业务预报中也参考数值预报、统计预报以及相似路径预报等方法。气象卫星技术的应用,能够及时发现热带洋面上的热带扰动,这给热带气旋的生成、发展、移动路径、消衰过程的预报带来了极大的便利。

另一个造成大风的天气系统是强温带气旋,它与台风相比较,强度虽然较弱,但它的影响范围却很广,常造成长时间、大范围的大风浪天气。在气象导航的优选航线和跟踪导航服务中是必须考虑的重要因素。

另外,在中高纬度海域航行的船舶有时会遇到一种爆发性发展的低压系统的袭击。所谓爆发性低压是指在中高纬度洋面上迅速加深发展的强温带气旋。这种气旋一开始在传真天气图上或气象预报中仅表现为一个较弱的低压系统,对船舶安全的威胁相对较小,然而在以后的几到十几个小时内会突然加深发展(通常在24 h加深24 hPa以上),很快达到风暴程度。气象学中称此过程为"爆炸性加深"或称为"气象炸弹"。这种低压系统常使预报工作者来不及做出使船舶避离的预报,以致造成某些海难和海损事故的发生。其原因有两个方面,一是目前对这种爆发性低压的全部物理过程缺乏全面的了解;二是由于这种低压的爆发性发展过程常发生在广阔的洋面上,缺乏各种观测资料,以致现代化的数值预报也难以预报出这种低压的突然加深发展。爆发性低压发生的频率比正常发展的低压少得多。在北太平洋上其多发区主要集中在日本以东洋面 35°N~55°N,140°E~170°E 范围内。另外,在阿留申群岛南部和阿拉斯加湾的中部也时有发生。对于北大西洋海域易发生在墨西哥湾以北和西部大西洋海域。北半球 10 月—次年 4 月都会发生,其发生频率最高的时间是 12 月—次年 2 月份。所以这一季节在上述海域航行的船舶应加强海上观测,及时接收气象传真图,特别是卫星云图,它能较好地监视低压的加深。当遇到实际天气和海况比预报的更剧烈时,就要考虑是否有这种低压的出现。另外,若发现一个中等强度的低压向爆发性低压发生频率高值区靠拢,就应密切关注其变化,以便及早采取有效的规避措施。温带气旋的路径和强度预报主要有天气学、统计学和数值预报等多种预报方法。

(三)海雾预报

海雾是航海的天敌之一,它可使航行条件恶化。在雾中航行,稍有不慎就会酿成较大的事故,对船舶航行的威胁极大。另外,为了保证航行安全,要求船舶在雾中航行要降低航速,这样必然要延误航时,影响航运经济效益。所以,在选择航线时不得不考虑海雾的影响。尤其对世界海洋上几个海雾的多发区,在选择航线时应充分考虑航区未来发生雾的可能性和雾区的范围。做海雾预报时,首先要做出天气形势预报,以便结合天气形势特点判断有无出现海雾的可能,而后根据水温、水温－气温差和空气的相对湿度等,经过综合分析做出判断。在这个过程中,利用统计指标和点聚图方法还是比较有效的。由于海雾发生、发展的机理还不太清楚,目前海雾预报还停留在天气图加统计指标的水平上,因而预报精度还不高。

(四)海浪预报

海浪是海洋环境预报中最主要的一个预报项目,它是海面上一种十分复杂的波动现象,它影响着海上活动诸方面,大浪直接威胁着船舶航行安全。因此,准确、可靠的海浪预报对海上运输、海上作业和海洋开发的安全都起着非常重要的作用。海浪预报的方法比较多,早期的海浪预报是建立在天气学的基础之上的,根据预报得出的风级粗略地推算浪级。目前大多数国家的海浪预报主要还是采用半经验、半理论的经验统计和天气学预报方法。近年来随着海浪预报理论的发展,一些海洋技术发达的国家已进入了数值预报阶段,使海浪的预报质量和准确性有了较大的提高。

(五)海流和海冰预报

海流对船舶航向和航速的影响是不可忽视的,尤其在强流区应谨慎驾驶。在气象导航业务中,海流是必须考虑的因素之一。由于对海流机理研究得不够和缺乏应有的观测资料,至今没有比较成熟的预报方法。现在多数国家只做表层流实况分析,仅有少数国家采用经验统计法做短期表层流预报,对海流的数值预报也做了一些实验。目前只有少数国家发布海流预报。

冬季,在高纬度海域航行的船舶要考虑海冰对船舶的影响。目前海冰的预报基本上以数理统计方法为主,数值预报方法也进入了研究和实验阶段。海冰预报也只有少数国家发布,其中苏联的海冰预报方法和效果比较好。我国在 20 世纪 70 年代开展了海冰预报业务,预报范围仅限于我国渤海和黄海北部,预报方法大多采用数理统计或天气学与统计学相结合的方法。近年来,美国、加拿大等国家在海冰预报方面做了大量的研究工作,提出了一些海冰数值预报模式,使海冰预报逐渐向数值预报方法发展。

三、海洋环境数值预报

近年来,数值预报在迅速地发展,从而使海洋预报学科进入了一个全面发展的新阶段,同时也为海上气象导航业务开拓了良好的前景。这里我们扼要地介绍一下这方面的情况。

(一)数值天气预报

数值预报最初应用于天气预报,20 世纪 60 年代后扩展到海洋预报,并使很多环境要素的预报技术取得了重要进展。

数值天气预报即在给定的初始条件和边界条件下,通过对大气的某些方程组进行数值积分,从而得到未来时刻大气的变化和气象要素的分布。数值天气预报的第一个尝试者是英国科学家里查森(L. F. Richardson),在 1916 年—1918 年第一次世界大战中,他做了一次小规模欧洲部分地区 6 h 气压变化的预报,经过大量繁重的计算,花费了几个月的时间才算出结果,预报结果与实际产生了较大的偏差,他曾设想如果建立一个拥有 64 000 人的气象中心,以最快的速度工作,估计在 12 h 内可做出 24 h 预报,在当时这无疑是一个梦想。

随着天气学理论、大气探测技术及计算机技术的发展,1950 年,著名的动力气象学家查尼(J. G. Charney)等人,利用实际资料,在世界第一台电子计算机上用 12 h 成功地计算出了北美洲地区一张 24 h 预报图,首次实现了数值天气预报的计算工作。

随着电子计算机速度的提高,1954 年,瑞典气象学家又将计算时间缩短到 65 ~ 75 min,结果表明,数值预报比用天气学方法预报好得多。至此,一些国家相继将先进的数值天气预报方式引入了实际业务中。目前,世界上有许多国家和地区运用数值预报方法来做日常业务预报。我国北京气象中心于 1982 年也正式开展了这项业务预报,同时数值预报也逐渐扩展到海洋环境预报中,并广泛应用于气象导航业务,为船舶拟定最佳天气航线提供了准确、可靠的天气保障。

数值天气预报是在给定的初始条件和边界条件下通过对大气运动的基本方程组积分来进行预测的。因为它们是一组非常复杂的非线性方程组,一般不存在解析解,只能用数值方法求其近似解。数值天气预报亦称天气预报的流体力学方法,它是以流体力学、大气动力学、热力学为理论基础,以计算机数学和高速电子计算机为实现手段的近代天气预报方法。

数值预报方法首先需要建立模式,即制定进行预报的数学计算方案。大气模式有许多种,目前用于业务预报的模式达 30 多种,但大体上可将其划分为三大类。

准地转模式:这是最简单的数值预报模式,它将大尺度大气运动看成是准地转的、绝热无摩擦的,这样就大大地简化了大气动力学和热力学方程组。最初仅为“一层模式”,后来逐渐向多层模式发展。准地转模式经过大量的试验,显露出了许多缺点,因实际大气并非是准地转的,人们又在准地转模式的基础上加入了非地转运动对大尺度天气过程的影响,这样就得到了所谓的"平衡模式"。

平衡模式:假定大气是准无辐散的,风场和气压场每一瞬间是平衡的。理论上,平衡模式比准地转模式完善了许多,但实际上,改进并不像所期望的那样大。因为大气的实际情况并非是严格无辐散的,另外,大气中这种平衡关系经常遭到破坏,更重要的是在解平衡方程时,计算量非常大,所以真正使用平衡模式做业务预报的不多,而经常应用平衡方程去求原始方程模式的初始场。

原始方程模式:由于它比准地转模式和平衡模式更接近于大气的实际过程,所以在目前业务预报中得到广泛应用,并使数值预报的准确率得到显著的提高。世界上一些国家的数值预报业务中大多采用原始方程模式,从而使预报的项目、质量和时效都有显著的提高,将数值预报推向了一个新的发展阶段。现在数值预报不仅能做形势预报,也能做天气和气象要素预报;不仅能做一个国家的预报亦能做半球和全球的预报;不仅能做短期预报,也能做中期预报,长期预报也进行了令人鼓舞的试验。由于模式和实际不可能完全一致,预报误差总是不可能避免的,缩小误差使模式更加逼真于实际大气,是今后数值预报的发展方向。

数值预报是一项非常复杂的工作,计算量十分庞大,需用高速、大容量电子计算机。计算时首先将起始时刻的天气图资料输入计算机,由计算机进行筛选,然后对方程求解,最后得出不同时刻、地点和高度上的要素和天气形势的客观、定量预报。然后将预报结果输出并通过传真、广播发布天气预报,其业务化流程如图1-2所示。

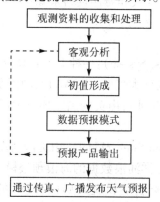

图1-2　数值天气预报业务化流程图

目前,普遍认为"欧洲中期数值天气预报中心"处于世界数值预报水平的领先地位。该中心是由欧洲18个国家于1974年联合成立的,中心总部设在英国伯克郡雷丁,它集中了欧洲各国的人力、财力,致力于数值预报的研究,其宗旨是应用数值模式制作7~10天的预报,在不到10年的时间里使中期数值预报向前推进了一大步。该中心于1979年8月正式发布了1~10天的中期数值天气预报,其预报准确率已超过了美国国家气象局预报的准确率,居世界领先地位。它的某些预报产品通过全球气象通信系统向全世界传递,如我国、日本、美国等国家都把这些情报应用到实际预报业务中,并起到了很大的作用。

总之,近年来数值预报有了很大的进展,但是还不能稳定地做出一个星期的可用预报。对10天以上的长期预报目前预报准确率仍然较低,尽管近年来长期数值预报的研究工作有了一定的进展,但总的来说仍处于不断探索的阶段。另外,对异常复杂的天气变化预报能力仍然有限,尤其对严重天气的爆发性发展,如热带气旋的迅速加强和路径的突变及中小尺度天气系统的预报,目前还没有可靠的预报方法。这主要是由于模式大气的物理过程还不能完全反映真实的大气过程,模式大气方程组的数值积分还不够精确,同时整个大气的观测资料还很不完全。这些都会影响数值预报的准确率和时效,还有待于进一步改进、提高和完善。

虽然天气预报技术至今仍不能把数值预报作为唯一的方法,但它已成为天气预报现代化的主流,在天气预报技术整个领域中占据主导地位,使天气预报已从传统的以天气图经验为主的主观预报向着以数值预报为主的客观预报发展,这将是天气预报发展的必然趋势。

(二)数值海浪预报

海浪的数值预报方法是建立在流体动力学基础上的。目前各主要海洋国家大多采用波谱预报方法进行海浪预报,它能够比较客观地描述海面的波动情况,代表了海浪预报的最新方向。

目前,世界上一些海洋技术发达的国家都开展了数值海浪预报,并将这项预报应用到气象导航业务中,获得了较好的效果。随着现代化科学的发展和海洋的不断开发,海洋环境预报必将进入到一个崭新的发展阶段。

四、气象导航公司应用气象、海洋资料举例

气象导航公司为保证船舶安全航行,采用的气象和海洋数据较多、较广泛,可覆盖船舶所航行的远洋海区。AWT 的主要天气和海洋资料来源:

(一)气象资料

全球预报系统(Global Forecast System):一种 $1° \times 1°$ 高分辨率的气象资料,由美国国家环境预报中心(NCEP)和美国国家海洋大气局(NOAA)共同研发的全球气象分析和预报系统。

第三代海浪模式(Wave Watch Ⅲ):由美国国家环境预报中心(NCEP)研发的第三代海浪预报模式。

洋涌浪模式(U. S. Navy Ocean Swell Model):由美国海军基于与第三代海浪模式相同的技术平台,从模式输出值中抽取海洋涌浪数据的海浪预报模式。

卫星资料:主要包括美国国家航空和航天局(NASA)的快鸟卫星(Quick Scatterometer Satellite)、欧洲空间管理局(ESA)的环境监测卫星(Environmental Satellite)、微波辐射卫星(Special Sensor Microwave Imager Satellite)、美国国家航空和航天局(NASA)的 Topex/Posedidon 卫星、欧洲太空局(ESA)的 ERS-2 卫星等资料。

船舶气象观测资料:由政府间协作的海上气象观测船定时向世界气象组织(WMO)提供的观测资料。

卫星云图:接收来自不同国家的地球同步卫星,其中包括美国、欧洲、日本、印度和中国的卫星云图。

热带气旋资料:接收来自联合台风警告中心(JTWC)、美国国家飓风中心(NHC)、日本气象厅(JMA)等的热带气旋资料。

(二)洋流资料

英国海军航海图(Admiralty Routing Charts):由英国水道测绘局(UKHO)编制出版的世

界范围内航海图,包括气候和洋流资料。

引航图和航路指南(Pilot Chart & Sailing Directions):由美国国家影像及制图局(NIMA)出版,主要提供洋流的数据资料。

美国海军海岸洋流模式(U.S. Navy Ocean Model):由美国海军研究实验室(NRL)研发的一种动态、实时的洋流模式。

海上漂流浮标(Drifting Buoys):由美国佛罗里达州迈阿密的数据收集中心(DAC)提供的海上漂流浮标的观测和分析资料。

通过应用大量的天气和海洋资料,AWT可以更准确地评估船舶在航行中遭遇的各种天气和海况因素,正确地判断在船舶航海日志中有关天气和海况观测记录的真实性。

第六节　船舶耐波性与失速

气象导航的目的之一是尽可能避开大风浪区域,但在跨洋航行中总会或多或少地遇到较大的风浪。因此,在气象导航业务中必须考虑在不同的风浪条件下,特别是在大风浪中船舶的性能。对气象导航机构来说,在接受气象导航的船舶遭遇大风浪前,可根据船舶的性能决策是否需要变更航线;同时对航行中的船舶本身,驾驶人员也可根据当时的环境、船舶性能采取合适的操纵措施,以保证船舶航行安全。

船舶耐波性(Seakeeping Quality)是研究船舶在波浪中的运动规律的一门学科。在波浪中航行的船舶,由于受到波浪的扰动,船舶会发生复杂的摇荡运动。这些复杂的摇荡运动可以分为三种线运动和三种回转运动,分别称为纵荡、横荡、垂荡和纵摇、横摇、首摇。其中运动显著而且严重影响船舶安全的是横摇、纵摇和垂荡三种运动,这是我们研究的主要对象。船舶耐波性除受摇荡运动的影响外,还受因摇荡运动而引起的船体运动的影响,如拍底、甲板上浪、失速、螺旋桨打空车和横稳性下降等。船舶摇荡运动以及由摇荡引起的其他船体运动对船舶的航海性能和使用性能带来极其不良的影响,主要表现在以下几个方面:

1. 对舒适性的影响

船员的工作能力受两种运动特性的影响,即加速度和横摇幅值。由纵摇和垂荡而引起的加速度最大值发生在船首或船尾。一般当加速度超过$0.2g$(g为重力加速度)时,船员晕船的程度就会加剧;横摇幅值在$10°$以上时,船员的工作能力就会受到较大的影响。

2. 对航行使用性的影响

纵摇与垂荡会造成船舶失速,主机功率得不到充分利用。严重的拍底使船舶首部的结构受损,导致船体发生颤振。在压载航行时,驾驶人员主动减速的主要目的是避免首部受到严重拍底。甲板上浪使甲板机械损坏,船舶稳性下降,使船员工作条件恶劣。满载船舶主动减速主要是考虑了上浪的频率。螺旋桨飞车使主轴受到极大的扭转振动;主机突然加速和减速,使主机部件损坏,推进效率降低;过大的摇荡使负荷加大,可能会损坏船体结构,甚至使其断裂。大的波浪加上激烈的摇荡,给船舶操纵带来困难,使船舶难以维持或改变航向。

3. 对安全性的影响

激烈的摇荡损坏了船舶的主要部件,船舶可能因失去控制而造成惨重后果。大角度横摇可能使舱室进水,货物移动,严重时可能导致船舶倾覆。

研究船舶耐波性的目的在于:了解船舶摇荡运动的规律及其影响因素,在航线选择模拟计算时掌握对耐波性能的预报方法;对于航行中船舶而言,通过寻找良好的操船方法可减轻或避免摇荡运动。

一、船舶的耐波性

(一)横摇

船舶在波浪中的横摇性是耐波性的标准之一。横摇是船舶摇荡运动的主要形式之一。由于船的横向尺度远小于纵向尺度,加之船体的外形光顺,因而横摇阻尼较小。在船舶波浪遭遇周期等于船舶固有横摇周期时,发生横摇、谐摇的幅值比纵摇情况下要大得多。另外,由于船的横摇复原力矩比较小,因此横摇运动的周期较纵摇运动要大。大幅度横摇可能造成舱室进水,货物移动,严重时甚至造成船舶倾覆。所以,在航行中必须注意货物的装载,并根据风、浪情况来选择航向、航速等,力求减轻横摇。

1. 船舶固有横摇周期 T_R

船舶在规则波中做小角度(小于 15°)无阻尼横摇时的周期称为船舶固有横摇周期,可用下式求得:

$$T_R = C \times \frac{B}{\sqrt{GM}}$$

式中:T_R——船舶固有横摇周期(s),即自一舷横倾至另一舷再回到初始横倾位置所需时间;

C——横摇周期系数,客船为 0.75 ~ 0.85,货船为 0.7 ~ 0.8;

B——船宽(m);

GM——初稳性高度(m)。

各类船舶横摇周期的数值范围如表 1-1 所示。

表 1-1 各类船舶横摇周期数值范围

船 舶 种 类	载 重(t)	横摇周期(s)
客 船	500 ~ 1000	6 ~ 9
	1000 ~ 5000	9 ~ 13
	5000 ~ 10 000	13 ~ 15
	10 000 ~ 30 000	16 ~ 20
	30 000 ~ 50 000	20 ~ 28
货 船	(满载)	9 ~ 14
货 船	(压载)	7 ~ 10
拖 船		6 ~ 8

但是,对于同类型不同大小的船舶,用 T_R 来衡量船舶横摇状况并不合适,一般可用横摇系数 $T_R \times \sqrt{G/B}$ 来判断。因为横摇系数比较稳定,一般为 8 ~ 14,如果小于 8,则横摇过于剧

烈,超过 14 则船舶稳性力矩太小。当船舶受到横向突风的作用或操舵回转时,船舶将产生较大的横倾角。

2. 波浪遭遇周期 T_E

船舶在海上航行时,设其前进方向与波浪传播方向成一夹角,该夹角称为遭遇浪向角 ψ。顶浪时,$\psi = 0°$;顺浪时,$\psi = 180°$;横浪时,$\psi = 90°$。

图 1-3 所示为船舶在波浪中航行的一种状态。直线 AB 表示以速度 v_w 传播的波峰,船舶以速度 v 并与波浪传播方向成 ψ 角度航行。波浪相对于航行中船舶的周期即波浪遭遇周期 T_E,为

$$T_E = \frac{\lambda}{v_E} = \frac{\lambda}{v_w + v\cos\psi}$$

式中:λ——波长(m);

　　　v_w——波速(m/s);

　　　v——船速(m/s);

　　　ψ——遭遇浪向角(°)。

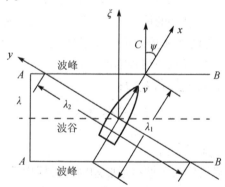

图 1-3　船舶在波浪中航行的状态

3. 影响横摇的因素

船舶在波浪中的摇摆运动,是波浪的强迫摇摆与船舶本身固有的摇摆相结合的复合运动。这种摇摆运动由于受到水阻力的阻尼作用,因此是逐渐衰减的。

在规则波中,影响船舶横摇强度的因素如下:

(1)波浪能量大,波长短而波高大时,船舶横摇摆幅就成正比增加。

(2)船舶固有横摇周期 T_R 与波浪遭遇周期 T_E 之比:当 $T_R/T_E < 1$ 时,这种情况相当于 GM 值很大的船舶在波长很长中慢速或顺浪航行,船舶横摇较大,船舶甲板与有效波面经常保持平行,出现随波而摇的现象,船舶很少上浪。例如平底船、救生筏在海浪上随波漂浮时,横摇角等于波面角,如图 1-4(1)所示。当 $T_R/T_E > 1$ 时,这种情况相当于大船处在极短的波浪上,此时船舶几乎不发生横摇运动,如图 1-4(2)所示。当 $T_R/T_E \approx 1$ 时,船舶的横摇运动滞后于波浪 90°,波浪对船的扰动力矩方向在整个周期范围内与横摇方向始终一致,使横摇角越摇越大。这种现象称为谐摇,是航行中最危险的状况。

在 $T_R/T_E = 1$ 附近,横摇幅值仍是相当大的,一般称 $T_R/T_E = 0.7 \sim 1.3$ 的范围为谐摇区。

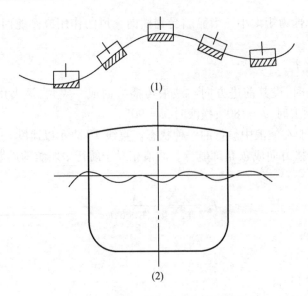

图 1-4 T_R/T_E 不同数值时船舶横摇情况

一般要求船舶在波浪上具有良好的横摇性能,即减缓横摇、减小摇幅,可从两方面考虑:一是使 T_R/T_E 避开谐摇区;二是增加横摇阻尼。在船舶设计时,船上装有舭龙骨、减摇鳍等都是从增加阻尼系数这一点出发以求减缓横摇的。

在规则波中发生谐摇时强迫横摇角 θ_S 为:

$$\theta_S = 7.92\sqrt{\alpha_{max}}$$

式中:α_{max}——最大波面角(°)。

在不规则波中船舶横摇的特点如下:

(1)在不规则波中船舶平均横摇周期接近船舶固有横摇周期。

(2)船舶在不规则波中谐摇现象不明显,谐振区内的摇幅小于规则波中的谐振摇幅,而在远离谐振区时则相反。因此用规则波中的 θ_S 来估算不规则波中的横摇摆幅是安全的。

4. 减轻横摇的措施

(1)调整船舶的固有横摇周期

船舶在确定航线后,根据本航次各海区在该季节可能经常遭遇的波浪周期的特点,在配载时调整好初稳性高度 GM,避免使船舶固有横摇周期与波浪周期一致而产生谐摇。一般使船舶的固有横摇周期尽量大些,以避开谐摇区,即 $T_R/T_W > 1.3$。

对于规则波,波长 λ 与波浪周期 T_W 之间的关系如下:

$$T_W = 0.8\sqrt{\lambda}$$

如果假设某海区出现的波长为 60 m,则波浪周期 $T_W = 0.8\sqrt{60} = 6.2$ s,那么在该海区航行的船舶的固有横摇周期 T_R 应该满足 $T_R > 6.2$ s$\times 1.3 = 8.1$ s,由 T_R 即可求出具体的某种船型开航前 GM 值的范围。

(2)改变遭遇浪向角、船速以调节波浪遭遇周期 T_E

航行中的船舶,改变遭遇浪向角或船速,或同时改变遭遇角和船速,就能改变波浪遭遇周期。若能使 T_R/T_E 离开谐摇区,即可减轻横摇。若谐摇,则 $T_R = T_E$,即:

$$T_{\mathrm{R}} = \frac{\lambda}{v_{\mathrm{W}} + v\cos\psi}$$

谐摇时的遭遇浪向角即危险航向角,可用下式求出:

$$\cos\psi = (\frac{\lambda}{T_{\mathrm{R}}} - v_{\mathrm{W}}) / v$$

式中:λ——波长(m);

　　T_{R}——船舶固有横摇周期(s);

　　v——船速(m/s);

　　v_{W}——波速,为 $1.25\sqrt{\lambda}$(m/s)。

大型船舶的固有横摇周期 T_{R} 大多在 10 s 以上,而波浪周期 T_{W} 多在 10 s 以下,即 $T_{\mathrm{R}} > T_{\mathrm{W}}$。所以

$$T_{\mathrm{R}} > \frac{\lambda}{v_{\mathrm{W}}}, \quad 即 \quad \frac{\lambda}{T_{\mathrm{R}}} < v_{\mathrm{W}}$$

$\cos\psi$ 往往为负值,即危险航向角 $\psi > 90°$,因此说斜顺浪容易产生横摇谐摇。

此外,横向受浪即 $\psi = 90°$ 或 $270°$ 时,仅改变船速将无法改变波浪遭遇周期,即无法减轻横摇,只有果断改变遭遇浪向角,才能取得减摇效果。

(二)纵摇和垂荡

当波浪通过船体时,随着船体附近波形的变化,浮心做前后方向的周期性移动,将引起船舶纵摇。

当波浪通过船体时,由于其浸水面积变动,因而浮心亦随之上下变动。船舶重心在其垂直轴上的上下运动就是垂荡运动。

由于船首尾形状不对称,一般船舶在迎浪航行时,同时发生纵摇和垂荡,纵摇会引起垂荡,垂荡会引起纵摇。

1. 船舶固有纵摇周期与垂荡周期

船舶固有纵摇周期可用下式估算:

$$T_{\mathrm{P}} = C_{\mathrm{P}}\sqrt{L} \quad (\mathrm{s})$$

式中:L——船长(m);

　　C_{P}——纵摇周期系数,客船为 0.45 ~ 0.55;客货船为 0.45 ~ 0.64;货船为 0.54 ~ 0.72;油船(尾机型)为 0.80 ~ 0.91。

船舶的垂荡周期可用下列近似公式估算:

$$T_{\mathrm{h}} = 2.4\sqrt{\alpha} \quad (\mathrm{s})$$

式中:T_{h}——船舶垂荡周期(s);

　　α——船舶平均吃水(m)。

船舶的垂荡周期和纵摇周期很接近,它们约为船舶横摇周期的1/2。固有垂荡和纵摇的周期范围为:

货船:4 ~ 6 s;客船(10 000 t 以下):5 ~ 7 s;渔船:3 ~ 4 s;小船与快艇(100 t 以下):2 ~ 3 s。

2. 船舶在规则波中迎浪航行的垂荡和纵摇运动特点及影响因素

①与横摇运动相比,一般纵摇和垂荡运动的幅度是比较小的。

②波长与船长比(λ/L)对纵摇和垂荡影响很大。在 $1 < \lambda/L < 2.5$ 时,船舶的纵摇和垂荡剧烈。

③船速对船舶迎浪航行时的垂荡和纵摇运动影响很大。船速为 0 时,纵摇和垂荡运动幅度较小,船身以波浪周期纵摇,纵摇角一般不超过最大波面角。随着船速的增加,垂荡和纵摇运动一般会更剧烈,但对纵摇而言,当 $T_P/T_E > 1.2$ 时,在任何船速下,纵摇摆幅都不会太大。

④船舶固有纵摇、垂荡周期与遭遇周期之比 T_P/T_E、T_h/T_E:当 $T_P/T_E > 1$ 时,即船首迎着短浪航行或船速快时,纵摇较小;当 $T_P/T_E < 1$ 时,即船首迎着长浪航行或船速很慢,或顺浪航行时,则船随波而摇,沿着波面运动;当 $T_P/T_E \approx 1$ 时,发生纵摇谐摇,摇摆剧烈,容易发生甲板上浪或拍底现象。T_h/T_E 对垂荡强度的影响是在 $T_h/T_E \approx 1$ 时,发生垂荡谐摇,垂荡振幅达最大值。当 $T_h/T_E = 1$ 或 -1 时,垂荡幅度均变小。由于 $T_P \approx T_h$,因此纵摇和垂荡的谐摇是同时发生的。

⑤航向对纵摇和垂荡的影响:一般 T_P 和 T_h 均较波浪周期 T_W 小得多。顺浪时,波的遭遇周期增大,更加偏离纵摇和垂荡的固有周期,所以纵摇和垂荡不会太大。迎浪时,由于遭遇波浪周期减小,很可能接近 T_P 和 T_h,从而产生谐摇。因此,船舶在迎浪时,对纵摇和垂荡运动产生一个最佳航向范围,以避免谐摇的发生。

3. 船舶在不规则波中纵摇和垂荡的一些特点

①不规则波中的船舶纵摇平均周期:虽然船舶在规则波中的纵摇周期等于波浪扰动力矩的遭遇周期,但是船舶在不规则波中的纵摇周期一般不等于波浪的遭遇周期。计算表明,船舶在不规则波中的纵摇平均周期接近在不规则波中的平均遭遇周期。

②航速对纵摇的影响:航速为 0 时,纵摇较小;随着航速的增加,纵摇运动摆幅一般不会增加;当航速继续增加时,纵摇运动摆幅又会减小。由此可见,船舶在不规则波中迎浪航行时,有一最佳速度范围,使纵摇变小。

以上结论对垂荡也是适用的。

(三)纵向受浪时产生的危险现象

1. 拍底(slamming)

船舶以一定航速(超过界限速度)在恶劣海况中顶浪航行时,船舶的纵摇和垂荡运动激烈,且两者相位差不大,致使在某一瞬间,船首底部离开波浪表面。这时船首底部受到极大的水压力,不仅会使船体损伤,而且会引起船体自身做周期极短(1 s 以下)的急剧颤振,这种现象叫作拍底。而船首侧面受到横浪冲击,但船体自身没有颤振的现象称为拍击(Panting)。

易产生拍底的条件:

①$\lambda = L$,遇到与船长相当的波长时,会产生剧烈的拍底。大洋中最容易产生的波长是 $80 \sim 140$ m。因此,如船长在这个范围内,则易产生拍底。

②$d/L < 5\%$,吃水与船长之比较小时易产生拍底。一般空船时拍底严重,装载 2/3 以

上时则不易产生拍底。

③尾倾严重、上层建筑物庞大的船舶易产生拍底。

④方形系数大的船,拍底冲击力大;U 形船首比 V 形船首遭受拍击的次数多,强度也大,但冲击荷重的持续时间短,拍击部位也较靠前。

⑤当船速和遭遇浪向角使得 $T_P \approx T_h = T_E$ 时,船舶发生纵摇和垂荡谐摇,纵摇和垂荡剧烈,拍底也就剧烈。

⑥气候和海面情况:对于中型船来说,在蒲氏风级 5 级以上时就可能发生拍底,而且波高越大,波的能量也就越大,造成的拍底当然也就越激烈。

减小拍底的措施:

①减速,对于减轻拍底是极为有效的。

②保持船首吃水大于 1/2 满载吃水。

③调整遭遇浪向角,避免纵摇和垂荡的谐摇。

2. 甲板上浪(deck wetness)

船舶顶浪航行时,由于剧烈的纵摇和垂荡,船首在刚刚越过波浪后就冲入波峰,船首没入波浪中,海水淹没首部甲板。在波浪中航行时,由于甲板上浪而影响稳性,同时,波浪还会使船体上部建筑物直接遭受破坏。特别是在装有甲板货时,甲板上浪会造成绑扎索具损坏,以致货物发生移动,可使适航性、安全性显著下降。

甲板上浪与船首干舷高度、船速及相对波高($h_{W/3}/L$)有关。船首干舷越低,船速越大,波高越高,甲板上浪也就越严重。

3. 失速(speed loss)

船舶失速包括波浪自然失速和主动有意减速。自然失速是指推进动力装置功率一定时,由于剧烈的摇荡,船舶在波浪中较静水航行中航速的降低值。主动有意减速是指船舶在波浪中航行时,为了减小波浪对船舶的不利影响,主动降低功率,使得航速比静水中降低。

4. 推进器空转(racing)

剧烈的纵摇和垂荡使船尾做周期性的垂直上下移动,推进器的一部分就会周期性地露出水面,称为推进器空转,俗称打空车。空转时,推进器露出水面部分的负荷减小,转速剧增,从而使推进效率显著降低,船速下降。此外,推进器、轴系和船体会产生很大的振动,同时使它们受到很大的冲击压力,随时有可能受损。

空船状态下容易发生空转现象。所以,应增大螺旋桨沉深;以确保桨叶的上端有充裕的吃水,同时还应尽可能使主机减速。此外,要及时调整航向和航速,减轻船舶纵摇和垂荡,以减少推进器空转。

5. 尾淹(pooping)

顺浪航行时,当船尾陷入比船速快的波浪的波谷时,浪打上船尾甲板,称为尾淹。尾淹可导致航向不稳定,船首摇摆,甚至会突然发生打横。此时,瞬间可产生很大的横倾,非常危险。若顺浪中出现该现象,应果断采取变速措施,否则很难避免危险。

6. 纵摇引起的横稳性下降(transverse stability decreasing)

船舶在纵摇时,随着船舶的纵向倾斜,浮心以稳心为中心移动,其高度呈周期性上升。

此外,随着纵摇和波浪的通过,船舶的水线面形状发生变化,水线面的惯性力矩也呈周期性变化。以上两种原因均导致纵摇时初稳性高度 GM 减小,即横稳性下降。当波浪遭遇周期与船舶固有横摇周期之比 T_E/T_R 为 1/2 的整数倍时,横稳性下降更快;当 T_E/T_R 为 1/2 或 1 时,横稳性下降较为显著。顺浪时,尤其波速等于船速时,船舶可能呈现出静置于波峰或波谷的状态。当船舶静置于波峰上时(波峰在船中),船舶的初稳性高度 GM 值下降 0.20 ~ 0.30 m,且持续时间较长。

(四)大风浪中船舶耐波性衡准

船舶在大风浪中航行时,如甲板上浪、拍底等现象出现的概率超过一定的界限,船长为了保护船体、货物和人员的安全将会主动降低船速。为了正确估计主动减速的范围,必须确定大风浪中船舶耐波性衡准。

由于该问题的复杂性,迄今尚无统一的标准。下面列举国内外专家提出的几种标准。表 1-2 所示的标准是 Lewis 和 Aertssen 通过大量的实测资料调查研究而提出的。

表 1-2 Lewis 和 Aertssen 提出的耐波性衡准

		拍底发生的概率	甲板上浪发生的概率
Lewis		0.01 (5 次／小时)	0.02 (10 次／小时)
Aertssen	油 船	0.03	0.05
	散装船	0.03	0.05
	货 船	0.04	0.05

根据 Lewis 建议:船舶在满载状态下,主要考虑船首甲板上浪的状况,应降速至每小时上浪次数小于 10 次;而船舶在压载状态下,主要考虑拍底的状况,应降速至每小时船首拍底次数小于 5 次。

日本学者北泽(Kitazawa)等人则通过模拟计算确定耐波性衡准,如表 1-3 所示。他们是以集装箱船(L_{pp} = 175 m,v = 22.5 kn)为模型所得出的标准。

按该标准的建议:集装箱船横摇摆幅的最大界限值为 22.0° ~ 25.8°,这种摆幅出现的次数相当于 1000 次中仅有一次。如果超过这一界限,则应改变航速和航向。

我国船舶科学研究中心提出的耐波性衡准,如表 1-4 所示。

表 1-3 北泽提出的耐波性衡准

	界限值	发生的概率
拍底		0.01
甲板上浪		0.02
推进器空转		0.1
横摇	22.0° ~ 25.8°	1×10^{-3}

表 1-4 我国船舶科学研究中心提出的耐波性衡准

序号	耐波性要素	衡准值
1	100 次振荡中出现拍底次数	3
2	每分钟甲板上浪次数	0.5
3	每分钟推进器出水次数(25% 桨叶)	0.5

(五)波浪中船舶耐波性预报

1. 船首底部拍底概率

在气象导航模拟计算中,假设模型中所用船舶处于压载状态,那么在模拟中必须估算该载货状态下对应不同的波浪状态和速度时,船首底部拍底的概率。

船首底部产生拍底的条件为:

①船首底部露出水面 $r \geqslant d$。r 为船首相对于波面的相对位移;d 为船舶在静平衡时的吃水。

②船首底部脱离水面后向下回落时,船底部拍击水面的速度 r 大于等于某临界速度 v_{th},即

$$|r| \geqslant v_{th}$$

相对速度 r 向下时为负值;向上时为正值。底部拍击水面时,r 必须是向下的,即 r 为负值,则:

$$-r \geqslant v_{th}, \text{即} \ r \leqslant -v_{th}$$

经过理论推导,得出一个周期内发生拍底的概率:

$$P = P[r = d, r \leqslant -v_{th}]$$
$$= \exp\left[-\left(\frac{d^2}{2m_{or1}} + \frac{v_{th}^2}{2m_{or2}}\right)\right]$$

式中:v_{th}——临界速度,可取 $v_{th} = 0.09\sqrt{gL}$(L 为船长,g 为重力加速度);

d——船舶静平衡时的吃水;

m_{or1}——船首相对位移 r 方差;

m_{or2}——船首相对速度 r 方差。

2. 甲板上浪的概率

在气象导航模拟计算中,通常假设船舶处于满载状态,因此必须预报船舶满载时在不同的波浪状态和航速时甲板上浪的概率。甲板上浪的概率即每周期内甲板上浪的次数。

甲板上浪的条件是:

$$r < -(H - h_s)$$

式中:H——船首的干舷高度,如图 1-5 所示;

h_s——船在静水中航行时,船首产生的兴波高度。

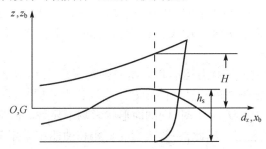

图 1-5 船舶在静平衡时的吃水情况

经过推导,甲板上浪的概率为:

$$P = \exp\left[\frac{(H - h_s)^2}{2m_{or1}}\right]$$

3. 推进器空转的概率

如图 1-6 所示,D 为螺旋桨直径;假设有部分桨叶露出水面,露出部分为 D/n;d_p 为 D/n

螺旋桨处至静水线的距离。

螺旋桨露出水面的条件是：

$$r > d_p$$

式中：r——螺旋桨盘面处船体横剖面的相对位移。

螺旋桨露出水面的概率为：

$$p = \exp\left(\frac{d_p^2}{2m_{orl}}\right)$$

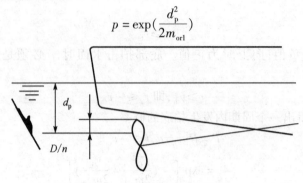

图 1-6　船舶螺旋桨与水面图

(六)船型对耐波性的影响

船型要素对耐波性的影响是一个极其复杂的问题,对纵摇、垂荡、首垂向加速度、甲板上浪、拍底和失速等方面的影响是不一致的,有时甚至是互相矛盾的。

船舶的主尺度和有关要素对于船舶在迎浪航行时产生纵摇和垂荡的综合影响如下：

在浪级不变的条件下,增加船舶方形系数、吃水和船舶纵向质量惯性半径,对于减小纵摇和垂荡运动均是不利的。增加船舶长度和宽度却能使纵摇和垂荡运动都得到改善,但改变浮心的纵向位置将引起船舶纵摇和垂荡两者相反的运动效果。当浮心位置向前移动时,纵摇运动减小,垂荡运动增大;当浮心位置向后移动时,则相反。垂荡运动随航速增加而幅度增大,对纵摇而言,低速船是这样的,高速船却相反。因此,对改善船舶的纵摇和垂荡运动而言,减小方形系数、吃水和纵向质量惯性半径,增加船长、船宽均是有利的。

船舶主尺度对甲板上浪、拍底等的影响比较复杂。Lewis 通过大量的模型试验表明:假若首干舷与船长成比例,随着 L/d 的增大,则甲板上浪减少;随着吃水的过度减小,则将引起拍底的发生。

一般认为,船首部横剖面形状对运动和失速的影响表现在 U 形剖面船首在静水中阻力较低,而 V 形剖面船首在波浪中的运动性能较好。当波长大于船长,即 $\lambda/L > 1$ 时,V 形船首的运动幅值较 U 形的小;当 $\lambda/L < 1$ 时,则剖面形状影响不显著。但是从波浪中所受阻力的角度来看,还是 U 形剖面较好。因此,一般大型的货船和油船多采用 U 形船首,而小型船多采用 V 形船首。

具有球鼻首的船的纵摇运动较小,比无球鼻首的纵摇小 $0.2 \sim 0.4$ m,但垂荡运动却增大 $0.06 \sim 0.24$ m。

二、船舶在波浪中的失速

船舶在海上航行时,由于受风和波浪的扰动,使得在主机功率不变的情况下航行速度较静水条件时减小,这种船速下降的现象称为船舶失速,也就是自然失速。除了自然失速外,船舶在大风浪中航行时,由于波浪的冲击和剧烈摇荡而引起严重的拍底、甲板上浪、推进器空转,也会致使船体受损和安全性下降。为了减轻这种危险现象而采取有计划的降低船速,则称为有意减速。估算船舶在波浪中的自然失速和在大风浪中人为的有意减速的界限,对于探讨气象导航技术的作用以及船舶性能设计都是非常重要的。

(一)自然失速(nominal speed loss)

1. 自然失速的原因

船舶自然失速通常由以下几个原因引起:

①风引起的附加阻力:风对船体水线以上部分形成的阻力。可用风洞试验结果来估计不同船型的风阻力。

②波的反射作用所造成的阻力增加。

③船体摇荡引起的阻力增加:横摇时阻力增加值比较小,而纵摇和垂荡则导致阻力增加值较大。

④保向操舵、首摇引起的阻力增加:首摇引起的斜航阻力增加(日本学者野本认为大型油船的低频首摇与尾摇引起的阻力增加值可达 5% ~ 20%),克服首摇为保持航向而操舵所产生的舵阻力增加。

⑤风浪的表面流所引起的阻力增加。

⑥推进效率的降低:主要是由于波浪和风的阻力增加而使推进器负荷变大所造成的。

⑦海流的影响:主要指大洋环流的影响。

一般来说,风浪越大,速降越大;顶浪较顺浪速降大;船长较短的肥大型船速降大。顺浪时,风力在蒲氏风级 4~5 级时,速度会有所增加;超过 5 级,速度便逐渐下降。多数船舶在顶浪,波高小于 2 m 时,船速大致与风平浪静时相同,波高增大,则波涛阻力也随之增加。对于风、浪阻力增加而引起的速降,一般认为,1/3 来自风的作用,2/3 来自浪的作用。这是由于大型船舶吃水大、船速快,水线下船体受到阻力亦大。

2. 失速的估算方法

船舶在风浪中自然失速的研究途径基本上有以下三种:一是理论法,根据水 – 船体 – 空气系统能量平衡的原则,运用计算公式算出阻力和自航要素的变化量,在主机功率不变的情况下求得航速下降量。二是试验法,借助水池和风洞的模拟试验,测得有关要素,从而确定失速值。三是经验法,基于大量实测资料和船舶耐波性试验的结果,运用统计方法求得计算船舶在波浪中失速的经验公式或据此绘制各种失速计算图表。目前,经验法在实际中采用得较多。

(1)理论法的计算公式

根据理论法得出的预报船舶失速的方法有阻力增加法、推力增加法、直接功率增加法和计及主机特性的估算方法等几种类型。具体计算公式比较复杂,这里不一一介绍,仅就其中日本学者中村等提出的计及主机特性的估算方法做一简述。该方法在得出失速公式时考虑了波浪中总阻力的平均增值、自航要素和主机特性等方面因素,其预报结果比较精确。计算

公式如下:

$$\Delta U = \frac{R - R_{o} + R_{AW} + R_{W1}}{(1 - t)(1 - W)\left[P_{TU} + \dfrac{P_{TN}P_{QU}}{r^{2}E_{QN} - P_{QN}}\right]}$$

式中: R_{o}——航速为 U_s 时,静水中阻力;

R——航速为 $U_s + \Delta U$ 时,静水中阻力;

R_{AW}——航速为 $U_s + \Delta U$ 时,不规则波总的阻力平均增值;

R_{W1}——风产生的阻力;

t、W——静水中航速为 U_s 时推力减额系数和伴流分数;

$P_{TU} = \dfrac{\partial T}{\partial U_P}$, $P_{QU} = \dfrac{\partial Q}{\partial U_P}$, $P_{TN} = \dfrac{\partial T}{\partial N}$, $P_{QN} = \dfrac{\partial Q}{\partial N}$——推力和转矩随螺旋桨进速的变化率,以及推力、转矩随转速的变化率;

$1/r$——螺旋桨转速与主机轴转速的传动比;

$E_{QN} = \dfrac{\partial Q_e}{\partial N_e}$——主机轴的转矩随轴转速的变化率; Q_e 和 N_e 分别表示主机轴的转矩和转速。

中村等人为了验证上述公式,进行了几种船型的模拟试验,结果表明试验测量值和理论计算值之间有良好的一致性。

(2)经验法计算公式与图表

自 20 世纪 60 年代以来,美国、苏联、日本等国对船舶波浪中失速的经验公式已做了许多研究。近年来我国也相继开展了一些研究,取得了一些结果。下面举几例加以说明。

①船舶运动性能曲线图

a. 波高 – 航速关系图:20 世纪 60 年代,美国海军水文研究室统计得出 15 种船型船舶的船舶性能曲线,图 1-7 所示就是其中一种。根据船舶与波浪的三种不同情况:顶浪、顺浪、横浪和浪高,从曲线中可以查出航速。近年来,美国气象导航公司进一步研究、统计得出 20 种船型的船舶在风浪作用下的船舶运动性能曲线。图 1-8 为船速 20 kn 的液化燃料船的船舶运动性能曲线图。

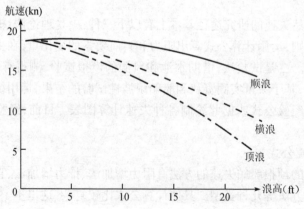

图 1-7 顶浪、顺浪和横浪时船舶运动性能曲线图

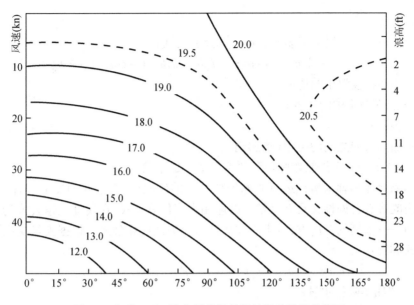

图 1-8　船速 20 kn 液化燃料船的船舶运动性能曲线图

　　b. 波向、波高－航速关系图:荷兰皇家气象研究院气象导航部门估算失速时采用的曲线图如图 1-9 所示,根据相对波向和波高即可查出航速。图中同心圆半径上的数字表示航速(kn),心形曲线上的数字表示波高(m),大圆圆周外围的数字表示遭遇角。

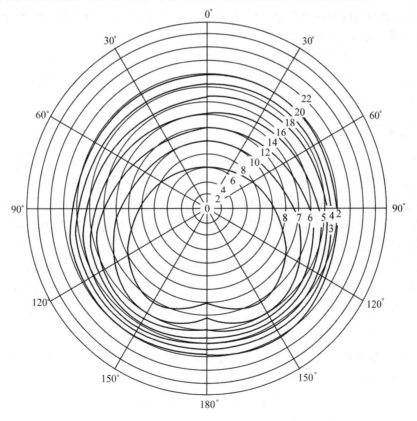

图 1-9　波向、波高－航速关系图

②失速计算经验公式

美国的 James 较早提出了船舶失速计算经验公式：

$$v = v_0 - k_1 h^2 (1 + \cos q) - k_2 h^2 - k_3 h (1 - \cos 2q) + k_4 h_q$$

式中：v——船舶在波浪中的速度；

v_0——船在静水中的速度；

h——浪高；

q——船与浪向之间的夹角（遭遇角）；

k_1、k_2、k_3、k_4——根据船舶吨位和船型等决定的系数。

我国国家海洋局韩宗南在进行船舶气象导航的研究中，为了在船舶航线计算模式中能够直接引用既带有普遍性又具有高精度的船舶失速估算公式，在线性失速公式的基础上，引进非线性项——浪高的二次方，以求得非线性综合失速计算公式。根据大量实测资料，得出的经验公式如下：

$$v = v_0 - (a_1 h + a_2 h^2 + a_3 D^{1/3} F - a_4 qh)(k - a_5 Dv_0)$$

式中：D——船舶实际排水量；

F——船舶吃水差变化；

k——经验常数；

a_1、a_2、a_3、a_4、a_5——船舶性能系数。

该公式适用于：$D = 5000 \sim 80\,000$ t，$h = 0 \sim 9$ m，$v_0 = 10 \sim 17$ kn，$C_b = 0.65 \sim 0.68$（C_b 为方形系数）范围以内的各类船舶。根据对 20 艘船舶 86 个航次的实船航行情况的验证，船舶失速的计算精度为 ± 1.0 kn。

在实际运用中，根据航行海区的波浪预报图，利用船舶运动性能曲线图或者计算失速的经验公式，即可求取船舶实际航速。这对于气象导航中模拟计算选择航线和船舶自行气象导航都是必须掌握的要素。

（二）有意减速（deliberate speed loss）

船舶在大风浪中顶浪航行时，由于剧烈的纵摇和垂荡而引起甲板上浪、拍底以及推进器空转，进而致使船体受损、安全性下降。为了减少这种危险现象的发生，船长人为地、有计划地降低船速，称为有意减速。为了保证航行安全，船舶甲板上浪、拍底的概率必须符合耐波性标准，在此前提下，船舶允许采用的最大航速是模拟计算和航行中必须解决的一个问题。允许采用的最大航速也称为界限速度。

一般情况下，船舶允许航速（界限速度）与波高、风级及航向有关。迎浪时，由于甲板上浪、拍底和推进器空转等限制，海上允许航速较其他航向时小。关于界限速度的计算方法，许多学者从不同的角度提出了不同的方法。下面介绍其中几种常用的方法。

1. Lewis 方法

Lewis 在船舶迎浪时，以船长等于或小于波长（$L \leqslant \lambda$）而产生的纵摇谐摇为条件，将纵摇谐摇的临界速度作为海上允许速度。其公式如下：

$$U_{WS} = 0.2239(M - 3.5)\sqrt{L}\ (\text{kn})$$

式中：L——船长；

$M = \dfrac{L}{D^{1/3}}$，D 为排水量。

这样，从纵摇、谐摇的要求出发,船舶在给定船长和排水量的情况下,海上实际船速将等于或小于上式给出的值。

2. Aertssen 方法

Aertssen 在接近于充分成长的海浪条件下,考虑了推进器空转、甲板上浪、拍底和货物移动等原因,对货船在海上允许的航速提出了下述计算公式:

$$\frac{U_{WS}}{U_S} = 1 - \left(\frac{m}{L_{pp}} + n \right)$$

式中:U_{WS}——海上允许的航速(界限速度);

　　U_S——船舶静水中速度;

　　L_{pp}——船舶两柱间长;

　　m、n——表1-5 给出的系数,取决于航向和蒲福风级。

表1-5　船舶失速估算公式系数

蒲福风级	迎浪		首斜浪		横浪		尾随浪	
	m	n	m	n	m	n	m	n
5	9	0.02	7	0.02	3.5	0.01	1	0
6	13	0.06	10	0.05	5.0	0.03	2	0.01
7	21	0.11	14	0.08	7.0	0.05	4	0.02
8	36	0.18	23	0.12	10.0	0.07	7	0.03

Aertssen 将公式计算得出的海上允许航速和 4 艘航行于北大西洋的集装箱货船一年中的航行统计资料进行了比较,表明平均结果是一致的。

3. 北泽、细田方法

日本学者北泽、细田等人对集装箱船进行了大量研究后,得出的波浪中界限速度公式为:

$$v = \exp \left\{ 0.13 \left[q(\psi) - h \right]^{1.8} \right\} + r(\psi)$$

式中:$q(\psi)$——$12.0 + 1.4 \times 10^{-4} \cdot \psi^{2.3}$;

　　$r(\psi)$——$7.0 + 4.0 \times 10^{-4} \cdot \psi^{2.3}$;

　　ψ——相对波向;

　　h——合成波向。

北泽等人还根据集装箱船舶在波浪中的耐波性能,得出在不同的风级、航速、波向情况下,船舶发生拍底、甲板上浪、推进器空车等的不同区域,如图1-10所示。使用时可根据当时本船的航速、所遇风力的大小和波向,从图中查出船舶是否处于安全区域。

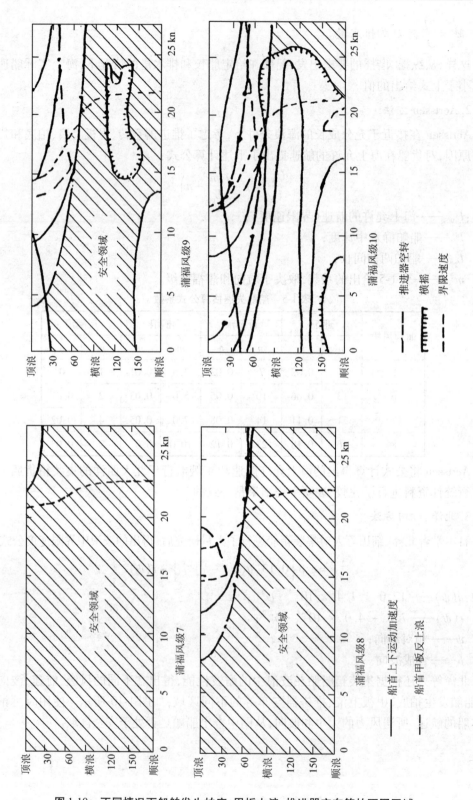

图 1-10　不同情况下船舶发生拍底、甲板上浪、推进器空车等的不同区域

（三）船舶经济速度的决定

从经济效益角度出发,选定船舶在营运过程中的经济速度时,必须考虑以下几个目标:
①燃料消耗费用小;
②其他营运成本开支小;
③使资本回收率最大。

船舶单位时间内的燃料消耗量 F_0 与机器功率 MHP 成正比,即 $F_0 \propto$ MHP。而船舶机器功率与船舶排水量、船速的关系是:MHP $\propto kw^{2/3}v^3$,也就是说

$$F_0 = kw^{2/3}v^3$$

如果排水量 w 不变,则单位时间内的燃料消耗量与船速的三次方成正比。

如果考虑船舶航行一定距离 D 时总的燃料消耗量 F_t,则

$$F_t = F_0$$

$$航行时间 = F_0 \cdot \frac{D}{v} = kw^{2/3}v^2D$$

如排水量 w 不变,则航行一定距离 D 时总的燃料消耗量与船速 v 的平方和航行距离 D 的乘积成正比;如果航行的距离一定,则燃料消耗与船速的平方成正比。

需指出的是,上述提到的航行距离和船速都是船舶对水移动的距离和船速。因此,在有流影响时必须进行换算。

船舶在营运过程中的费用包含两方面,一方面是运费和租费等营运收入;另一方面是燃料费和船费等营运支出。其中船费是指船舶折旧费、保险费、船员费、修理费、船舶用品消耗费、港口使用费、润滑油费等支出费用。

船速越高,燃料消耗越多,燃料费 G_a 就越高,但可节约船费 G_b。能使船费与燃料费之和即总经费 G_t 为最低的相对于水的海上船速,就是经济船速。

设每航行 1 h 的船费为 b,则总船费 G_b 为船费 b 与航行时间的乘积,即 $b \cdot \frac{D}{v}$;设每吨燃料费为 a,而排水量不变时一定距离内的燃料消耗量 $F_t = kv^2D$。所以,总燃料费 $G_a = aF_t = akv^2D$,则总经费为:

$$G_t = G_a + G_b = akv^2D + b \cdot \frac{D}{v}$$

欲求使 G_t 值最小的船速,即求 G_t 对 v 的微分为 0 时的船速:

$$\frac{dG_t}{dv} = 2akvD - b\frac{D}{v^2} = 0$$

能使 $\frac{dG_t}{dv} = 0$ 的船速即经济船速(Economical Velocity)v_E,即

$$v_E = [b/(2ak)]^{1/3}$$

式中:a——每吨燃料费用;

b——每航行 1 h 的船费;

k——系数。

在平时的营运过程中,应经常总结船舶在各种装载情况下的 k 值和各种航次的 b 值,以

便随时能概算出船舶的经济船速。

第七节　气象导航优选航线方法简介

船舶气象航线是指在天气、海洋环境状态与船舶应答特性的约束条件下,进行最优化计算,在出发港与目的港之间选择一条既安全又经济的最佳航线。在气象航线的优选过程中常常涉及最佳控制理论。因此,如何应用最佳控制理论来选择船舶最佳天气航线是制定气象航线的核心问题。

一、根据大型天气型选择气象航线

天气变化虽然频繁、复杂,但是其仍有一定的规律性。地面天气的变化与高空大型天气形势有着十分密切的关系。

所谓大型天气形势是指大范围环流型与不同类型天气系统分布的概貌。天气系统的发生、发展、减弱和消亡都与天气形势变化有关:当其处于稳定阶段时,天气系统及其相应的天气变化是渐进和连续的;当其显著变动或环流突然调整时,则将随之出现异常或剧烈天气。所以地面天气系统的生消、移动和演变主要取决于高空天气型的变化。例如,在大型天气形势中,若北太平洋的阿留申低压偏于正常位置西侧,东亚气旋移向常为东北偏北;若阿留申低压偏于正常位置的东侧,东亚气旋的移向则偏向东;若在北美沿岸出现的阻塞高压脊向北伸入阿拉斯加和白令海一带,中部太平洋的风暴路径则偏南,大风浪海域也比往常偏南。

美国海军气象部门通过大量的历史天气图进行统计分析后归纳得出:北太平洋有 10 个大型天气型,北大西洋有 7 个大型天气型。这样气象导航机构的工作人员或船长,可根据未来 5 天的天气形势预报和以后的形势预报,对照大型天气型模式,结合船舶的技术条件和要求等选择航线,并根据逐日的短期预报和以后的形势预报,在航行过程中不断修正航线,以达到最佳航行效果。

针对北太平洋历史上的天气形势,青岛海洋气象导航科研联合体归纳整理出了近十种天气类型,如东高(压)西低(压)型、南高北低型、两高一低型、两低一高型、鞍形场型、连续性气旋族型、副热带高压进退型等,供船舶选择最佳航线使用。

大连气象导航研究机构在 14 年历史天气图的基础上,归纳出来了以 500 hPa 为主要依据,包括主、副型在内的北太平洋秋季的 10 种天气型的主要特征、天气型的划分及其各型持续时间和强气旋活动情况的统计,为预报员制作大洋天气预报提供了依据。因为航线天气预报的关键在于正确掌握主要的高空天气型以预报风暴路径的变化,因此,分析综合各天气型下的强气旋活动规律,对气象航线的优选和船舶航行途中恶劣天气区的展望都起到一定的保障作用。

正确掌握、分析天气形势是做好天气预报和优选航线的关键。这种方法选择出的气象航线只是一种定性的分析,简便实用,多在气象导航业务中确定基础航线时得到广泛应用,也可用于船舶自行气象定线。

二、等时线法

等时线法又叫作图法。它是利用天气预报图、波浪预报图和船舶失速图等,在航路图或航线选择专用图(空白海图)上,用作图比较方法选择气象航线。

美国海军水道局詹姆斯在 1957 年较早提出了等时线法,当时实验结果使横渡太平洋的船舶的航时缩短了 19 h,横渡大西洋则缩短 9~12 h。

这种作图方法采用了球心投影底图,在这种图上大圆弧航线为直线,即两点间的最短距离连线为直线。这种在等时线上找与终点距离最近点的方法很简单,以终点为圆心作弧与等时线相切的点即是。具体做法如下:

①先在图上画出船舶的始发点 A,然后用一直线连接到达点 B,以该连接线作为基础航线(通常选取大圆航线或气候航线)。从 A 点出发在基础航线两侧以 α 角作若干条辐射线(即航线),条数可任取,每条射线代表不同的航向,如图 1-11 所示。

然后根据 24 h 波浪预报和船舶失速图,得出沿不同航向 24 h 后的航程,再将这些点以平滑的曲线连接起来,得到一条位置线 S_1,即第一条等时线。

②在 S_1 曲线上取若干个点,本应由这些点做同样的离散,但为了简化只是在 S_1 等时线上的每个船位点作该等时线的法向线,并根据第二天(48 h)的波浪预报,得出第二条等时线 S_2,若有 5 天的预报就可得到 S_1、S_2、S_3、S_4、S_5 五条等时线,这样在波浪预报时效内一天接一天地重复上述计算,对预报时效以外和预报未涉及的航区,可根据气候资料进行计算,一直做到 S_n 接近 B 点时为止。

③以终点 B 为圆心作弧与 S_n 相切,取半径最小及最短距离的切点,再以该点为圆心作弧与 S_{n-1} 曲线相切,又得到一个新的切点,以此类推可到达 A 点,在图 1-11 中,即 $BCDEF-GHA$ 线,连接 A 点与 B 点间的各切点就可得到 A 点到 B 点的最短航时航线,即 $AHGFEDCB$。

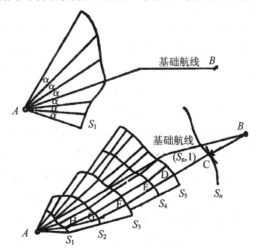

图 1-11 等时线法示意图

等时线法简便易行,有严密的数学依据,既可手工操作,又可在计算机上进行。在气象导航中可用来优选初始航线和变更航线,也可用于船舶自行气象导航,目前得到广泛应用。

三、动态规划法

动态规划的核心是贝乐曼(Bellman)的最优化原理,它涉及多级决策过程最优化。动态规划法应用于船舶气象导航,就是在得到整个航行时间内的波浪场和海流场的预报的条件下,找出从始发港到目的港航行时间最少的航向和航线。

这种方法的基本原理是解一组含有确定函数(船首向)的船舶运动微分方程式。选择的函数应满足的条件为:船舶从某港出发,横渡大洋抵达目的港所需的航行时间应最少。

考虑波高和海流的船舶运动方程具有下述形式:

$$\frac{\mathrm{d}x}{\mathrm{d}t} = v\sin\theta + u\sin q_{c}$$

$$\frac{\mathrm{d}y}{\mathrm{d}t} = v\cos\theta + u\cos q_{c}$$

航速 v 由下面船舶失速公式求得:

$$v = v_0 - (ah + bh^2) + kq_{w}$$

式中:x、y——船舶的直角坐标;

v——船舶运动速度;

v_0——船舶的正常速度;

h——波高;

u——流速;

θ——航向;

q_{c}——海流流向;

q_{w}——波向;

a、b、k——实验系数。

为了求解这一方程组,必须得到航行海域的浪场和海流的原始数据。如果能得到整个航行时间内的波浪和海流的预报,那么问题就归结为找出满足航时最少的航向和航速。

动态规划法求解最佳航线的基本特点为将求解整个航线航时最少的一个复杂问题简化成多个分段求解的简单问题,如图 1-12 所示,其步骤如下:

①将起始港与目的港之间的基础(大圆)航线划分为若干个 24 h 航程的区段,在每段的点上作平行于经线的垂线,在垂线上,由基础航线南北两侧每隔 2.5°纬度标出一个点,于是得到一组节点 P_{i}^{k},船舶最佳航线将在这些点的范围内寻找。

②把起始点 P_0 和第一条垂线的各点 P_1^k 连接起来,求出与每条连线相对应的航向和航时 t_0^k。然后将第 2 条垂线上的每一点 P_2^k 与第一条垂线的各点 P_1^k 连接起来,确定从起始点 P_0 出发的航时最少的最佳航迹,其余航迹则剔去。最佳航时按下式计算:

$$t_0^{2j} = \min_{k}(t_0^{1k} + t_{1k}^{2j}) \quad k,j = 1,2,3,\cdots,m$$

③重复上述过程直到 $(N-1)$ 步,就可得到由 P_0 点到 P_{N-1} 段上的点的最佳航线。最后将 P_{N-1} 段上的各点和终点 P_N 点连接,并选取 P_0 点到 P_N 点的唯一最佳航线,就是最少航时的最佳航线。

最少航时为：

$$T = \min_{S}(t_0^{N-1,S} + t_{N-1,S}^{N}) \qquad (S = 1,2,\cdots,m)$$

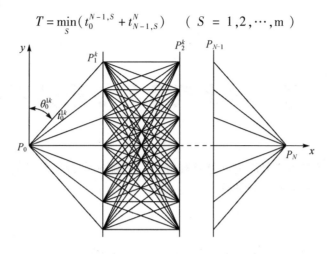

图1-12 动态规划法示意图

这种计算方法的精度取决于垂线上的点数和浪场、海流预报的时效和精度,若浪场预报时效小于船舶航行全程所需的时间,则选择最佳航线只限于预报时效内。根据贝尔曼的最优化原理,当船舶航行到某一阶段时,不管以后如何航行,在此以前各阶段的航线选择为最佳,即选择了最短航时航线。实际上如果以前各阶段的航线选择是最优,下一阶段只要仍是最佳选择,那么到此航段的航线就应是最佳航线。这种不断类推的结果,从一开始就可以把那些最终不可能被选上的航线淘汰掉。在整个过程中只进行较少次数的决策对比,就可以得到最省时的航线。

实验证明,按3天预报计算的航线,基本接近于按整个航时(一般跨洋航行航时为10～20天)计算的最佳航线。

在航线的规划中,应注意避开岛礁区和禁区,以及波浪超过本航次限定数值的海域。

此方法计算量比较大,整个程序可在计算机上进行,目前在气象导航业务中得到广泛应用。

第二章　岸上气象导航服务程序

海洋船舶气象导航主要分岸上气象导航(岸导)和船舶自行气象导航(自导)两种方式。本章主要介绍岸上气象导航的服务程序。

第一节　岸上气象导航服务程序

气象导航公司对船舶进行气象导航的服务过程主要分三部分,首先是优选初始推荐航线;其次是船舶按推荐航线启航后,气象导航公司立即实施计算机跟踪导航和变更航线服务;最后是航次事后分析。

一、优选初始推荐航线

优选初始推荐航线是整个气象导航过程中所要解决的最困难和最重要的问题之一。初始推荐航线是建立在对整个航程的天气、海况预报的基础上而拟定的,由于影响船舶航行的海洋环境因素较多,它们在时间和空间方面的变化又很复杂,所以航线分析人员必须掌握大量的天气和海况资料,并能较准确地预报出短、中期天气变化过程,判断出当时出现的天气类型,根据最新资料推算出发生最强风、浪、涌的海区位置,然后参考历史天气记录,判断当时出现的天气型是否发生变化,从而做出一定时效的长期天气预报或展望。

气象导航机构向船舶提供的推荐航线是根据船舶航行期间可能出现的海洋环境状况,同时考虑到船舶的性能及航行中的特殊要求,由计算机模拟出的理论航线,再经航线分析人员(通常是具有丰富航海经验的船长)根据经验加以修正,从而得到可供船长参考的推荐航线。

在选择推荐航线的过程中,航线分析人员通常要考虑下列因素:

(一)当时的天气概况

强温带气旋的发生、发展及其动态,特别是由它们引起的大风区的位置和未来的移动方向;热带气旋的生成、增强和移动路径;高压中心的位置,高压系统是准静止的还是移动性的,能否引起大风;若船舶即刻启航是否会遇到热带气旋或强温带气旋,有无必要提出推迟启航的建议;需要估计当前存在和未来出现的雾区位置,并尽可能避免因通过雾区而延长航时;要考虑在航程哪一段可以对较强的洋流加以利用;冬季若推荐高纬度航线,还应考虑高纬度海域的冰情;鱼汛期间,还要考虑航线上的渔船密度等。

(二)船舶和货物的类型

被导船舶的运动性能和船舶在风浪中的失速情况,船舶的耐波性能及抗风、浪上限,是拟定航线的重要依据。航线分析人员必须清楚被导船是何种类型的船舶;是新船还是旧船;船速如何;装有何种货物;有无甲板货;采用何种载线;稳性如何;有无配备良好的助航、导航仪器;另外还需考虑因保险条例限制而不能通航的区域。

(三)影响船舶航行安全的地理条件

影响船舶航行安全的地理条件包括暗礁、浅滩、岛礁、沉船等以及众多的危险物倾倒区和军事禁区。在选择航线时必须加以充分的考虑,尽可能避开那些影响船舶航行的危险海区。

选择航线的目标是按照船舶类型及船舶对风、浪的适应特性,尽可能对顺风、顺浪、顺流加以充分利用,并尽量避开持续性的坏天气,尤其是对航行不利的顶浪及横浪。因此,航线分析人员必须掌握一般风暴的位置及其移动路径,这样才能选择推荐出最佳天气航线。

岸上气象导航机构的操作系统流程是以电子计算机为中心的一套比较复杂的作业过程。该流程可简略地用图 2-1 表示。

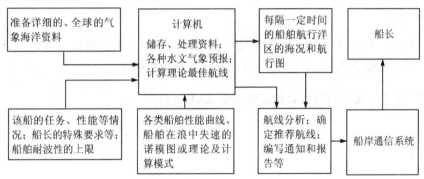

图 2-1　岸上气象导航机构的操作系统流程图

推荐航线的业务程序是从接到船长的申请报告开始的,其工作框图如图 2-2 所示。具体可分四个步骤:

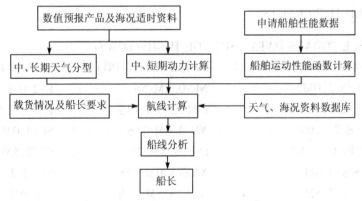

图 2-2　推荐航线的业务工作框图

1.天气和海况要素预报

将气象中心发布的天气数值预报产品和有关的天气、海况适时资料输入到计算机中,进行中、长期天气分型和中、短期动力计算,从而得到该船航行期间的天气背景(主要是强温带气旋的活动路径)和五天内逐日每个网格点上的风向、风速、浪高、涌高等要素值。

2.建立船舶运动性能函数

将申请导航的船舶所发来的性能数据输入计算机中,建立该船的运动性能函数。

3.航线计算

航线计算需要输入的数据包括:

①由中、长期天气分型所确立的危险信号。

②各网格点上的风、浪、流预报值。

③被导船舶的运动性能函数。

④该月天气、海况要素平均值。

⑤船载情况、起始港名称、目的港名称以及船长所提出的特殊要求等。

计算完后输出天气航线,航线信息包括具体航法,全程及各段的航程、航时、平均航速及可能受到的水文、气象要素影响情况等。

4.航线分析

航线分析就是对计算机得出的航线进行综合分析,评出各天气航线的优缺点,最后从中选出一条比较好的推荐航线,编写电文,及时发送给被导船舶。

现列举 AWT 导航公司的初始推荐航线电文如下,供参考。

例 1:

TO:MASTER

FM:AWT

GOOD DAY, THANKS YOUR LATEST NOON REPORT.

THE FOLLOWING IS BASED ON DEPARTURE 05 MAR, 09 FROM TOKYO TO SEATTLE AT CALM SEA SPEED 21.30 KNOTS.

1. WEATHER: SEE TODAYS DATA SET FOR HIGHS/LOWS:

FORECAST	WIND(D/BF/SEA)	SWELL(D/HT/PD)	SIGWV(D/HT)
05/12Z	E/5/2.0M	NE/0.5M/5S	E/2.0M
06/00Z	ESE/6/2.5M	ENE/2.5M/12S	ESE/3.5M
06/12Z	SE/7/3.0M	NE/2.0M/11S	SE/4.0M
07/00Z	SE/9/5.5M	SSE/3.5M/7S	SE/6.5M
07/12Z	S/8/5.0M	NNE/3.0M/14S	S/5.5M
08/00Z	S/7/3.5M	NNE/3.5M/14S	S/5.0M
08/12Z	NW/8/4.0M	NNE/3.5M/15S	NW/5.0M

2. ROUTE RECOMMENDATION: ABEAM NOJIMA SAKI, RL JUAN DE FUCA STRAIT, SHORTEST SEATTLE, AS SAFE NAVIGATION AND CONDITIONS PERMIT APPROXIMATE DISTANCE 4215 NM.

REASON: NOTED YOUR INTENTIONS, SUGGESTED TRACK TO REMAIN SOUTH OF HEAVIER ADVERSE S-LY CONDITIONS, NORTH OF 39N-40N OVER THE WESTERN OCEAN, WITH UNAVOIDABLE PERIODS OF GALEW-LIES NORTH OF 45N OVER THE EASTERN OCEAN.

3. PROCEDURES, PLS ADVISE:
- TIME(UTC)/POSN FOR COSP WITH INTENDED ROUTE, STABILITY(GM) AND ROLL PERIOD.
- FORE AND AFT SALT WATER SAILING DRAFT IN METERS.
- NOON POSN (UTC) DAILY, SPEED, HEADING, WEATHER AND DISTANCE SAILED SINCE LAST NOON POSITION.
- ON ARRIVAL, ADVISE TIME(UTC)/POSITION FOR EOSP WITH TOTAL MILEAGE FOR VOYAGE.
- PLSE SEND ALL YR MESSAGES TO EITHER: OPS@APPLIED WEATHER. COM OR EASYLINK: 62981091 (CODE 230).
- AWT 24/HR PHONE LINE IN USA 408 731 8608.

例2:

TO:MASTER
FM:AWT
THANKS YOURS.
THE FOLLOWING IS BASED ON VOYAGE FROM ENSENADA TO YOKOHAMA. TO MEET DESIRED ARRIVAL TIME YOKOHAMA 21 MAR, 20Z.
BASED ON DEPARTURE ENSENADA AT 03/10 0900Z.
- SUGGESTED SPEED SETTING: 18.9 KTS.
- APPROXIMATE DISTANCE: 5030 NM.
- AVERAGE WEATHER FACTOR: -0.5 KTS.
- AVERAGE CURRENT FACTOR: -0.1 KTS.
1. WEATHER:
LAT/LONG/MB(H-HIGH,L-LOW,G-GALE,S-STORM)

FCST	10/12Z	11/12Z	12/12Z	13/12Z	14/12Z
	S	BEGINS	37N147W007	33N149W997	28N153W000

FORECAST	WIND(D/BF/SEA)	SWELL(D/HT/PD)
DD/HH	DIR/BF/HGT	DIR/HGT/PRD
10/12Z	WNW/4/1.0M	WNW/1.0M/10S
11/00Z	NW/6/2.5M	NW/1.5M/9S
11/12Z	NNW/6/2.5M	WNW/1.5M/18S
12/00Z	N/4/1.0M	WNW/2.0M/16S
12/12Z	ESE/4/1.0M	WNW/1.5M/14S
13/00Z	SE/6/2.5M	SW/1.5M/10S
13/12Z	E/6/2.5M	S/2.5M/12S
14/00Z	NE/5/2.0M	SE/3.0M/11S
14/12Z	NE/4/1.0M	ESE/2.0M/11S

2. ROUTE RECOMMENDATION: AS SAFE NAVIGATION PERMITS, FROM 33N/120W GC 41N/160W, RL APPROACH TO NOJIMA SAKI THEN SHORTEST ROUTE YOKOHAMA.

REASON: TO PASS NORTH OF EASTERN OCEAN CUT-OFF LOW THEN PASS SOUTH OF HEAVIEST ADVERSE CONDITIONS ACROSS WESTERN OCEAN.

3. PROCEDURES, PLS ADVISE:

THANKS YOUR COOPERATION

例3:

气象导航公司给出2条相距较远的初始推荐航线供船舶选择,如图2-3所示。

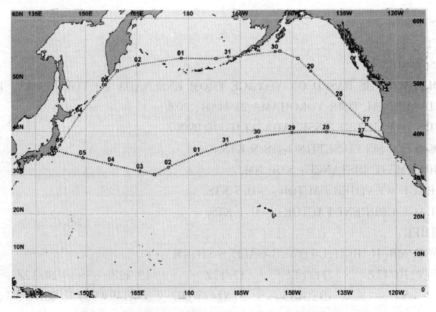

图2-3 气象导航公司给出的2条相距较远的推荐航线

1. WEATHER：SEE LATEST WEATHER DATA VIA YOUR BON VOYAGE SYSTEM：

FORECAST	WIND(D/BF/SEA)	SWELL(D/HT/PD)	SIGWV(D/HT)
27/00Z	N/7/3.0M WS	N/2.5M/8S	N/4.0M
27/12Z	W/4/1.0M	WNW/2.0M/14S	WNW/2.0M
28/00Z	W/5/2.0M	WNW/2.5M/12S	WNW/3.0M
28/12Z	SW/6/2.5M	WSW/2.5M/12S	SW/3.5M
29/00Z	SSW/7/4.0M	SW/4.0M/10S	SW/5.5M
29/12Z	WSW/7/3.0M	SSW/3.0M/11S	WSW/4.5M
30/00Z	WSW/9/5.5M	WSW/6.5M/12S	WSW/8.5M
30/12Z	WNW/8/4.0M	WSW/2.5M/8S	WNW/4.5M
31/00Z	WNW/4/1.0M	NW/1.0M/8S	NW/1.5M

2. ROUTE：FOR EARLIEST ARRIVAL, WE STILL SUGGEST THE ROUTE VIA YOUR IN-TENDED WAYPOINTS THROUGH THE BERING SEA.

REASON：FETCH LIMITATION AND SHELTERING OPTIONS ARE AVAILABLE ALONG THE KURILS WHEN WE WOULD EXPECT YOU TO MEET THE MAJOR WESTERN PACIFIC STORM ON THE 02ND AND 03RD.

HOWEVER, IF ABOVE NOT ACCEPTABLE, WE WOULD ACKNOWLEDGE YR ALTERNATE SOUTHERLY ROUTE：GC 30N/170E THEN RL NOJIMA SAKI AND SHORTEST TO YOKOHA-MA.

THIS ROUTE EXPECTED TO PROVIDE MUCH BETTER SAILING CONDITIONS WITH LESS LIKELYHOOD OF ENCOUNTERING UNEXPECTED HEAVY WEATHER COMPARED WITH THE BERING SEA ROUTE.

EXPECTED CONDITIONS ALONG SOUTHERN ROUTE OPTION：

FORECAST	WIND(D/BF/SEA)	SWELL(D/HT/PD)	SIGWV(D/HT)
27/00Z	N/6/2.5M	N/2.5M/8S	N/3.5M
27/12Z	N/4/1.0M	WNW/2.0M/15S	WNW/2.0M
28/00Z	SW/3/0.5M	W/1.5M/14S	W/1.5M
28/12Z	S/5/2.0M	W/1.5M/11S	S/2.0M
29/00Z	SSE/6/2.5M	S/2.5M/9S	SSE/3.5M
29/12Z	NNE/6/2.5M	S/2.5M/12S	NNE/3.5M
30/00Z	NNE/4/1.0M	WNW/2.5M/14S	WNW/2.5M
30/12Z	SSE/7/3.0M	NW/2.5M/12S	SSE/4.0M
31/00Z	WSW/7/3.0M	WSW/4.0M/11S	WSW/5.0M

PLEASE CONFIRM YOUR SAILING INTENTIONS.

PLEASE ADVISE YOUR ROLL PERIOD FOR THIS VOYAGE. AWT HAS DEVELOPED A SE-

VERE ROLLING ALERT SYSTEM THAT USES THIS INFORMATION. THESE ALERTS HELP AWT RECOMMEND AN OPTIMUM ROUTE WITH AN EXTRA LEVEL OF SAFETY AND YOUR COOPERATION WILL BE GREATLY APPRECIATED.

例4：

气象导航公司给出 2 条相距较近的初始推荐航线供船舶选择,如图2-4 所示。

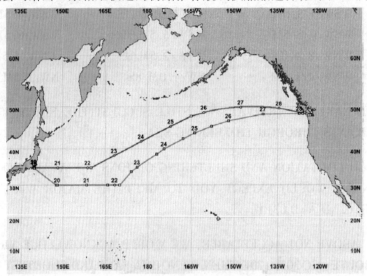

图2-4　气象导航公司给出的2条相距较近的推荐航线

THE FOLLOWING IS BASED ON DEPARTURE 19TH/10Z FROM TOKYO TO SEATTLE AT CALM SEA SPEED 21.30 KNOTS.

1. PLEASE NOTE EXPECTED WEATHER CONDITIONS ALONG YOUR INTENDED ROUTE (RECEIVED AS QUOTE: FROM URAGA PILOT COASTWISE TO LOX TO 30N/14740E LOX TO 30N/17000E GC TO ENTRANCE JUAN DE FUCA STRAIT UNQUOTE).
WEATHER: SEE LATEST WEATHER DATA VIA YOUR BON VOYAGE SYSTEM:

FORECAST	WIND (D/BF/SEA)	SWELL (D/HT/PD)
DD/HH	DIR/BF/HGT	DIR/HGT/PRD
19/12Z	ESE/4/1.0M	SLIGHT
20/00Z	S/8/4.0M	NNE/1.5M/11S
20/12Z	SSW/8/4.0M	N/1.5M/12S
21/00Z	SW/7/3.5M	WSW/2.5M/9S
21/12Z	NW/6/2.5M	WNW/1.5M/16S
22/00Z	N/7/3.0M	WNW/3.0M/16S
22/12Z	NE/4/1.0M	WNW/4.0M/16S

| 23/00Z | NE/6/2.5M | NW/3.5M/20S |

COMMENTS: BASED ON YOUR ETD, WE EXPECT YOUR GOOD INTENDED ROUTE TO RE-MAIN SOUTH OF THE HEAVIEST CONDITIONS WITH DEVELOPING STORM FORECAST TO MOVE EAST OF HOKKAIDO BY 20/12Z.

2. WE OFFER AN ALTERNATE ROUTE TO CONSIDER, WHICH REDUCES OVERALL STEAMING DISTANCE ROUTE.
RECOMMENDATION: AS SAFE NAVIGATION AND CONDITIONS PERMITS, ADJUST COURSE AS NECESSARY REMAIN INSIDE TOKYO BAY UNTIL 15Z ON THE 20TH, THEN PROCEED ABEAM NOJIMA SAKI, RL 35N160E, RL 48N/165W AND GC CAPE FLATTERY AND DIRECT TO SEATTLE.

FORECAST	WIND(D/BF/SEA)	SWELL(D/HT/PD)
DD/HH	DIR/BF/HGT	DIR/HGT/PRD
* 19/12Z	ESE/4/1.0M	NIL
* 20/00Z	SSW/8/1.0M	NIL
* 20/12Z	WSW/9/1.5M	NIL
21/00Z	NW/7/3.5M	WSW/3.5M/11S
21/12Z	NW/6/2.5M	NW/5.5M/13S
22/00Z	WNW/5/2.0M	WNW/6.0M/16S
22/12Z	WNW/4/1.0M	WNW/5.5M/15S

SEAS WILL BE FETCH LIMITED INSIDE TOKYO BAY.

REASON: THIS ROUTE ALLOWS THE HEAVIEST CONDITIONS WITH THE STORM TO MODERATE BEFORE PROCEEDING E'WARD ON THE 20TH. OF COURSE, BASED ON YOUR ACTUAL DEPARTURE TIME, WE WILL FURTHER EVALUATE ROUTE OPTIONS.

BASIS ABOVE, PLEASE KINDLY CONFIRM YOUR SAILING INTENTIONS.

二、跟踪导航与变更航线

跟踪导航是指被导船舶在航行过程中,气象导航机构继续对其实施计算机跟踪导航服务,根据不断更新的、精度较高的短、中期天气和海况预报推测船位,当发现航线前方有恶劣天气和海况时及时报警提示,并对其初始推荐航线提出修改或变更的建议。

选择最佳航线的主导思想是充分利用有利的海洋环境因素,避开各种不利因素。然而,在十几天的跨洋航行中,欲求时时处处都处于良好的航行条件是不可能的。尤其是在天气、海况的预报时效和准确度受到一定限制的条件下,要达到上述要求是十分困难的。这就需要气象导航机构在船舶启航后,随时注意海上的天气和船舶动态,实施跟踪导航服务,以便及时为船长提供航区前方的天气和海况情报,必要时提出变更航线的建议,确保船舶航行安全,这也是气象导航的重要环节之一。

正常情况下,在被导船舶的航行途中,若推荐航线上的天气、海况无较大变化,一般气象导航机构每隔1天会将航线前方的天气、海况情况电告给船长。若发现情况变化较大,则将考虑是否提出修改或变更航线的建议。

目前较先进的气象导航机构在船舶开航后仍需对已确定的推荐航线的10%~12%进行修正或变更。

受导船舶一起航,气象导航公司的航线分析人员就开始了跟踪导航服务,他们昼夜值班,密切注意船舶动态和海洋天气状况,随时提供各种预报服务和咨询,并每隔12 h计算一次船位,校对之后记录下来,然后推算未来24 h的航程和船位,将推算船位订正到实际船位上去,在此基础上推算未来72 h内的船位及可能遇到的天气和海况。如果预计航线前方可能会出现无法避开的特殊天气,航线分析人员则会根据实际情况考虑是否向被导船舶发出变更原推荐航线或调整航速的建议,以降低遭遇恶劣天气的概率。

跟踪导航与变更航线是以计算机的控制程序来实现的,和选择初始航线一样,同样需要考虑船舶性能、货物情况、航行要求及天气、海况等诸多因素。如果船舶离开了原推荐航线,导航公司将根据天气和海况按同样方式对船舶进行监护并提出建议,必要时,向船长推荐新的航线。计算机的控制程序将跟踪这两条航线,直到船舶抵达目的港,以便在航行结束后比较它们的优劣。具体工作程序如图2-5所示。

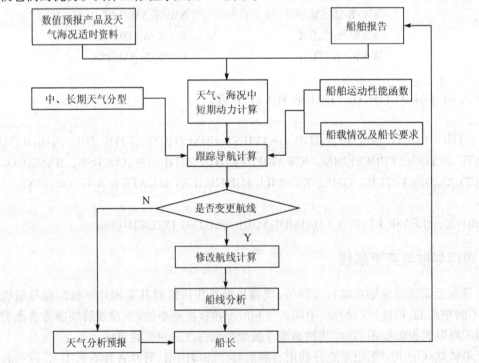

图2-5 跟踪导航业务工作程序框图

变更航线是航线分析人员最伤脑筋的问题,通常在提出变更航线建议之前必须考虑下

列因素:

①降低遭遇持续坏天气的概率。

②避开大风及风暴最猛烈的区域。

③尽量避免穿越浓雾区。

④在剩余航程提供一条天气海况较佳的航线,使船舶能尽早到达目的港。

⑤在前方有坏天气时,如何取得较好的船头条件。

⑥若船长决定偏离推荐航线,导航公司仍需对以后的航线实施跟踪导航服务。

⑦若目的港改变,则需根据新的情况修改原推荐航线。

⑧由于其他原因造成的不可通航区,导致必须修改原推荐航线。

因此,变更航线建议的提出是需要慎重考虑的,不但要考虑当前的情况,还要考虑航线变更后,在剩余航程上避免再遇到恶劣或更坏的天气。所以,航线分析人员总是在经过各方面慎重考虑和协商后,才能发出是否变更航线的建议。

WRI 导航变更航线电文示例如下:

例1:

TO: MASTER, M/V SAMPLE SHIP

FM: WEATHER ROUTING INC. (WRI)

A STORM NAME 44N/176W WITH A COLD FRONT EXTENDING SW'WARD TO NEAR 25N/178E WILL TRACK NE'WARD TO NEAR 42N/170W BY 27/18Z. A GALE WILL DEVELOP NEAR 37N/180 BY 28/00Z AND WILL TRACK NE'WARD 46N/177W BY 29/00Z. HIGH PRESSURE NEAR 34N/139W WITH A RIDGE W'WARD TO NEAR 150W ON THE 29TH WILL MOVE NE'WARD OFFSHORE THE NW'RN U.S. COAST ON THE 01ST. THE RIDGE WILL EXTEND SW'WARD TO NEAR 25N/135W ON THE 01ST.

ROUTE RECOMMENDATION: RECOMMEND COMMENCE GC-48N/175E, THEN RL-ABEAM ERIMO MISAKI, DIRECT TO/THRU TSUGARU-KAOKYO, THEN TIRECT TOPUSAN VIA SEA OF JAPAN.

FCST(GMT)	WIND	DIR/SPD (BEAUFORT)	SWELL	DIR/HGT(MTRS)	PRE(SEC)
26/17-06Z	WSW-WNW	7 - 8BRF9	W-NW	6.5 - 7.5	(11)
27/06-18Z	WNW-WSW	6 - 7BRF8	W-NW	6.0 - 7.0	(13)
27/18-06Z	SW-W	4 - 6	W-NW	5.5 - 6.5	(13)
28/06-18Z	S-SW	5 - 6	W-NW	4.5 - 5.5	(13)
28/18-06Z	SSW-WSW	5 - 7	W-NW	4.0 - 5.0	(13)
29/06-18Z	S-SW	5 - 6BRF7	W-NW	4.0 - 5.0	(13)
29/18-06Z	S-SW	6 - 7	WNW-WSW	3.5 - 4.5	(13)

30/06-18Z	S-SW	6 – 7		W-NW	3.0 – 4.0 (13)

FCST(GMT)	CURRENTS (FROM)	SPD	DIFF	VISB	COMMENTS
26/17-06Z	WSW @	0.3 KTS	– 3.3 KTS	>5NM	ISOLATED SHWRS/SQUALLS *
27/06-18Z	NW @	0.2 KTS	– 1.2 KTS	>5NM	ISOLATED SHWRS/SQUALLS *
27/18-06Z	W @	0.9 KTS	– 0.3 KTS	>5NM	
28/06-18Z	W @	0.8 KTS	+ 0.1 KTS	04NM	SHWRS/SQUALLS *
28/18-06Z	WSW @	0.7 KTS	+ 0.3 KTS	03NM	SCT SHWRS/SQUALLS
29/06-18Z	WSW @	0.3 KTS	– 0.3 KTS	<1NM	SCT SHWRS/SQUALLS
29/18-06Z	SE @	0.3 KTS	– 0.4 KTS	04NM	SCT SHWRS/SQUALLS
30/06-18Z	NNE @	0.2 KTS	– 0.5 KTS	>5NM	ISOLATED SHWRS/SQUALLS

FIVE(5) DAY WEATHER/CURRENT SPEED CORRETION: – 0.8 KTS.

* WINDS AND SEAS HIGHER IN SQUALLS. VISIBILITY REDUCED AT TIMES.

BRGDS,WEATHER ROUTE INC. (WRI)

E-MAIL:WRI@ WRIWX. COM
TELEX: (23)48155763
PHONE: 518.798.1110

例2:

TO:MATER,SAMPLE SHIP
PREPARED:JANUARY 26 15:10Z

AT 26/15Z,THE REMNANTS OF TROPICAL CYCLONE 09P (ANTHONY) WAS CENTERED NEAR 18.5S/157.1E (APPROXIMATELY 560NM NORTHWEST OF NOUMEA,NEW CALE-DONIA),MOVING W'WARD AT 08 KTS,WITH MAXWINDS 025 – 035 KTS,LATEST SATEL-LITE IMAGERY SHOWS SQUALLS STRENGTHENING NEAR THE CENTER OF CIRCULA-TION. THE REMNANTS OF TROPICAL CYCLONE 09P WILL CONTINUE TO STRENGTHEN WHILE MOVING W'WARD THE NEXT 12 HOURS BEFORE TURNING MORE NW'WARD IN 24 – 72 HOURS. THE SYSTEM WILL LIKELY BECOME RECLASSIFIED AS A TROPICAL CY-CLONE IN THE NEXT 24 – 48 HOURS.

FCST TIME	POSITIONS LAT/LON	MAXWINDS （KONTS）	GALE RADIUS(34 KTS) QUANDRANTS(NM)
27/00Z：	18.5S 155.0E	030 – 040 KTS	NO SUSTAINED GALES
27/12Z：	18.1S 154.0E	035 – 045 KTS	060NE 060SE 090SW 060NW
28/00Z：	17.5S 153.1E	035 – 045 KTS	060NE 060SE 090SW 060NW
28/12Z：	17.0S 152.9E	040 – 050 KTS	090NE 090SE 120SW 090NW
29/12Z：	16.5S 151.5E	045 – 055 KTS	090NE 120SE 120SW 090NE

THE REMNANTS OF TROPICAL CYCLONE 09P ARE NO LONGER A THREAT TO THE VESSEL AND THIS WILL BE THE LAST ADVISORY ON THE SYSTEM, ELSEWHERS, A RIDGE OF HIGH PRESSURE OVER SE'RN AUSTRALIA WILL BUILD NE'WARD OVER THE W'RN TASMAN SEA ON THE 28TH AND REMAIN STATIONARY THROUGH THE 29TH.

表 2-1　推荐航线上的天气海上预报

ROUTE RECOMMENDATION:RECOMMEND DIRECT ROUTING TO 17S/156E, THENRL-SYDNEY, IN ORDER TO MAINTAIN MAXIMUM BERTH FROM TROPICAL CYCLONE 09P.								
FCST （GMT）	WIND DIR	WIND DIR	SWELL DIR	SWELL HGT	PER	VIS	SPECIAL COMMENTS	CURRENTS
		（BFT）		（MTR）	（SEC）	（NM）		DIR FROM/SPD
26/12Z-18Z	E-SE	6 – 7	E-SE	2.5 – 3.5	08	>5NM	HEAVY SHWRS/SQUALLS *	WNW@0.4 KTS
26/18Z-06Z	E-SE	5 – 6	E-SE	2.5 – 3.5	08	>5NM	SCETTERD SHWRS/SQUALLS *	NNE@0.7 KTS
27/06Z-18Z	E-SE	4 – 5	ENE-ESE	2.0 – 3.0	08	>5NM	ISOLATED SHWRS/SQUALLS *	SSE@0.3 KTS
27/18Z-06Z	ESE-SSE	3 – 4	ENE-ESE	1.5 – 2.5	08	>5NM	ISOLATED SHWRS/SQUALLS *	NW@0.5 KTS
28/06Z-DEST	ESE-SSE	INCREAS E 4 – 6	E-SE	2.0 – 3.0	07	>5NM	NONE	N@1.2 KTS
COMMENTS：								

WALA TOSYDNEY FORECAST ：（DEPARTURE 01/25 06Z）

* WINDS AND SEAS HIGHER IN SQUALLS. VISIBILITY REDUCED AT TIMES.

BEST REGARDS, WEATHER ROUTING INC. （WRI）

EMAIL:WRI@ WRIWX. COM
WEB:WWW. WRIWX. COM

PHONE:518. 798. 1110
FAX：　518. 798. 4939

ONLINE WEATHER SOURCE:WWW. WRIDOLPHIN. COM   TELEX:(23) 48155763

三、航次事后分析

每一航次结束后,气象导航公司都要编制一份航次分析报告发送给船舶所属公司或承租人以及船长,以便船长能对本船的航行进行评估。

1. AWT 航次分析报告示例如下:

Voyage Performance Report

Voyage Map

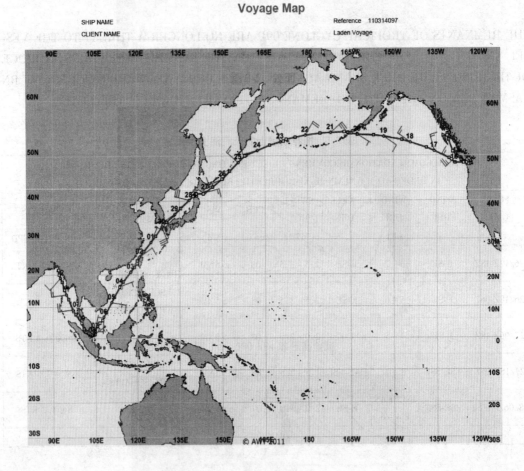

Performance Evaluation

SHIP NAME

CLIENT NAME

From PRINCE RUPERT (54.32N 130.87W)

To　CHITTAGONG (21.33N 91.72E)

Reference 110314097

Laden Voyage

ATD Apr 13 2011 1200Z

ATA May 12 2011 2230Z

Voyage Summary

Total Distance Sailed	9031.1 NM
Total Time En Route	675.90 hours
Average Speed	13.36 knots

Good Weather Analysis

Good Weather Distance	4770.1 NM
Good Weather Time En Route	348.40 hours
Good Weather Average Speed	13.69 knots
Good Weather Current Factor	-0.14 knots
Performance Speed	13.83 knots

Time Analysis

CP Speed	About 14.50 knots
Allowed Time En Route	667.97 hours
Time (loss)/gain*	(7.93) hours

Allowed CP speed = CP - 0.5 knots for time loss and CP speed for time gain calculations
Allowed Time En Route:
If Time Loss: Total Time En Route - Time Loss
If Time Gain: Total Time En Route + Time Gain
* Time (loss)/gain = Total Distance / Performance Speed - Total Distance / Allowed CP speed

Bunker Analysis

(Unit:MT)	IFO	MDO
Daily CP Allowance	35.000	0.000
Actual Bunker Consumption	949.400	0.000
Allowed Bunker Consumption *	974.123	0.000
Fuel (over)/under consumed	24.723	No Fuel Gain or Loss

* Allowed Bunker Consumption:
If Time Loss:　　　Daily CP Allowance × (Time En route - Time Loss if any) / 24
If Time Gain:　　　Daily CP Allowance × (Time En route + Time Gain if any) / 24
If No Time Gain or Loss: Daily CP Allowance × (Time En route) / 24
Daily CP Allowance applies 0% for overconsumption

(Unit:MT)	Departure		Arrival		Consumed	
From - To	IFO	MDO	IFO	MDO	IFO	MDO
PRINCE RUPERT-PORT ANGELES	358.600	71.500	300.000	71.500	58.600	0.000
PORT ANGELES-SINGAPORE	996.900	71.500	262.000	71.500	734.900	0.000
SINGAPORE-CHITTAGONG	1207.500	71.500	1051.600	71.500	155.900	0.000
TOTAL					949.400	0.000

Performance Evaluation Explanation

Time Analysis

$$\text{Time Loss/Gain} = \frac{\text{Total Distance}}{\text{Performance Speed}} - \frac{\text{Total Distance}}{\text{Allowed Charter Party (CP) Speed *}}$$

Time Loss:	Performance Speed < CP Speed – 0.5
Time Gain:	Performance Speed > CP Speed
No time loss and no time gain:	(CP speed – 0.5) ≤ Performance Speed ≤ CP Speed

* For calculating time loss, 0.5 knots is subtracted from the actual CP Speed.
  For calculating time gain, the CP Speed itself is used.

Fuel Analysis

The actual bunker consumption is compared with the Charter Party (CP) allowed consumption where the allowed time of the voyage is adjusted to compensate for any time gain or time loss.

Allowed Time for Allowed Consumption:

If time loss:	Total Time En Route – Time Loss at (CP Speed–0.5)
If time gain:	Total Time En Route + Time Gain at CP Speed
If no time gain and loss:	Total Time En Route

Fuel over-consumption is indicated if the actual consumption exceeds what would have been achieved at the stated consumption allowance, based on the Total Time En Route, with above adjustments for any time gain or loss. Upward allowance in relation to over-consumption, for any "about" in the wording of the Charter Party, is as instructed by AWT's client.

Fuel under-consumption is indicated if the actual consumption is less than what would have been achieved had the vessel met her stated Charter Party Speed requirement.

AWT believes that the above methodology used in this speed and consumption analysis report is in an objective format in accordance with legal precedent, and is considered an objective way to calculate a speed and consumption analysis.

Voyage Summary

SHIP NAME

CLENT NAME

From PRINCE RUPERT (54.32N 130.87W)

To　CHITTAGONG (21.33N 91.72E)

Reference 110314097

Laden Voyage

ATD Apr 13 2011 1200Z

ATA May 12 2011 2230Z

	DATE	TIME UTC	POSITION		AWT ANALYZED CONDITIONS							REPORTED WEATHER		INTERVAL	
					WIND		WAVE	SWELL		CURRENT					
			LAT	LON	DIR	BF	M	DIR	M	FACTOR		DIR	BF	NM	KTS
BR	13-Apr	1200	Dep:PRINCE RUPERT												
RP	13-Apr	1900	53.1N	130.7W	S	4	0.4	S	0.8	0.26		SE	5	83.1	11.87
RP	14-Apr	1900	49.0N	126.4W	SE	7	2.0	WSW	1.5	-0.25		SE	6	307.6	12.82
AP	15-Apr	0500	Arr:PORT ANGELES		W	2	0.2	W	2.2	0.59				129.4	12.94
DP	15-Apr	2018	Dep:PORT ANGELES												
RP	16-Apr	1900	49.5N	130.5W	WNW	4	0.8	WNW	1.7	0.04		NW	5	309.0	13.61
RP	17-Apr	2000	51.6N	138.5W	NW	4	0.9	S	1.1	-0.06		NW	5	329.3	13.17
RP	18-Apr	2000	53.1N	147.1W	S	2	0.2	SSW	0.9	0.12		NW	5	327.9	13.66
RP	19-Apr	2100	54.0N	156.8W	ESE	4	0.6	SSE	1.7	0.10		SE	4	349.8	13.99
RP	20-Apr	2100	54.4N	165.9W	E	4	0.6	SE	1.0	0.13		ESE	4	321.0	13.38
RP	21-Apr	2200	54.4N	175.7W	NE	6	2.4	ENE	2.9	0.34		NE	6	342.5	13.70
RP	22-Apr	2200	53.6N	175.6E	NNE	5	1.4	ENE	2.4	0.03		NNE	7	312.7	13.03
RP	23-Apr	2300	52.1N	166.7E	WNW	4	1.1	ENE	1.4	-0.05		N	5	335.1	13.40
RP	25-Apr	0000	50.1N	158.3E	SSE	4	1.2	ENE	0.9	0.18		W	5	339.0	13.56
RP	26-Apr	0100	46.8N	152.7E	NW	3	0.5	SSW	2.7	-0.84		W	6	299.9	12.00
RP	27-Apr	0200	43.3N	146.6E	SW	4	1.2	SSE	1.1	0.53		S	4	333.6	13.34
RP	28-Apr	0300	41.2N	140.0E	SW	6	3.0	WNW	0.4	-0.54		SE	6	331.8	13.27
RP	29-Apr	0300	38.1N	135.4E	SW	5	1.4	NNE	1.1	-0.18		SW	7	280.3	11.68
RP	30-Apr	0300	34.7N	130.3E	SSW	6	2.0	SSE	0.3	-0.92		SW	7	317.9	13.25
RP	01-May	0300	31.0N	126.3E	NNW	4	0.9	SSW	1.3	0.46		SW	7	301.8	12.58
RP	02-May	0300	26.7N	122.3E	NE	5	1.8	ESE	0.5	-0.47		NNW	5	334.9	13.95
RP	03-May	0400	22.2N	118.9E	NW	1	0.1	ESE	0.3	-0.16		ENE	5	336.5	13.46
RP	04-May	0400	17.7N	115.0E	E	2	0.2	ENE	0.2	-0.50		ENE	4	345.4	14.39
RP	05-May	0400	13.2N	111.8E	ESE	2	0.2	SSE	0.2	-0.73		E	4	333.1	13.88
RP	06-May	0400	8.4N	108.8E	NW	1	0.1	ENE	0.2	-0.57		E	4	335.0	13.96
RP	07-May	0400	4.0N	105.6E	N	2	0.2	N	0.1	0.59		E	4	327.4	13.64
AP	07-May	1942	Arr:SINGAPORE		NE	2	0.2	N	0.1	0.73				205.4	13.08
DP	08-May	1100	Dep:SINGAPORE												
RP	09-May	0400	3.2N	100.7E	ENE	2	0.2	SW	0.1	0.69		SW	4	244.9	14.41
RP	10-May	0400	7.7N	97.8E	WSW	5	1.4	WNW	1.7	-0.33		SW	5	321.7	13.40
RP	11-May	0500	12.6N	95.3E	WNW	4	0.8	WNW	1.2	-0.36		WSW	6	331.5	13.26
RP	12-May	0600	17.8N	93.0E	WSW	4	0.7	SSW	2.2	0.20		WSW	5	340.1	13.60
ER	12-May	2230	Arr:CHITTAGONG		S	4	0.7	SSW	1.9	0.57				223.5	13.55

Positions: BR-Begin Route ER-End Route AP-Arrive Middle Port DP-Depart Middle Port

SV-Stop Voyage RV-Resume Voyage RP-Reported Position CP-Calculated Position

Directions: HD-Head BW-Bow BM-Beam QF-QFollow FL-Follow

Yellow highlighted intervals are analyzed as good weather. Good weather intervals are considered those intervals during which over one-half of the weather encountered meets the good weather criteria.

Good Weather Voyage Summary

SHIP NAME

CLENT NAME

    From PRINCE RUPERT (54.32N 130.87W)

    To   CHITTAGONG (21.33N 91.72E)

Reference 110314097

Laden Voyage

ATD Apr 13 2011 1200Z

ATA May 12 2011 2230Z

	DATE	TIME UTC	POSITION		AWT ANALYZED CONDITIONS								REPORTED WEATHER		INTERVAL	
			LAT	LON	WIND		WAVE	SWELL		CURRENT			DIR	BF	NM	KTS
					DIR	BF	M	DIR	M	FACTOR						
RP	16-Apr	1900	49.5N	130.5W	WNW	4	0.8	WNW	1.7	0.04			NW	5	309.0	13.61
RP	17-Apr	2000	51.6N	138.5W	NW	4	0.9	S	1.1	-0.06			NW	5	329.3	13.17
RP	18-Apr	2000	53.1N	147.1W	S	2	0.2	SSW	0.9	0.12			NW	5	327.9	13.66
RP	19-Apr	2100	54.0N	156.8W	ESE	4	0.6	SSE	1.7	0.10			SE	4	349.8	13.99
RP	20-Apr	2100	54.4N	165.9W	E	4	0.6	SE	1.0	0.13			ESE	4	321.0	13.38
RP	25-Apr	0000	50.1N	158.3E	SSE	4	1.2	ENE	0.9	0.18			W	5	339.0	13.56
RP	02-May	0300	26.7N	122.3E	NE	5	1.8	ESE	0.5	-0.47			NNW	5	334.9	13.95
RP	03-May	0400	22.2N	118.9E	NW	1	0.1	ESE	0.3	-0.16			ENE	5	336.5	13.46
RP	04-May	0400	17.7N	115.0E	E	2	0.2	ENE	0.2	-0.50			ENE	4	345.4	14.39
RP	05-May	0400	13.2N	111.8E	ESE	2	0.2	SSE	0.2	-0.73			E	4	333.1	13.88
RP	06-May	0400	8.4N	108.8E	NW	1	0.1	ENE	0.2	-0.57			E	4	335.0	13.96
RP	07-May	0400	4.0N	105.6E	N	2	0.2	N	0.1	0.59			E	4	327.4	13.64
AP	07-May	1942	Arr:SINGAPORE		NE	2	0.2	N	0.1	0.73					205.4	13.08
RP	09-May	0400	3.2N	100.7E	ENE	2	0.2	SW	0.1	0.69			SW	4	244.9	14.41
RP	11-May	0500	12.6N	95.3E	WNW	4	0.8	WNW	1.2	-0.36			WSW	6	331.5	13.26
												TOTAL			4770.1	13.69

Positions: BR-Begin Route ER-End Route AP-Arrive Middle Port DP-Depart Middle Port
      SV-Stop Voyage RV-Resume Voyage RP-Reported Position CP-Calculated Position
Directions: HD-Head BW-Bow BM-Beam QF-QFollow FL-Follow
Good weather intervals are considered those intervals during which over one-half of the weather encountered meets the good weather criteria.

Engine Summary

SHIP NAME

CLENT NAME

From PRINCE RUPERT (54.32N 130.87W)

To　CHITTAGONG (21.33N 91.72E)

Reference 110314097

Laden Voyage

ATD Apr 13 2011 1200Z

ATA May 12 2011 2230Z

	DATE	TIME UTC	POSITION LAT	POSITION LON	RPM	SLIP	IFO	MDO	AVG.DAILY CONS.(mt) IFO	AVG.DAILY CONS.(mt) MDO	WIND DIR	WIND BF	WAVE M	SWELL DIR	SWELL M	INTERVAL NM	INTERVAL KTS
BR	13-Apr	1200	Dep:PRINCE RUPERT				358.60	71.50									
RP	13-Apr	1900	53.1N	130.7W	108.00	13.20	349.00	71.50	32.91	0.00	HD	4	0.4	HD	0.8	83.1	11.87
RP	14-Apr	1900	49.0N	126.4W	114.10	16.70	314.30	71.50	34.70	0.00	HD	7	2.0	QF	1.5	307.6	12.82
AP	15-Apr	0500	Arr:PORT ANGELES				300.00	71.50	34.32	0.00	QF	2	0.2	QF	2.2	129.4	12.94
DP	15-Apr	2018	Dep:PORT ANGELES				996.90	71.50									
RP	16-Apr	1900	49.5N	130.5W	113.50	8.60	966.20	71.50	32.46	0.00	HD	4	0.8	HD	1.7	309.0	13.61
RP	17-Apr	2000	51.6N	138.5W	114.60	14.20	930.80	71.50	33.98	0.00	BW	4	0.9	BM	1.1	329.3	13.17
RP	18-Apr	2000	53.1N	147.1W	114.00	10.60	897.20	71.50	33.60	0.00	BM	2	0.2	BM	0.9	327.9	13.66
RP	19-Apr	2100	54.0N	156.8W	114.20	8.30	856.50	71.50	39.07	0.00	QF	4	0.6	BM	1.7	349.8	13.99
RP	20-Apr	2100	54.4N	165.9W	114.10	12.20	829.70	71.50	26.80	0.00	FL	4	0.6	QF	1.0	321.0	13.38
RP	21-Apr	2200	54.4N	175.7W	114.10	9.60	794.50	71.50	33.79	0.00	QF	6	2.4	QF	2.9	342.5	13.70
RP	22-Apr	2200	53.6N	175.6E	114.10	14.90	760.20	71.50	34.30	0.00	QF	5	1.4	FL	2.4	312.7	13.03
RP	23-Apr	2300	52.1N	166.7E	114.10	12.50	725.10	71.50	33.70	0.00	BW	4	1.1	FL	1.4	335.1	13.40
RP	25-Apr	0000	50.1N	158.3E	114.10	11.20	689.50	71.50	34.18	0.00	BM	4	1.2	FL	0.9	339.0	13.56
RP	26-Apr	0100	46.8N	152.7E	114.00	20.40	651.60	71.50	36.38	0.00	BM	3	0.5	BW	2.7	299.9	12.00
RP	27-Apr	0200	43.3N	146.6E	114.10	12.80	615.10	71.50	35.04	0.00	HD	4	1.2	BM	1.1	333.6	13.34
RP	28-Apr	0300	41.2N	140.0E	114.10	12.50	579.70	71.50	33.98	0.00	HD	6	3.0	BW	0.4	331.8	13.27
RP	29-Apr	0300	38.1N	135.4E	114.00	22.30	543.40	71.50	36.30	0.00	HD	5	1.4	QF	1.1	280.3	11.68
RP	30-Apr	0300	34.7N	130.3E	114.00	13.30	509.70	71.50	33.70	0.00	BW	6	2.0	BM	0.3	317.9	13.25
RP	01-May	0300	31.0N	126.3E	114.10	17.30	474.80	71.50	34.90	0.00	QF	4	0.9	BW	1.3	301.8	12.58
RP	02-May	0300	26.7N	122.3E	114.10	8.70	441.40	71.50	33.40	0.00	FL	5	1.8	BM	0.5	334.9	13.95
RP	03-May	0400	22.2N	118.9E	114.00	12.50	406.90	71.50	33.12	0.00	BM	1	0.1	BM	0.3	336.5	13.46
RP	04-May	0400	17.7N	115.0E	114.00	6.00	374.10	71.50	32.80	0.00	QF	2	0.2	FL	0.2	345.4	14.39
RP	05-May	0400	13.2N	111.8E	114.20	9.20	340.60	71.50	33.50	0.00	BM	2	0.2	BW	0.2	333.1	13.88
RP	06-May	0400	8.4N	108.8E	114.20	8.70	307.80	71.50	32.80	0.00	BM	1	0.1	QF	0.2	335.0	13.96
RP	07-May	0400	4.0N	105.6E	114.00	10.80	276.00	71.50	31.80	0.00	QF	2	0.2	QF	0.1	327.4	13.64
AP	07-May	1942	Arr:SINGAPORE				262.00	71.50	21.40	0.00	QF	2	0.2	BM	0.1	205.4	13.08
DP	08-May	1100	Dep:SINGAPORE				1207.50	71.50									
RP	09-May	0400	3.2N	100.7E	114.00	3.90	1185.50	71.50	31.06	0.00	BM	2	0.2	BM	0.1	244.9	14.41
RP	10-May	0400	7.7N	97.8E	114.10	12.70	1149.70	71.50	35.80	0.00	BW	5	1.4	BW	1.7	321.7	13.40
RP	11-May	0500	12.6N	95.3E	114.00	13.80	1112.00	71.50	36.19	0.00	BW	4	0.8	BW	1.2	331.5	13.26
RP	12-May	0600	17.8N	93.0E	114.00	11.20	1074.80	71.50	35.71	0.00	BM	4	0.7	QF	2.2	340.1	13.60
ER	12-May	2230	Arr:CHITTAGONG				1051.60	71.50	33.75	0.00	FL	4	0.7	QF	1.9	223.5	13.55

Positions: BR-Begin Route ER-End Route AP-Arrive Middle Port DP-Depart Middle Port
　　SV-Stop Voyage RV-Resume Voyage RP-Reported Position CP-Calculated Position
Directions: HD-Head BW-Bow BM-Beam QF-QFollow FL-Follow
Yellow highlighted intervals are analyzed as good weather. Good weather intervals are considered those intervals during which over one-half of the weather encountered meets the good weather criteria.

Estimated Emission Summary

SHIP NAME

CLENT NAME

  From PRINCE RUPERT (54.32N 130.87W)

  To   CHITTAGONG (21.33N 91.72E)

Reference 110314097

Laden Voyage

ATD Apr 13 2011 1200Z

ATA May 12 2011 2230Z

Emission Totals

CO_2 (mt)	NO_x (mt)	SO_x (mt)	TOTAL (mt)
2848.20	949.40	47.52	3845.12

	DATE	TIME UTC	POSITION LAT	POSITION LON	IFO CONS	IFO CO_2 (mt)	IFO NO_x (mt)	IFO SO_x (mt)	MDO CONS	MDO CO_2 (mt)	MDO NO_x (mt)	MDO SO_x (mt)	TOTAL CO_2 (mt)	TOTAL NO_x (mt)	TOTAL SO_x (mt)
BR	13-Apr	1200	Dep:PRINCE RUPERT										0.00	0.00	0.00
RP	13-Apr	1900	53.1N	130.7W	9.60	28.80	9.60	0.48	0.00	0.00	0.00	0.00	28.80	9.60	0.48
RP	14-Apr	1900	49.0N	126.4W	34.70	104.10	34.70	1.74	0.00	0.00	0.00	0.00	104.10	34.70	1.74
AP	15-Apr	0500	Arr:PORT ANGELES		14.30	42.90	14.30	0.72	0.00	0.00	0.00	0.00	42.90	14.30	0.72
DP	15-Apr	2018	Dep:PORT ANGELES										0.00	0.00	0.00
RP	16-Apr	1900	49.5N	130.5W	30.70	92.10	30.70	1.54	0.00	0.00	0.00	0.00	92.10	30.70	1.54
RP	17-Apr	2000	51.6N	138.5W	35.40	106.20	35.40	1.77	0.00	0.00	0.00	0.00	106.20	35.40	1.77
RP	18-Apr	2000	53.1N	147.1W	33.60	100.80	33.60	1.68	0.00	0.00	0.00	0.00	100.80	33.60	1.68
RP	19-Apr	2100	54.0N	156.8W	40.70	122.10	40.70	2.04	0.00	0.00	0.00	0.00	122.10	40.70	2.04
RP	20-Apr	2100	54.4N	165.9W	26.80	80.40	26.80	1.34	0.00	0.00	0.00	0.00	80.40	26.80	1.34
RP	21-Apr	2200	54.4N	175.7W	35.20	105.60	35.20	1.76	0.00	0.00	0.00	0.00	105.60	35.20	1.76
RP	22-Apr	2200	53.6N	175.6E	34.30	102.90	34.30	1.72	0.00	0.00	0.00	0.00	102.90	34.30	1.72
RP	23-Apr	2300	52.1N	166.7E	35.10	105.30	35.10	1.76	0.00	0.00	0.00	0.00	105.30	35.10	1.76
RP	25-Apr	0000	50.1N	158.3E	35.60	106.80	35.60	1.78	0.00	0.00	0.00	0.00	106.80	35.60	1.78
RP	26-Apr	0100	46.8N	152.7E	37.90	113.70	37.90	1.90	0.00	0.00	0.00	0.00	113.70	37.90	1.90
RP	27-Apr	0200	43.3N	146.6E	36.50	109.50	36.50	1.83	0.00	0.00	0.00	0.00	109.50	36.50	1.83
RP	28-Apr	0300	41.2N	140.0E	35.40	106.20	35.40	1.77	0.00	0.00	0.00	0.00	106.20	35.40	1.77
RP	29-Apr	0300	38.1N	135.4E	36.30	108.90	36.30	1.82	0.00	0.00	0.00	0.00	108.90	36.30	1.82
RP	30-Apr	0300	34.7N	130.3E	33.70	101.10	33.70	1.69	0.00	0.00	0.00	0.00	101.10	33.70	1.69
RP	01-May	0300	31.0N	126.3E	34.90	104.70	34.90	1.74	0.00	0.00	0.00	0.00	104.70	34.90	1.74
RP	02-May	0300	26.7N	122.3E	33.40	100.20	33.40	1.67	0.00	0.00	0.00	0.00	100.20	33.40	1.67
RP	03-May	0400	22.2N	118.9E	34.50	103.50	34.50	1.72	0.00	0.00	0.00	0.00	103.50	34.50	1.72
RP	04-May	0400	17.7N	115.0E	32.80	98.40	32.80	1.64	0.00	0.00	0.00	0.00	98.40	32.80	1.64
RP	05-May	0400	13.2N	111.8E	33.50	100.50	33.50	1.68	0.00	0.00	0.00	0.00	100.50	33.50	1.68
RP	06-May	0400	8.4N	108.8E	32.80	98.40	32.80	1.64	0.00	0.00	0.00	0.00	98.40	32.80	1.64
RP	07-May	0400	4.0N	105.6E	31.80	95.40	31.80	1.59	0.00	0.00	0.00	0.00	95.40	31.80	1.59
AP	07-May	1942	Arr:SINGAPORE		14.00	42.00	14.00	0.70	0.00	0.00	0.00	0.00	42.00	14.00	0.70
DP	08-May	1100	Dep:SINGAPORE										0.00	0.00	0.00
RP	09-May	0400	3.2N	100.7E	22.00	66.00	22.00	1.10	0.00	0.00	0.00	0.00	66.00	22.00	1.10
RP	10-May	0400	7.7N	97.8E	35.80	107.40	35.80	1.79	0.00	0.00	0.00	0.00	107.40	35.80	1.79
RP	11-May	0500	12.6N	95.3E	37.70	113.10	37.70	1.89	0.00	0.00	0.00	0.00	113.10	37.70	1.89
RP	12-May	0600	17.8N	93.0E	37.20	111.60	37.20	1.86	0.00	0.00	0.00	0.00	111.60	37.20	1.86
ER	12-May	2230	Arr:CHITTAGONG		23.20	69.60	23.20	1.16	0.00	0.00	0.00	0.00	69.60	23.20	1.16

Positions: BR-Begin Route ER-End Route AP-Arrive Middle Port DP-Depart Middle Port
    SV-Stop Voyage RV-Resume Voyage RP-Reported Position CP-Calculated Position
Yellow highlighted intervals are analyzed as good weather. Good weather intervals are considered those intervals during which over one-half of the weather encountered meets the good weather criteria.

* General emission factors prepared by IPCC and recognized by the IMO were applied to display estimated emission totals for CO_2 and SOx based on total fuel consumption reported during the voyage.
A standard sulfur content was applied for high sulfur(HS) fuel grades of residual and marine diesel oil while separate emission factors were used to account for lower content sulfur FO and DO if consumed with emissions calculated and displayed in table per associated fuel type.
Total NOx emissions are dependent on any reduction technologies in place thus a general emission factor was applied in absence of any existing measures employed and pending further scientific research and analysis.

2. WRI 航次分析报告示例

Vessel Performance Report

"Oceans of Experience"

Weather Routing Inc.(WRI, Ltd.)
Phone: (518)798 1110
Fax: (518)798 4939
Web: www.wriwx.com
E-mail: wri@wriwx.com

Voyage Details

M/V Sample

Prepared for
Sample Ship Owner/Charterer

Departure Port:	**GUAYMAS**	ATD:	**12/27/2007 23:00 GMT**
Destination Port:	**QINGDAO**	ATA:	**01/25/2008 4:00 GMT**

Date/Time	Latitude	Longitude	Ob Type	Hours (Hrs)	Distance (nm)	Avg Speed (kts)	Fuel (MT)	Diesel (MT)	Wind - Beaufort Dir	Speed (kts)	Scale	Swell - Douglas Dir	Hght (mtrs)	Scale	Current Dir	Speed (kts)
12/27/07 23:00	GUAYMAS		ATD	---	---	---	783.57	46.00	NW	8	3	NW	0.5	2	N	0.1
12/28/07 19:00	23.93 N	109.13 W	A	20.0	256.0	12.80	761.92	45.85	N	5	2	NW	1.0	3	NW	0.1
12/29/07 19:00	23.55 N	113.17 W	A	44.0	554.6	12.44	735.62	45.85	N	10	3	NW	2.0	4	NNW	0.1
12/30/07 20:00	25.02 N	118.35 W	A	69.0	851.4	11.87	708.36	45.85	NNW	14	4	NW	2.0	4	NNW	0.1
12/31/07 20:00	26.33 N	123.18 W	A	93.0	1124.4	11.38	682.21	45.85	N	15	4	NW	2.5	4	ENE	0.2
01/01/08 20:00	27.42 N	128.40 W	A	117.0	1411.0	11.94	656.29	45.85	ENE	11	4	NW	2.5	4	SSE	0.2
01/02/08 21:00	28.32 N	133.93 W	A	142.0	1709.4	11.94	628.92	45.85	N	15	4	NNW	2.5	4	NNE	0.4
01/03/08 21:00	28.47 N	139.48 W	A	166.0	2002.5	12.21	602.70	45.85	NNE	12	4	NW	2.5	4	NE	0.2
01/04/08 22:00	28.33 N	145.15 W	A	191.0	2303.3	12.03	575.33	45.85	NE	12	4	NW	3.0	5	NE	0.1
01/05/08 22:00	28.15 N	150.68 W	A	215.0	2597.5	12.26	549.14	45.85	SSW	16	4	NW	3.5	5	WSW	0.2
01/06/08 23:00	27.52 N	155.17 W	A	240.0	2842.3	9.79	521.77	45.85	SW	33	7	NNW	5.0	6	NNW	0.2
01/07/08 23:00	27.53 N	160.10 W	A	264.0	3106.2	11.00	495.39	45.85	NW	25	6	NNW	5.0	6	WSW	0.5
01/08/08 23:00	27.90 N	165.00 W	A	288.0	3368.8	10.94	468.35	45.85	NNW	28	7	NNW	5.5	6	ENE	0.4
01/09/08 23:00	27.72 N	169.82 W	A	312.0	3626.0	10.72	441.97	45.85	W	25	6	WSW	5.0	6	WSW	0.3
01/10/08 23:00	27.12 N	174.43 W	A	336.0	3875.8	10.41	415.05	45.85	WNW	30	7	NW	5.5	6	WSW	0.3
01/12/08 0:00	26.14 N	179.02 W	A	361.0	4130.0	10.17	387.58	45.85	NW	38	8	NW	5.0	6	N	0.7
01/13/08 0:00	26.10 N	175.85 E	A	385.0	4407.9	11.58	361.28	45.85	NW	20	5	NW	3.5	5	NNE	0.4
01/14/08 0:00	25.75 N	171.28 E	A	409.0	4656.6	10.36	334.57	45.85	W	28	7	NW	4.5	6	NNW	0.3
01/15/08 1:00	25.75 N	167.83 E	A	434.0	4846.4	7.59	306.96	45.85	NW	34	8	NW	7.0	7	ESE	0.1
01/16/08 1:00	25.75 N	163.00 E	A	458.0	5108.2	10.91	280.63	45.85	NW	22	6	NW	5.0	6	SE	0.4
01/17/08 1:00	25.75 N	158.57 E	A	482.0	5348.4	10.01	254.07	45.85	SW	28	7	NW	4.5	6	NW	0.5
01/18/08 2:00	25.75 N	154.92 E	A	507.0	5546.1	7.91	226.02	45.85	NW	38	8	NW	7.0	7	N	0.4
01/19/08 2:00	26.33 N	150.68 E	A	531.0	5778.3	9.67	198.54	45.85	NW	20	5	NW	4.5	6	NE	0.2
01/20/08 2:00	27.27 N	146.05 E	A	555.0	6034.3	10.67	171.28	45.85	WNW	21	5	NW	4.0	5	NE	0.2
01/21/08 3:00	28.58 N	141.22 E	A	580.0	6303.7	10.77	142.97	45.85	NW	20	5	NW	3.0	5	WSW	0.2
01/22/08 3:00	29.90 N	135.70 E	A	604.0	6604.6	12.54	116.41	45.85	NNW	15	4	NW	2.0	4	NW	0.3
01/23/08 3:00	31.03 N	130.38 E	A	628.0	6892.6	12.00	89.91	45.85	NW	20	5	NW	2.5	4	E	0.1
01/24/08 4:00	33.15 N	125.70 E	A	653.0	7163.5	10.83	63.39	45.85	NW	30	7	NW	3.5	5	NNW	0.2
01/25/08 4:00	QINGDAO		ATA	677.0	7473.8	12.93	36.91	45.85	NW	30	7	NW	3.0	5	N	0.3

"A" = Actual Position	"ATD" = Actual Time of Departure	"ETD" = Estimated Time of Departure	"S/B" = Stoppage Begins
"LN" = Local Noon Calculated Position	"ATA" = Actual Time of Arrival	"ETA" = Estimated Time of Arrival	"S/E" = Stoppage Ends
Green Highlight = Good Weather Period based on Good Weather Clause		Red Highlight = Stoppage Period	Blue Highlight = Exclusion

Vessel Performance Report

Weather Routing Inc.(WRI, Ltd.)
Phone: (518)798 1110
Fax: (518)798 4939
Web: www.wriwx.com
E-mail: wri@wriwx.com

"Oceans of Experience"

Voyage Details

M/V Sample

Prepared for
Sample Ship Owner/Charterer

Departure Port:	GUAYMAS	ATD: 12/27/2007 23:00 GMT
Destination Port:	QINGDAO	ATA: 01/25/2008 4:00 GMT

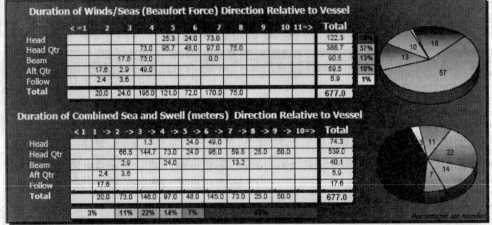

Duration of Winds/Seas (Beaufort Force) Direction Relative to Vessel

	< =1	2	3	4	5	6	7	8	9	10	11=>	Total	
Head					25.3	24.0	73.0					122.3	18%
Head Qtr				73.0	95.7	48.0	97.0	75.0				388.7	57%
Beam			17.5	73.0			0.0					90.5	13%
Aft Qtr		17.6	2.9	49.0								69.5	10%
Follow		2.4	3.6									5.9	1%
Total		20.0	24.0	195.0	121.0	72.0	170.0	75.0				677.0	

Duration of Combined Sea and Swell (meters) Direction Relative to Vessel

	<1	1 -> 2	-> 3	-> 4	-> 5	-> 6	-> 7	-> 8	-> 9	-> 10=>	Total
Head			1.3		24.0	49.0					74.3
Head Qtr		66.5	144.7	73.0	24.0	96.0	59.8	25.0	50.0		539.0
Beam		2.9		24.0			13.2				40.1
Aft Qtr	2.4	3.6									5.9
Follow	17.6										17.6
Total	20.0	73.0	146.0	97.0	48.0	145.0	73.0	25.0	50.0		677.0
	3%	11%	22%	14%	7%		43%				

Percentages are rounded

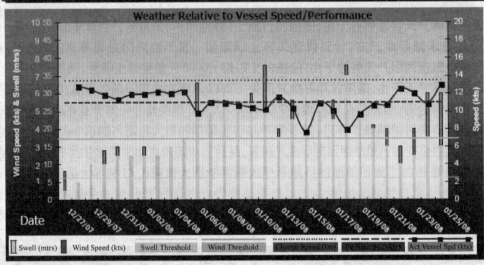

Weather Relative to Vessel Speed/Performance

Swell (mtrs) — Wind Speed (kts) — Swell Threshold — Wind Threshold — Charter Speed (kts) — Re-Run Spd (kts) — Act Vessel Spd (kts)

Date: 12/27/07 12/29/07 12/31/07 01/02/08 01/04/08 01/06/08 01/08/08 01/10/08 01/13/08 01/15/08 01/17/08 01/19/08 01/21/08 01/23/08 01/25/08

Vessel Performance Report

"Oceans of Experience"

Weather Routing Inc.(WRI, Ltd.)
Phone: (518)798 1110
Fax: (518)798 4939
Web: www.wriwx.com
E-mail: wri@wriwx.com

—— Overall Performance Analysis ——

M/V Sample

Prepared for
Sample Ship Owner/Charterer

Departure Port:	GUAYMAS	ATD: 12/27/2007 23:00 GMT
Destination Port:	QINGDAO	ATA: 01/25/2008 4:00 GMT

Overall Vessel Performance Speed

For About Clause, -0.50 Knots Has Been Applied to Laden Charter Speed of 13.50 Knots *

Actual Transit Distance:	7473.82 NM
Actual Transit Time:	677.00 Hours
Vessel Average Speed:	**11.04 Knots**
Weather Factor:	-2.00 Knots
Current Factor:	-0.01 Knots
Vessel Performance Speed:	**13.05 Knots**
Allowable Charter Speed:	**13.00 Knots ***
Vessel Performance Time:	**572.71 Hours**
Allowable Charter Time:	**574.91 Hours**

Times are calculated Actual Distance divided by Respected Speeds

Time Gained:　　**2.20 Hours**

"Good Weather" Performance Speed

Winds: Beaufort Force BF4 or Less　　**Seas: 1.25 Meters or Less**

Distance:	256.10 NM
Transit Time:	20.00 Hours
"Good Weather" Speed:	**12.81 Knots**
Current Factor:	0.01 Knots
"Good Weather" Performance Speed:	**12.80 Knots**

Vessel Performance Report

Weather Routing Inc.(WRI, Ltd.)
Phone: (518)798 1110
Fax: (518)798 4939
Web: www.wriwx.com
E-mail: wri@wriwx.com

"Oceans of Experience"

———— Bunker Consumption Analysis ————

M/V Sample

Prepared for
Sample Ship Owner/Charterer

Departure Port:	GUAYMAS	ATD: 12/27/2007 23:00 GMT
Destination Port:	QINGDAO	ATA: 01/25/2008 4:00 GMT

For About Clause 5% Has Been Applied	Fuel Oil		Diesel Oil
Bunkers Reported at Departure Port :	783.57 MT		46.00 MT
Bunkers Reported at Destination Port :	36.91 MT		45.85 MT
Warranted Daily Consumption:	26.78 MT	(about)	0.40 MT
Actual Daily Consumption:	26.47 MT		0.01 MT
Warranted Total Consumption:	758.69 MT	(about)	11.33 MT
Actual Total Consumption:	746.66 MT		0.15 MT

UNDERCONSUMED - Overall FUEL OIL Consumption 12.03 MT Less Than Guaranteed Limits

UNDERCONSUMED - Overall DIESEL OIL Consumption 11.18 MT Less Than Guaranteed Limits

Allowable Charter Time with Adjusted Weather and Current Factors Has Been Applied to Calculate Warranted Total Consumption

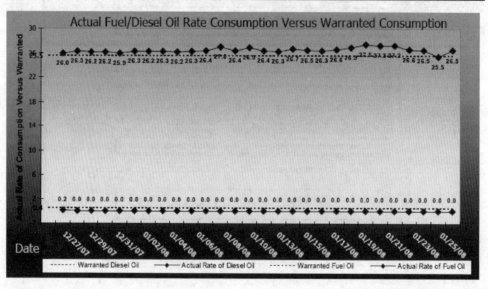

Weather Routing Inc. (WRI, Ltd.) All Rights Reserved. © 2011.

Port Bunker Consumption Analysis

M/V Sample Ship

Prepared for
Sample Company

Port: **Sample Port**	ATA: **02/25/2010 09:30 GMT**
Work Hours: 32.34 Idle Hours: 60.66	ATD: **03/01/2010 06:30 GMT**
Total Bunkered Hours: 93.00	

	Fuel Oil		Diesel Oil	
For About Clause 5% Has Been Applied				
Bunkers Reported at Arrival of Port :	1146.80 MT		66.10 MT	
Bunkers Reported at Depart of Port :	1132.40 MT		65.70 MT	
	Work	**Idle**	**Work**	**Idle**
Warranted Daily Consumption:	4.80 MT	2.00 MT	0.10 MT	0.10 MT
Warranted Total Consumption:	6.47 MT	5.06 MT	0.13 MT	0.25 MT
Warranted Total Consumption: (Work and Idle)	12.10 MT (about)		0.41 MT (about)	
Actual Total Consumption:	14.40 MT		0.40 MT	

OVERCONSUMED - Overall FUEL OIL Consumption 2.3 MT More Than Guaranteed Limits

Overall DIESEL OIL Consumption Within Guaranteed Limits

Bunkered Port Details

Date at Port	Work (hrs)	Idle (hrs)	Total (hrs)	Fuel Oil (MT)	Diesel Oil (MT)	Fuel Oil Consumption (MT)	Diesel Oil Consumption (MT)
02/25/10 09:30	0.0	0.0	0.0	1146.80	66.10	0.00	0.00
02/26/10 08:00	0.0	22.5	22.5	1143.40	66.00	3.40	0.10
02/27/10 08:00	9.8	14.2	24.0	1138.70	65.90	4.70	0.10
02/28/10 08:00	0.0	24.0	24.0	1136.70	65.80	2.00	0.10
03/01/10 06:30	22.5	0.0	22.5	1132.40	65.70	4.30	0.10

Vessel berthed 2/26/10 2210UTC

Prepared On: Thursday, March 03, 2011

Weather Routing Inc. (WRI, Ltd.) All Rights Reserved. © 2011.

第二节　船舶使用气象导航服务程序实例

一、起航前申请

如果在港船舶准备接受气象导航服务,该船长或船东或者承租人应在起航前 24 ~ 48 h 内向气象导航公司提出申请,申请时需提供有关船舶资料。申请格式如下:

TO:SOR

FM:Captain

A:Ship Name(船名)/Call Sign(船舶呼号)

　　MARISAT Number(卫星通信号码)/Speed(船速)

B:Owner(船东)或 Charterer(承租人)

C:ETD(预计离港时间)或 ATD(实际离港时间)

D:Departure Port(始发港)

E:Destination(目的港)

F:Load(载货情况)

G:Special Requirements(特殊要求)

H:Draft(吃水)

I:GM 值(初稳性高度)

J:Trim(吃水差)

K:Freeboard(干舷高度)

L:Radio Station Preference(该航次中选用的联系电台)

M:Departure Port Agent(起航港船舶代理人)

例1：AWT 申请报告格式如图 2-6 所示。

AWT Services Application Form

Company Name		Contact Name	
Vessel Name		Call Sign	

Communication to vessel	Tele Number	
	E-mail Address	

DWT (tona)		LOA	
Draft		Beam	

Depart from	Ballast		Via		Destination	
	Laden					

(For burkering or Canal Transit)

Cargo Loaded		ETD	

Please Provide Charter Party's Speed & Consumption (MT or LT) if vessel is under time charter.

C/P Speed (kts)	Ballast		IFO		MDO	
	Laden					

"Please specify" about or "without about" for C/P Speed

Please type "X" in the Green Box to choose requested service

	Weather Routing Services
	Weather Routing Services plus Speed & Bunker Analysis
	Performance Montoring Services
	Performance Study

Remark: (put special note here if any)

You can e-mail this appplication form to awthk@appliedweather.com / order@appliedweather.com or fax to 852 2865 0228.

Thanks for your services application. We appreciate your business!

图 2-6　AWT 申请报告格式

例2：WRI 申请报告格式如图2-7 所示。

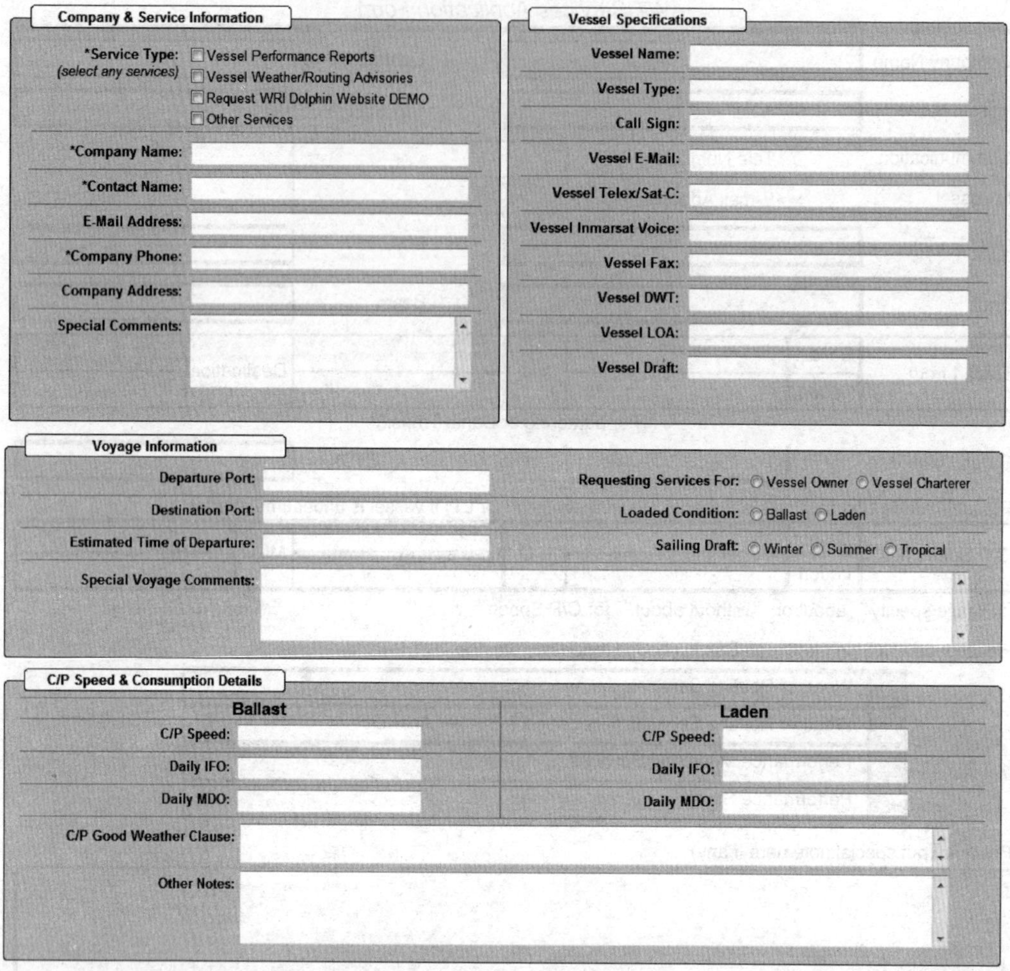

图 2-7　WRI 申请报告格式

在特列要求一项内,可以对有关船舶及其载货的特殊情况予以说明,如导航仪器不够完善,船龄过长,船体有损伤,有甲板货、特殊货等。申请者可据此提出可承受的风浪最大限度,以确保船舶航行安全。

提出申请后,申请气象导航的船舶在离港前就可收到气象导航公司所推荐的气象航线和有关海域的天气预报等资料。若船舶因故推迟离港,应将新的预计离港时间及时通知气象导航公司。船舶离港后,应立即将实际离港时间电告气象导航公司,以便气象导航公司以此为依据做出最佳气象航线。

二、航行途中

船舶离港后,航行途中应及时将下列各项反馈给气象导航公司,如图2-8 所示。
①开航后立即电告实际离港时间(ATD)。
②途中每天向气象导航公司发送中午(世界时)船位报,内容包括:船名、呼号、日期时

间、船位、航向、航速、风向、风速及海况等。

③航行途中,如果不是由于天气影响而使船舶降速或停滞,应及时电告气象导航公司,以便其掌握被导船舶的动态。途中若遇恶劣天气而使航行确有困难,可随时向气象导航公司咨询,其将以最快的速度给予回电指导。

Weather Routing Inc.(WRI) Status Report - Prepared for Sample Company

Sample Ship/ Call Sign
Departure: 02/23/11 18:00 UTC   Destination: SAMPLE 03/19/11 22:03 UTC

Last Known Position (UTC)	Estimated		Distance		Speed		Distance	
	Wind (Kts)	Swell (Mtrs)	Sailed	Remain	Reported	To-Date	Total	Deviation
03/07/11 23:00 @ 28.2 / 168.2	NE/14	NE/2	5388.4 nm	3819.5 nm	13.7 kts	14.02 kts	9207.9 nm	N/A
	Weather Factor		Current Factor		Charter	Performance	Good Weather Speed	
Estimated To-Date	−0.05 kts		0.33 kts		13.5 kts	13.73 kts	14.27 kts	
Predicted	−0.25 kts (Next 7 Days)		−0.05 kts (To Destination)		PROJECTED TIME GAIN: 12.8 Hours			
Bunker Consumption	SOSP	Last Reported	Daily Rate	Warrant(abt)	Projected Gain/Loss			
Fuel Oil (IFO) MT	1235.10	647.80	36.67/Day	35.39/Day	IFO BUNKER GAIN: 10.7 MT			
Diesel Oil (MDO) MT	39.30	36.90	0.15/Day	0.21/Day	MDO BUNKER GAIN: 0.4 MT			

* Preliminary Evaluation of Vessel Performance for Guidance Only and Subject to Final Review by Weather Routing Inc(WRI).Voyages of Less than Three(3) Days are Subject to Large Performance Calculation Irregularities and will be Refined with Further Voyages Days.

** Detailed Preliminary Report with Voyage Track Map Available on WRI Dolphin Management System. Also Available : Fleet Forecast Maps(180 Hours),Vessel Messages and Performance Voyage Reports.

For Further Information Please E-mail Weather Routing Inc(WRI)@WRIWX.COM or Call (518)798-1110.

图2-8　航行途中船舶各项反馈

一般情况下,气象导航机构每天给船舶一份航线前方海域的气象、海况预报。在天气变化较大且对船舶航行有影响的情况下,气象导航机构会及时主动与船长联系,通过卫星通信设备发送途中天气预报,如果有必要,还会建议船长采取改变航向或改变航速等有关措施,避开恶劣天气和海况。

三、抵港

到达目的港后,船舶应立即电告气象导航公司实际抵达目的港的时间(ATA),以便气象导航公司结束对本船的服务。

履行上述程序的目的是使被导船舶时刻处于气象导航机构的监护之下,以利正确引导。

四、完整的报告范例

1. WRI 要求船舶提供的报告如下:

PLEASE PROVIDE DAILY POSITION REPORTS IN THE FOLLOWING FORMAT:

(A)VESSEL NAME / CALL SIGN;

(B)DATE OF REPORT (UTC);

(C)POSITION (LAT/LONG);

(D)SPEED (KTS) SINCE LAST REPORT;

(E)DISTANCE (NM) SINCE LAST REPORT;

(F)COURSE HEADING (DEGREES);

(G)WIND DIRECTION / SPEED (BEAUFORT);

(H)SWELL DIRECTION / HEIGHT (METERS);

(I)ETA – ARRIVAL PORT (PILOT STATION);

(J)DAILY BROB;

(K)COMMENTS / ANY CHNAGES IN ROUTE WITH WAYPOINTS.

FOR DEPARTURES:

(A)VESSEL NAME / CALL SIGN;

(B)DATE / TIME, BROB AND LATITUDE / LONGITUDE AT START OF SEA PASSAGE;

(C)PORT OF DEPARTURE (PILOT STATION);

(D)ETA – ARRIVAL PORT (PILOT STATION);

(E)COMMENTS – PLANNED ROUTE WITH WAYPOINT AND TOTAL STEAMING DISTANCE EXPECTED.

FOR ARRIVALS:

(A)VESSEL NAME / CALL SIGN;

(B)DATE / TIME, BROB AND LATITUDE / LONGITUDE AT END OF SEA PASSAGE;

(C)NEXT PORT OF DEPARTURE WITH ETD AND DESTINATION;

(D)ACTUAL STEAMING MILES AND HOURS (SEABUOY /SEABOUY);

(E)COMMNETS – NEXT PLANNED ROUTE.

2. AWT 完整的气象导航服务报告程序如下:

AWT Reporting Guide for Master

AWT weather routing services provides ship and crew with safe and optimal ocean crossing. Please report the following information to AWT's 24 hours operation center before your departure:

Contact:

Applied Weather Technology, USA

EASYLINK: 62981091 (CODE 230)

E-mail: ops@ appliedweather. com

Phone: +1 (408) 7318608

Fax: +1 (408) 7318601

Departure Report:

    1. Ship name;

    2. Call Sign;

    3. Owner or Operator;

    4. Inmarsat number or E-mail address;

    5. Departure port;

    6. Date & Time (UTC)/Position/BROB for COSP;

7. Nature of cargo and if loaded any deck cargo；

8. Sailing speed；

9. Draft；

10. Destination；

11. Intention route；

12. Special requirement.

Please report vessels' daily position with BROB, RPM/Slip, weather & distance since last position.

Underway Report：

1. Date & Time (UTC)；

2. Ship Name；

3. Call Sign；

4. Noon Position (Converted in UTC)；

5. BROB；

6. RPM/Slip；

7. Weather condition；

8. Distance to go；

9. ETA.

On arrival, please advise vessel EOSP time, Position, BROB and total sea passage distance.

第三节　船舶气象导航实例对比分析

本节分析航行于太平洋、大西洋、印度洋及中国南海的船舶的气象导航航线设计的注意事项,并通过实例对比分析气象导航的优越性。

一、横渡北太平洋的船舶的航线设计及气象导航实例

(一)天气气候特征

北太平洋冬季天气极为恶劣,温带气旋活动频繁,其路径及移动速度变化复杂,所覆盖的海域特别广阔。温带气旋的形成主要集中在 40°N 以南的海面。在全年中,北太平洋气旋风暴主要以一月份形成的频率为最高,最初移向东北,然后移向千岛群岛、阿留申群岛和阿拉斯加湾附近海域并发展加深。

由于北太平洋低压活动频繁,风力通常会达到 7 至 8 级。因强风引起的恶浪在阿留申群岛西南洋面至千岛群岛附近海域发生的频率最高,是造成船损及货损的主要原因。

（二）实例分析

冬季北太平洋中高纬度海区天气比较恶劣，在选择航线时，应根据实际天气状况及中、长期天气预报，再配合船舶营运人的商业考虑和船舶自身的情况来决定。从商业角度上看，船舶营运人往往会优先考虑航行时间、耗油量、船舶载货量等因素，而且，只按照最短的大圆航线距离去预计所需航行时间，忽略了天气及洋流因素对船舶航速产生的重大影响。以下实例说明，单纯从商业角度考虑，忽视天气及洋流因素，会使航行时间大幅增加，营运成本增加，得不偿失。

例如，一艘采用夏季吃水线的巴拿马型干散货船，从美西开往日本，因载重线问题，该船需要向南沿着低纬度航线驶向日本。数天后，该船遇上持续的恶劣天气，偏西的涌浪及大风使航速大幅度下降，船长估计余下的燃油不足以驶抵目的港，该船必须改变航线驶往檀香山加油。

（三）分析结论

根据事后航线进行比较分析，在同一时间有一艘申请 AWT 气象导航服务的船舶，AWT建议该船船长向北沿大圆航线行驶，通过白令海，沿着低压中心北面航行避开恶劣天气和海况。图 2-9 为航线对比示意图，北线代表 AWT 的推荐航线，南线代表该船采用夏季吃水线所航行的低纬度航线。

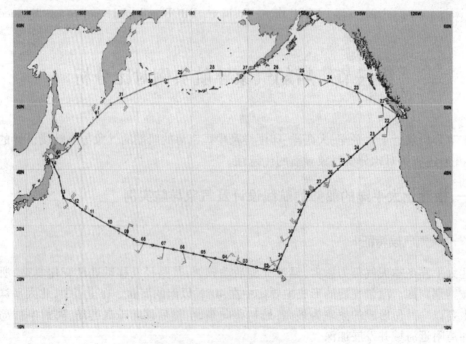

图 2-9　航线对比示意图

表 2-2 是两条航线的比较结果，低纬航线的航程是 6980 n mile，所用航时 632.5 h，因为遇上恶劣的天气，天气因素使船舶失速 -2.2 kn，逆向海流使船舶失速 -0.2 kn。如果采用

AWT 推荐航线,航程只有 3893 n mile,天气因素对船舶影响很小,海流失速为 -1.5 kn,节省航时 307 h(大概 12 天)。由此说明采用 AWT 推荐航线既经济又安全。

表 2-2 实际航线和 AWT 推荐航线比较

	自选航线	AWT 推荐航线
距离(Distance)	6980 n mile	3893 n mile
时间(Time En Route)	632.5 h	325.5 h
平均航速(Average Speed)	11.0 kn	12.0 kn
洋流因素(Current Factor)	-0.2 kn	0.1 kn
天气因素(Weather Factor)	-2.2 kn	-1.5 kn
实际航速(Performance Speed)	13.4 kn	13.4 kn

二、横渡北大西洋的船舶的气象导航实例

(一)天气气候特征

冬季北大西洋亦是一个大风浪海区,整个季节几乎被范围广大的强烈温带气旋控制,低压中心的路径往往向北移动到冰岛,强度渐渐加强,达到风暴警报程度。由于北大西洋面积较小,低压形成后,其范围会覆盖整个洋区。船舶在北大西洋作业时,能够避开低压产生的恶劣天气的概率相对较小。因此,气象导航在协助船舶避开恶劣天气,选择最佳航线方面,能发挥很大作用。

(二)实例分析

某船在冬季横渡北大西洋航行时,没有申请气象导航服务,事后发现船舶的航速不符合租约要求,承租人对船舶的航速性能提出争议,于是向 AWT 提出申请,要求对船舶航速性能进行分析。

该船当时的航线是从巴拿马向东驶往瑞典歌德堡,船长计划沿恒向线航行,穿过英吉利海峡到达目的港。如图 2-10 所示,南侧航线表示该轮实际行驶的恒向线法航线。该船刚穿过莫纳海峡,就遇到一个低气压,中心位于 25°N,50°W 附近,中心气压强度为 987 hPa,并向东北方向移动。由于受到低压的影响,该船遭遇连续几天的暴风天气,风力最高时达到 8 级,涌浪高达 7 m,船舶根本无法保持正常航向、航速,为了船舶安全,在 25°N 附近船长决定改变航向为东南偏南,航行到 30°N 附近再向东北航行穿越英吉利海峡。

(三)分析结论

AWT 根据当时的天气、海况及预报产品对这个航次做了导航分析。如果承租人在该船开航前提出申请使用气象导航服务,AWT 会给船长推荐一条偏北航向的恒向线,然后穿过苏格兰北面抵达目的港。实际航线和 AWT 推荐航线的对比如图 2-10 和表 2-3 所示。

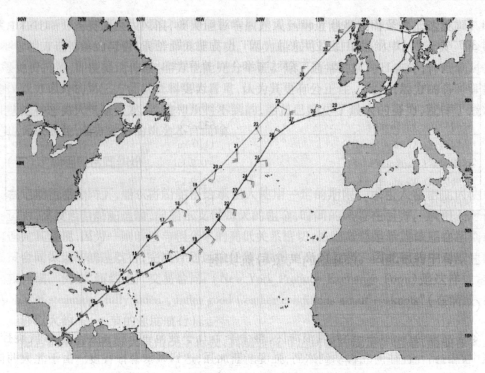

图 2-10　实际航线和 AWT 推荐航线对比示意图

表 2-3　实际航线和 AWT 推荐航线比较

	自选航线	AWT 推荐航线
距离（Distance）	5416 n mile	5118 n mile
时间（Time En Route）	550 h	449.3 h
平均航速（Average Speed）	9.8 kn	11.4 kn
洋流因素（Current Factor）	−0.1 kn	0.0
天气因素（Weather Factor）	−2.5 kn	−1.0 kn
实际航速（Performance Speed）	12.4 kn	12.4 kn

表 2-3 列出实际航线和 AWT 推荐航线的相关数据。AWT 推荐航线的航程为 5118 n mile，比实际航程缩短 298 n mile，再加上洋流及天气因素的影响，气象导航服务预计可为承租人节省大约 4 天的航行时间。

总之，在没有采用气象导航服务的情况下，船长未能及时了解低压中心的移动路径及突如其来的恶劣天气和海况，多次变更航向，导致航程大幅度延长，造成承租人在航行时间和油耗方面蒙受重大损失。

三、横渡南大西洋及印度洋的船舶的气象导航实例

(一)气候特征

横渡南大西洋及印度洋的船舶，主要都从南美洲的巴西和阿根廷开往中国。船舶一般

都选择航行中纬度航线,经过好望角,然后穿过马六甲海峡或巽他海峡,航行至中国港口。冬季好望角附近海区是世界著名大风大浪海域,其中厄加勒斯流更是著名的巨浪中心。

在印度洋海域,每年6月到10月是西南季风期,尤其在季风盛行高峰期的7月和8月,风力常常达到8至9级,涌浪超过4 m。虽然印度洋的季风强烈,但风向一般都很规律,不会对船舶安全造成重大威胁。相对来说,索科特拉岛和索马里附近常常出没的海盗更加需要关注。

(二)实例分析

图2-11给出了某船横渡南大西洋及印度洋的航线,AWT受承租人委托为一艘满载的巴拿马型干散货船提供气象导航服务,从巴西东南部港口巴拉那瓜开往印度尼西亚芝格丁。船长在报告预计离港时间的电文中提出的计划航线是从巴拉那瓜沿恒向线航至好望角,贴近南非沿岸航行,然后沿恒向线航至巽他海峡,如图2-11中北侧航线所示。

由于正值南大西洋冬季,AWT考虑到好望角附近和厄加勒斯暖流流域伴有巨浪和持续性大风等因素,向船长推荐从巴拉那瓜至38°S、45°E行驶大圆航线,然后行驶恒向线到38°S、40°E,再行驶一个大圆航线到巽他海峡,如图2-11中的深色航线所示。先沿大圆航线航行至38°S、45°E可以避开厄加勒斯暖流流域的巨浪及大风,使船舶保持正常的航向及航速。根据每月的洋流分析,这条航线预计受到逆流影响的概率很低,航程可以缩短140 n mile左右。经过AWT多次发电文向船长解释推荐航线的优点,船长最终接受AWT推荐的航线。

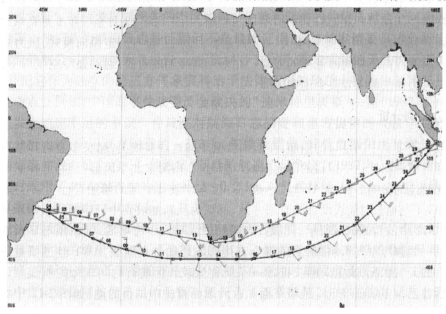

图2-11　某船横渡南大西洋及印度洋的对比航线示意图

(三)分析结论

表2-4列出了两条航线的统计数据,AWT推荐航线的航程是8474 n mile,而船长计划航线的航程为8614 n mile。AWT推荐航线上的洋流基本为顺流,平均增速为0.2 kn;船长计

划航线上的洋流基本为逆流,平均失速为 -0.3 kn。虽然天气大致相同,但是,AWT 推荐航线在距离及洋流因素等方面都较为优越,节省了大约 2 天的航时。

表 2-4 AWT 推荐航线与船长自选航线比较

	AWT 推荐航线	船长自选航线
距离(Distance)	8474 n mile	8614 n mile
时间(Time En Route)	618 h	663.6 h
平均航速(Average Speed)	13.7 kn	13.0 kn
洋流因素(Current Factor)	0.2 kn	-0.3 kn
天气因素(Weather Factor)	-0.6 kn	-0.7 kn
实际航速(Performance Speed)	14.1 kn	14.0 kn

四、南中国海的东北季风对航线的影响及气象导航实例

(一)天气气候特征

南中国海是一个半封闭的海,北濒中国大陆,东临菲律宾群岛,南以连接西南婆罗洲与苏门答腊的一条线为界,西南是从马来西亚到马泰边界再到越南南端和越南南部沿岸。对于从印度洋经新加坡向北航行到中国港口的船舶,由于每年 12 月至翌年 1 月是东北季风的强盛时期,因此对船舶作业影响很大。南中国海冬季风并没有固定风向模式,风力的大小主要取决于南下冷高压和南海低压的强弱。在季风高峰期的时候,遇到强冷空气南下,达到暴风程度的风力往往覆盖着整个南中国海。

(二)实例分析

一般从印度至中国港口的船舶,在新加坡至中国这段航线上,船长多会选择航行直线最短距离经台湾海峡抵达中国目的港的航线。但是,在南海东北季风盛行期,选择航线应考虑东北风对航速的影响。例如,AWT 对一艘从印度东岸驶往中国的船舶进行气象导航,在航程的初段,AWT 与船长对航线设计的看法一致,都认为从新加坡到中国应该沿最短距离航线航行,如图 2-12 中的西侧航线所示。但是,当船舶进入马六甲海峡后,气象预报显示南中国海将会受到一股强冷空气影响,东北风将会直接影响船舶计划航线,AWT 经过慎重分析各可行航线上的天气状况,决定向船长推荐一条航程虽较长但航行时间较短的航线。该航线从新加坡沿着巴拉望航道经危险地带东面和台湾东面直驶中国目的港,如图 2-12 中的东侧航线所示。

(三)分析结论

AWT 的事后分析报告表明,虽然推荐航线航程较最短航线长约 120 n mile,但因为避过东北风的直接影响,天气因素造成的失速只有 -0.7 kn,相反在最短航线上,天气因素造成的失速平均达到 -3.5 kn。因此,AWT 推荐航线比计划航线实际能节省大约 2 天的航时(如

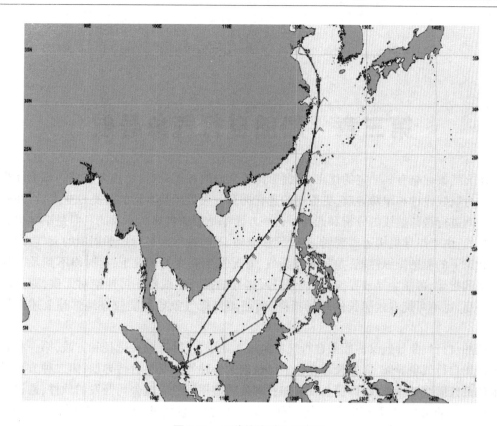

图 2-12 两种航线对比示意图

表 2-5 所示）。

表 2-5 最短航线与 AWT 推荐航线比较

	最短航线	AWT 推荐航线
距离（Distance）	2505 n mile	2632 n mile
时间（Time En Route）	256.2 h	202.7 h
平均航速（Average Speed）	9.8 kn	13.0 kn
洋流因素（Current Factor）	−0.2 kn	0.2 kn
天气因素（Weather Factor）	−3.5 kn	−0.7 kn
实际航速（Performance Speed）	13.5 kn	13.5 kn

通过横渡大洋船舶的实践验证，气象导航公司推荐的气象航线是可信的，基本达到了安全、准时、经济的效果。

第三章　船舶自行气象导航

岸上气象导航有其一定的优点,它拥有比较全面的各类资料,使用大容量的高速计算机系统进行航线设计和跟踪导航,更重要的是它拥有一大批经验丰富的各类专业人员,并有充分的时间进行最佳航线的分析和选择。这些方面都是船舶自导所不及的。但是岸导也有其不足之处,由于岸导机构远离现场,有时无法准确、及时地掌握被导船舶周围的天气、海况和当时状态下的船舶操纵性能,尤其是在天气、海况发生突变的情况下,有时得不到及时的通信联络和指导,可能会导致导航失败。另外,岸导的推荐航线也不可能绝对无误,即使准确率相当高,也不可能取代船长的现场指挥,而船舶自行气象导航能较好地弥补上述岸导的不足。

船舶自行气象导航又称船舶自行气象定线。如今,自导有两种途径和方法,第一种是传统的船舶自行气象导航,即船长靠在船上可获取的各种气象资料自行导航;第二种方法是使用船舶最佳航线选择系统,即船长或船舶管理公司使用气象导航公司开发的软件,通过互联网获取最新的水文、气象资料及天气、海况预报,根据航行任务,通过计算机计算出最优航线,从而实现自行气象导航。

第一节　船舶自行气象导航

传统的船舶自行气象导航,即船长根据水文、气象资料,各种气象传真图,天气报告和现场观测资料及本船各种性能等综合分析,确定本船的最佳气象航线。船舶自导虽然在设备、资料和人员上远不及岸导,但自导亦有几个主要优点。其一,船舶自导具有灵活主动性,因为船长十分熟悉本船的各种性能,并亲自分析天气形势和现场情况,这使船长在任何时候都不失主动,不受限制,并能充分发挥船长灵活指导航行的主动权。其二,船舶自导无须支付导航费。其三,即使船舶接受岸导服务,自导也可帮助船长充分理解岸导定线意图,从而积极配合岸导,弥补岸导的不足之处,相互取长补短,使航行效果达到最佳。

船舶自行气象导航自古有之,只是由于历史的原因和技术条件的限制,以往船舶的自行导航主要是利用气候条件来进行的,严格地说是以气候资料为基础的气候导航。如今的自行气象导航则是以现代化科学技术为基础,以短、中期天气预报为主导,同时考虑气候状况的导航方法。两种导航方法有一定的区别。

为了使航海技术专业的学生和广大船长及其他驾驶人员对船舶自行气象导航有比较系统的了解,本节对传统的船舶自行气象导航的条件和方法做一简单介绍,仅供参考。

一、船舶自行气象导航条件

(一)船长条件

在船舶自行气象导航中船长是起决定性作用的。因此,自导的船长必须具有丰富的航海知识和航海经验,尤其应具备良好的海洋、气象知识,并能熟练识别、分析、应用各种气象传真图;熟悉航行海域的天气资料和气候资料的获得途径及应用;熟悉本船的各种设备性能和本船的船舶运动性能;在遇到特殊情况时,船长应具有果断的决策和指挥才能。

(二)船舶条件

自行气象导航的船舶要有坚固良好的船体结构和较小的船龄;主机性能良好,并能保证连续正常运转;货物配载要合理,稳性良好,并能较长时间抗御大风浪航行。因为在航线设计中,有时要闯短时间的大风浪区,为保证船舶航行安全,要掌握本船的抗风浪上限,对于超过上限值的海域一定要避开。

(三)仪器配置

自行气象导航的船舶要配备较先进的助航设备,如卫星导航系统、两部能正常工作的雷达、气象传真接收机、NAVTAX、GMDSS 系统、卫星通信系统等,特别是气象传真接收机,自导过程中的海洋、气象资料主要靠它来获得。所以,要求船上的气象传真接收机必须具有良好的工作性能和较高的灵敏度。

(四)船舶自行气象导航必备的气象和海洋资料

1. 各种天气、海况传真图资料

①地面实况分析图和不同时效的地面预报图(每日四个时次,至少接收一个时次)。

②波浪实况分析图和波浪预报图(每日四个时次,至少接收一个时次)。

③各层高空实况分析图和预报图(850 hPa、700 hPa 和 500 hPa 图,每日两个时次,至少接收一个时次的 500 hPa 图)。

④卫星云图。

⑤台风或飓风警报和预报图。

⑥风暴路径图。

⑦冰况图。

⑧各种气候图。

其中最常用的气象传真图是地面图和波浪图,包括实况分析图和预报图。这两种图是船舶自行气象导航必备的基本天气和海况图,其他一些图可视当时的航行条件有选择地接收。

2. 航区气候资料

如风、浪、流的平均情况;低压及风暴的频率和路径;海雾的分布及冰情等。这些资料可以从各种航海图书上查得,如《世界大洋航路》《航路指南》《引航图》等。如能有更详尽的资料则更好,例如美国国防出版局第 152 号出版物 *SAILING DIRECTIONS*（*PLANNING GUIDE*）*FOR THE NORTH PATIFIC OCEAN* 对北太平洋气候状况描写得非常详尽,它是选择北太平洋气象航线较好的参考资料之一。

(五)船舶各种其他资料

自导船舶除必须具备一定数量的气象和海洋资料外,还必须具备本船的各种性能资料:如船舶运动性能曲线图,即船舶在不同风浪情况下的失速曲线图;船舶不同装载和不同风、浪情况下的稳性变化;船舶极限抗风能力等。这些都是船舶自行气象导航必不可少的资料。

二、船舶获取气象信息的方法与途径

船舶获取气象信息的途径很多,如气象传真广播、NAVTEX、INMARSAT、互联网等。气象传真广播的覆盖范围几乎遍及全球各海区,船舶可以通过船载气象传真机按时接收航区邻近国家气象传真台发布的高质量的各种气象传真图;船舶在沿岸附近可以利用 GMDSS 系统中的 NAVTEX 接收到临近海岸电台播发的天气报告或警报的文字信息,如果船舶远离陆地,可以通过 INMARSAT-C 的增强群呼(EGC)功能接收所在洋区卫星播发的天气报告和天气警报,NAVTEX 和 INMARSAT 无法覆盖的区域可以使用 HF-NBDP 接收天气信息;部分港口海岸电台也会在 VHF 或者 HF-SSB 上播发语音天气信息;船舶驾驶人员可以在船上登录全球互联网,实时查阅、下载所需海域更详细的气象和海况信息;船舶在近岸或港口附近作业时,可以收听当地广播、收看电视传播的气象信息。

(一)气象传真图的获取

气象传真图通过无线电传输天气和海洋图像信息,是完全免费的,由于它具有直观性好、简单明了、图像覆盖范围大、资料连续性强、便于综合分析应用和长期保存等特点而得到广泛的应用。目前,海上船舶接收到的气象传真图大多属于数值预报产品,可信度较高。气象传真图在航海中的有效应用,很大程度上改善了船舶的航行条件,减少了因恶劣天气和海况引起的海难事故,为船舶的安全航行起到了一定的保障作用。

船舶可以根据需要,利用船上的气象传真接收机有选择地接收各国气象部门发布的气象传真图,具体信息可查阅英版《无线电信号表》第三卷 NP283(1)和 NP283(2)两本分册,其中 NP283(1)分册覆盖欧洲、非洲和除了远东地区的亚洲,NP283(2)分册覆盖大洋洲、美洲和远东地区。在查阅时,首先要知道船舶所在的海区,按照海区查阅相应分册,查阅时根据传真台站索引图确定船舶附近的气象传真台站名称,再翻阅到后面的索引页,根据传真台站名称确定对应的页码,里面会详细列出发布台站的呼号、使用频率、发射时间、发射内容及节目表等台站信息。然后,按照所查到的信息调整气象传真接收机的频率,在相应时间接收所需要的气象传真图。例如,船舶航行在靠近新西兰的南太平洋海域,这时需要查阅《无线电信号表》第三卷 NP283(2)分册,通过索引图查得离船舶较近的气象传真台站有 Auckland 和 VMC Charleville,如果船舶需要接收 Auckland 站的气象信息,在 NP283(2)分册后面的索引里查得它的页码为 45 页,翻到分册第 45 页就可以获得此台站的相关信息。

（二）天气报告和警报

目前,世界各国在按国际海事组织(IMO)和世界气象组织(WMO)所划定的海区范围内都有指定的海岸无线电台(Coast Radio Station)广播海上天气报告和警报。海上作业的船舶可利用 NAVTEX 或 INMARSAT-C 站接收临近海岸电台发布的相应海区的天气报告或警报。

（三）互联网站气象信息的获取

在全球互联网上发布气象信息的网站特别多,几乎每个气象台站都有自己的网站。每个气象网站发布的气象信息均包括实况和预报两种信息。信息内容有文字描述的,也有表格形式的。能够登陆全球互联网的船舶,在相关气象网站上获取的天气和海况信息比传真接收机和 NAVTEX 接收的信息更丰富、全面和精细。这种传播方式的天气图具有快速、彩色、高画质和动态等许多优点,发展前景十分广阔。以下是东亚及太平洋地区几个主要气象网站的网址:

http://www. wmo. ch/index-en. html	（世界气象组织）
http://www. cma. gov. cn/	（中国）
http://www. imocwx. com/	（日本）
http://www. kma. go. kr/kmas/kma/english/main. html	（韩国）
http://www. cwb. gov. tw/V4/	（中国台湾）
http://www. weather. org. hk/chinese/	（中国香港）
http://www. opc. ncep. noaa. gov/	（美国）
http://weather. gmdss. org/index. html	（世界气象组织 GMDSS 天气报告）
http://www. nmefc. gov. cn/haibing/niandetail. aspx	（国家海洋局环境预报中心海冰预报）

通过以上网站还可以链接到许多其他气象网站。

三、船舶自行气象导航的一般步骤

船舶自行气象导航的一般步骤基本与岸上气象导航步骤相同,通常可分成三部分:

（一）起航前基础航线的选择

船舶在起航前根据季节,当时月份航行海区的气候状况及中、长期天气和海洋预报,选定一条基础航线。这些气候资料可从前述的各种航海图书中查得,也可查阅一些气候图集。中、长期预报可在始发港向当地气象部门咨询,或利用传真接收机接收一些气象传真台发布的各种时效的传真天气和海况图。

（二）航行途中

航行途中应连续不断地收取各种气象、水文情报,如气象传真图、天气报告等,保持逐日的天气、海洋观测,利用所获得的最新资料来修正航线、调整航速、确定航向。

具体可采用前面所介绍的几种适合船舶自行气象导航的方法,如天气形势分析法、等时线法、动态规划法等。在天气形势分析中,对短期天气和中、长期天气形势要进行综合分析、全面考虑。如果在基础航线上可能会遇到恶劣天气,但估算影响时间不太长,一航次不超过 12~24 h,并且通过对船舶性能资料的分析已确认对船舶、货物不会有太大的损害,估计穿过短时间的不利海域将会迎来大范围有利航行条件,就可以不避开该海域。当然这应由船长根据当时的具体情况来决定。对于那些危及船舶航行安全的海域,应及早采取避离措施,绝不可冒险航行。另外对那些爆发性发展的低压发生频率较高的海域,更应给予高度警惕。

(三)航次结束的总结

航次结束后应做以下几项工作:

①整理制作整个航次逐日航行情况记录表,包括逐日实际风、浪、流的情况,昼夜平均航速及航程,船舶摇摆等情况。

②绘制预选航线和实际航行轨迹图,标出总航程和总航时。

③事后分析自导所采用的航线是否最佳,若采用通常的习惯航线将遇到怎样的情况。

④本航次自导的主要体会(经验和教训)。

航次总结是一项很重要的工作,它不但记录了大量有价值的资料,而且为以后的船舶自行气象导航提供了经验和科学依据,使船舶自行气象导航方法逐步完善。

第二节　应用船载自动导航软件实现船舶自行气象导航

一、自动气象导航软件发展状况简介

上一节中传统的船舶自行气象导航方法虽然应用了一些客观图表和计算方法,但它仍没有完全脱离人的主观分析和经验。因此,最佳天气航线的选择往往还是因人而异,随机性较大,而且船舶自导给船长和其他驾驶员增加了大量的工作。如何使船舶自行气象导航客观化、自动化,已被国内外一些专家所重视。计算机和通信技术的高速发展,为船舶自行气象导航的客观化和自动化提供了先决条件。

对于竞争日益激烈的航运界,天气及海况不仅直接影响船舶安全,而且影响船舶营运的经济效益,衡量营运经济效益的主导因素就是船舶航程、航时和耗油量。传统的气象导航服务只注重船舶安全,不能完全满足现代船舶的营运需求。现代船舶营运要求船长不仅要充分了解船舶在不同载货情况下的船速表现,更应掌握每一特定航程的技术性、经济性的需要。如果船舶配一套专门用于气象航线设计的计算机,有专用软件和适时的气象信息,船长可简单地、快捷地对不断改变的外在气象、海洋环境因素加以评估,在航线设计和实时导航方面为船舶取得更大优势。

近年来,许多大的气象导航公司相继推出了更为现代化的船舶自动导航系统,如 AMI 气象导航公司的 AMI SEAWARE ROUTING,AWT 气象导航公司的 BON VOYAGE SYSTEM (BVS)等。BVS 软件是由美国 AWT 公司研发的新一代船舶全自动海洋气象导航系统。BVS 的设计理念就是结合海洋气象信息显示和航线设计功能为船长提供一种互动的应用软件系统。船长只需把软件安装在驾驶台的计算机中,经通信卫星下载 AWT 以电子邮件附件形式传送的实时天气实况信息和长达 10 天的所需洋区的短、中及长期天气和海况预报信息,BVS 就会以彩色图形的方式将天气和海况数据显示在计算机屏幕上。船长通过系统的航路设计功能设计出满足不同要求的计划航线,并在设计航线上直接查看每天的天气和海况(包括气压、锋面、台风、风速、风力、浪高、涌浪和洋流)的变化。系统同时显示各种自然因素对船舶自身的相对速度及冲击角度的影响程度,并自动推算出船舶在计划航线上能达到的速度、航程及预计抵港时间。BVS 具备自动航线优化功能,这是气象、航海和计算机专家长期研究的成果。自动航线优化的运算程序考虑了气象预报、各种天气及海况对特定船体的航速性能的影响和用户指定的环境因素限制,如最大浪高不能超过某指定高度等。通过天气和海况数据更新,BVS 系统可以根据设定的预计离港时间和航速,模拟出一条最佳航线,然后,推算出航线的大概航程、预计到港时间、平均速度、天气及海洋因素造成的增减值。船长可以利用 BVS 的航线比较功能,把自己设计的计划航线(可多于一条)和 BVS 的优化航线进行比较,考虑船舶的自身特点,是否需要避开某种恶劣海况的区域,是否要配合船上某种操作,进一步微调,最后决定采用哪一条航线。

　　BVS 系统的优点主要是可以促进航行安全,降低天气风险,它实时的气象数据下载功能让船长可以预知将来的天气情况,及时做出正确的决定,避免因天气而引起的货损、船损和人员伤亡。BVS 的航线设计及比较功能使船长能从不同航线中选出最佳的航线,再参考中、长期天气预报,评估各航线上各种天气和海况的影响情况,从而得出最适合的航线,节省航程和时间。使用 BVS 系统,可使船长获得详细及准确的天气预报,使船舶在航行中保持经济和稳定的船速,准时抵达目的港,避免因追赶航程,在部分航区上运用全速航行而浪费燃料。BVS 提供给船长全球 10 天天气预报,除了主要的天气及海况数据,也提供其他海洋气象相关信息,例如冰况、海水温度、世界港口天气预报及全球官方发布的海洋天气报告等。

　　无论是岸上气象导航还是船舶自行气象导航,就目前的导航水平而论仍存在某些各自的欠缺和不足,设想若将两者结合起来应用定能收到最佳的导航效果。岸导机构把制定好的最佳航线提供给船舶,船舶在实际航行过程中不断地将现场观测的天气、海况、船位、船舶状态等资料及本船对未来航线分析意见电告岸导机构,岸导机构根据船长分析意见,结合最新的天气、海洋实况资料和预报资料进行综合分析研究,对照原定的气象航线,若发现出入很大,便可及时对原推荐航线进行修改。这样就极大地发挥了岸-船双方的优势,相互弥补不足之处,就可达到船舶气象导航的最佳效果。

二、自动气象导航软件实例简介

　　下面通过 AWT 公司设计的 Bon Voyage 系统,了解如何在船上应用导航软件实现船舶自行气象导航。

(一)Bon Voyage 系统简介

　　BVS 软件是由美国 Applied Weather Technology 公司研发的新一代船舶自行气象导航软件。其设计理念是希望给船长提供一种结合气象资料显示和航线设计功能的互动应用系统。只需将 BVS 软件安装在船上用于对外通信的电脑中,船长便可以通过电子邮件的附件来下载全球各个洋区的短、中、长期气象及海况预报。BVS 的气象和海况资料会以彩色图形的形式显示在电脑屏幕上,配合系统的航线设计功能输入计划航线,船长可以方便、直观地查询其中每天的气象和海况的变化。BVS 同时具备了航线优化功能,该功能是 AWT 的气象、航线分析和电脑等方面的专家经过长期研究所得的成果。通过气象和海况资料更新,系统可以根据设定的预计离港时间和航速,模拟出一条最佳航线,并推算出该航线的大概航行距离、预计到港时间、平均航速、气象及洋流因素。船长可以将自己输入的计划航线与系统推算的最佳航线进行比较,结合船舶自身的特点、需要避开的某些恶劣海况等其他因素,从而决定采用哪条航线。此外,岸上装有 BVS 配合船用,可以方便海监部门对装有软件的船舶进行航线跟踪和恶劣天气预警。在保障船舶安全的前提下,提高船舶管理绩效。

BVS 提供下列各种预测信息:表面气压等高线和高/低气压的中心压力;风力和方向;浪高和方向;涌高和方向;锋面(冷锋、暖锋等);动态洋流;热带风暴轨迹,最大风力和强风风力的半径范围;500 hPa 的高空气压等压线;冰山、浮冰、船体结冰预报;能见度;卫星图片;海水温度;世界港口天气预测;全球官方海洋天气预报;海盗信息;异常海浪预报。除表面气压、风和波浪的预测信息建议必须下载外,以上其他各项,船长都可以根据实际需求选择下载,以节省通信成本。BVS 气象数据通过压缩的电子邮件附件(最大容量 200 kb)传送到船舶。

BVS 提供的主要信息和功能列举如下:

1. 气象及海况资料

Bon Voyage 提供包括下列 12 种气象及海况的分析和预报信息,如图 3-1 至图 3-12 所示。

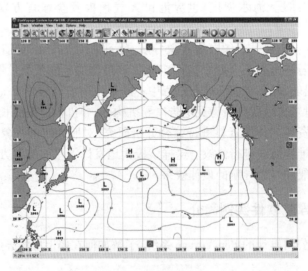

图 3-1 地面气压场

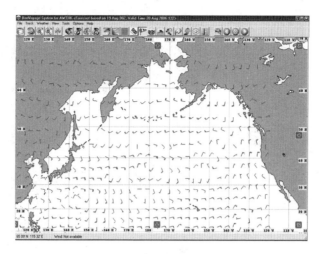

图 3-2 风场、风向和风速

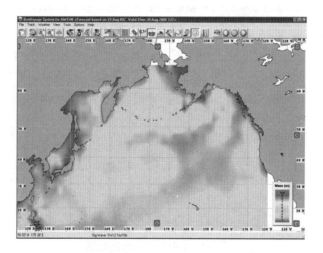

图 3-3 浪场

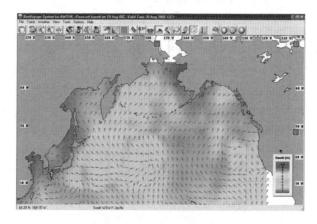

图 3-4 涌高和涌向

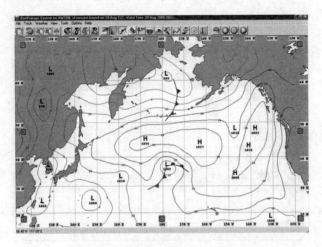

图 3-5　锋面

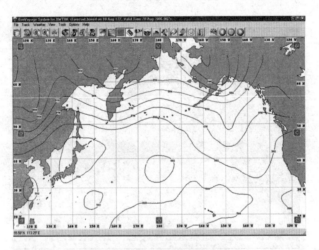

图 3-6　500 hPa 等压高度场

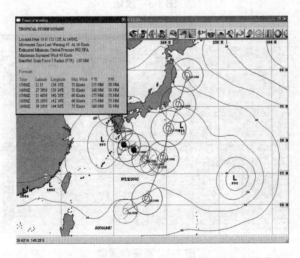

图 3-7　热带气旋路径,最大风力及其影响范围的半径

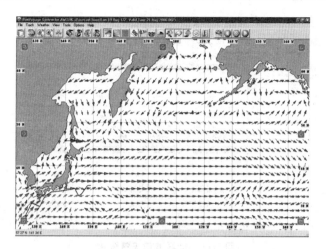

图 3-8　海流

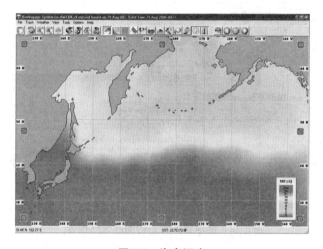

图 3-9　海表温度

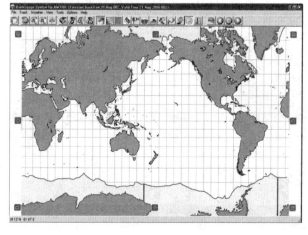

图 3-10　冰况

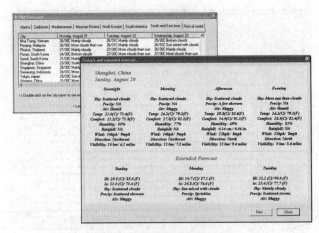

图 3-11　世界港口天气预报

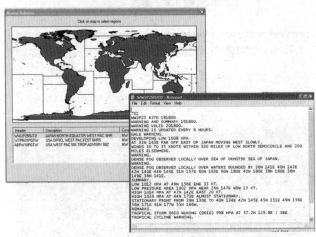

图 3-12　全球官方发布的海洋天气报告

2. BVS 系统主要功能

航线设计、优化及比较功能如图 3-13 所示,三天航程资料如图 3-14 所示。

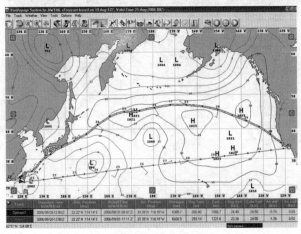

图 3-13　航线设计、优化及比较功能

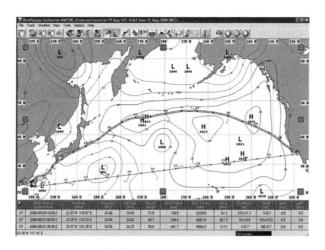

图 3-14　三天航程资料

详细航程报告及热带气旋距离预警如图 3-15 所示,航线天气快速预览如图 3-16 所示。

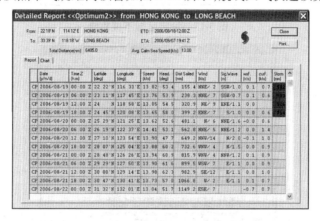

图 3-15　详细航程报告及热带气旋距离预警

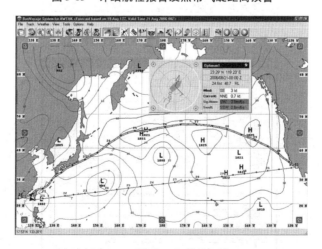

图 3-16　航线天气快速预览

3. 数据下载功能

设定区域下载功能如图 3-17 所示,选择预报日数及下载数据项目功能如图 3-18 所示,定时下载设定功能如图 3-19 所示。

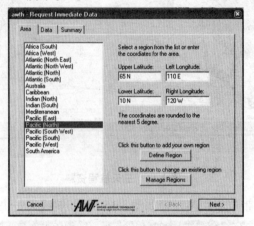

图 3-17　设定区域下载功能

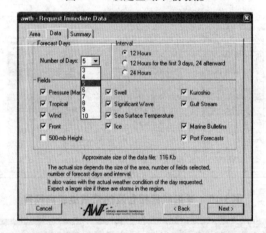

图 3-18　选择预报日数及下载数据项目功能

图 3-19　定时下载设定功能

(二)Bon Voyage 系统使用实例

A 船为一艘装载 4000 个 20 尺标准箱的集装箱船,船上安装了 BVS 系统。预计在 2006 年 8 月 16 日 12 时(格林尼治标准时间)从香港起航,横跨太平洋,驶往美国西岸洛杉矶港。船长为了了解大概的天气情况,在香港当地时间 8 月 15 日中午下载了北太平洋海区的气象数据。船长利用 BVS 系统的航线优化功能,把航程数据输入系统,把离港时间设定为 2006/08/16 12:00Z 及航速设定为 20.0 kn。BVS 系统还允许船长设定最高风力和浪高限制参数,船长把最高风力限制设定为 BF/8 和最高浪高限制设定为 5 m,这样 BVS 系统在计算优化航线的时候,就会避开超过 BF/8 风力和 5 m 浪高的海区,如图 3-20 所示。

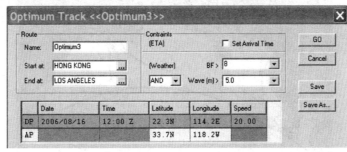

图 3-20　Bon Voyage 系统使用界面图

根据系统的运算,优化航线(如图 3-21 所示)是从香港往北航行,经过台湾海峡、日本九州岛南面,沿大圆航线到 45°N,169°E,然后再航至 45°N,150°W,最后抵达洛杉矶。全部航程大约 6428 n mile,航时 315 h,预计平均航速 20.4 kn,天气因素的增值是 −0.24 kn,洋流因素的增值是 0.64 kn。预计到港时间是 29/08/2006 15:09Z。

为了比较航线的优劣,船长自己输入了另外一条航线:经过台湾南面,沿恒向线航行到洛杉矶(如图 3-22 所示)。这条航线航程为 6838 n mile,航时要比优化航线多 32 h,天气也较恶劣。预计到港时间是 30/08/2006 23:05Z。

因为船东要求在 29/08/2006 20:00Z 之前到达洛杉矶,为了赶上船期,船长决定采用优化航线。

8 月 17 日,A 船通过台湾海峡,船长在当天中午更新了气象数据。根据系统运算,优化航线的距离、天气、洋流因素和航向基本没变。但是,前面有一个低压会朝东北方向移动,预计它的移动速度将不会对船舶造成影响(如图 3-23 所示),低压中心气压 996 hPa。预计到港时间大概提前 2 h,即 29/08/2006 12:48Z 到港。

在恒向线航线上,因为预计会遇到 WSW/2 ~ 3 m 的涌浪,平均航速从先前的 19.9 kn 下降到 19.1 kn,预计到港时间推迟到 30/08/2006 00:29Z。

8 月 18 日,更新数据显示,台风"悟空"将会经过日本九州岛及朝鲜海峡,由于台风移速改变,如果 A 船保持原航线,预计将于 18/12Z 受到台风影响,船舶距离台风中心只有 200 n mile。因船期关系,船长认为减速或停航可能赶不上在 8 月 29 日到达洛杉矶,因此,船长立即更改航向沿恒向线航行至 30°N,然后再沿大圆航线航行至洛杉矶。

船长把新计划的航线输入 BVS 系统,利用更新数据分析航行时间,比较分析显示从当时船位沿恒向线航行至 30°N,再行驶大圆航线,剩余距离为 5483 n mile,平均航速可达

20.2 kn,天气及洋流因素大致与最初的优化航线相似,而且预计到港时间为29/08/2006/19:43Z。

8月20日,A船船位在36°N,146°E,船长下载了19/00Z气象数据,系统再次更新了航线数据,最新数据显示,天气及海况属于正常,并没有潜在恶劣天气发生,预计到港时间仍维持在29/08/2006/19:00Z。

经过多次气象数据的更新,船长反复比较分析航线的天气情况,A船最终在29/08/2006/13:00Z到达洛杉矶港。

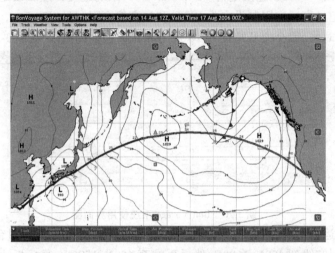

图 3-21　14/08/12Z 气象数据

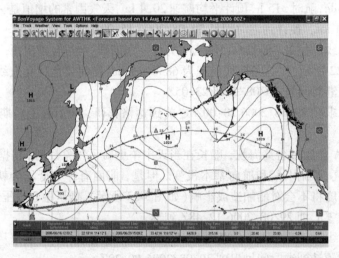

图 3-22　14/08/12Z 气象数据

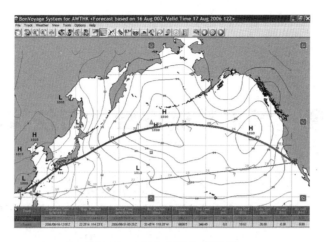

图 3-23　16/08/00Z 气象数据

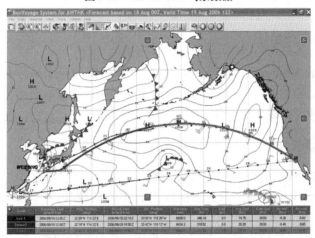

图 3-24　18/08/00Z 气象数据

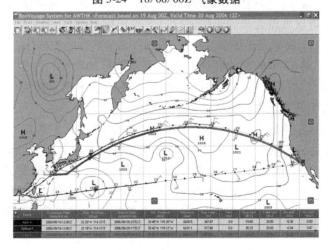

图 3-25　19/08/00Z 气象数据

第四章　气象导航安全性与法律地位

第一节　气象导航的安全性与经济效益

一、气象导航的安全性

狂风、巨浪、暴雨、浓雾等恶劣天气和海况,常常严重威胁船舶航行安全。因此,最大限度地保障船舶安全是船舶航行的基本要求,同时也是船舶选择航线时必须考虑的首要问题。气象导航的安全性主要体现在以下几个方面:

(一)重大海事事故减少

多年来,在季节性气候航线(习惯航线)上航行的船舶,由于各种恶劣天气和海洋因素的影响所造成的海事事故仍相当严重。据国际上有关资料统计,在气象导航未普及使用的1967—1975年间,世界上载重量为5000 t级以上的船舶,由于各种天气原因造成全船损失的数目为138艘,年平均船舶损失率为0.13%。采用气象导航的船舶,由于天气和海洋因素而引发的重大海事显著减少。据美国OCEAN ROUTES气象导航公司统计,该公司从事气象导航的25年里为6万艘次横渡大洋的船舶进行过气象导航,仅有2艘船舶损失在其推荐的气象航线上,年平均船舶损失率为0.02%。可见,采用气象导航后船舶航行的安全性大大提升。

美国斯坦福大学对15万艘跨大西洋和跨太平洋航行的船舶所发生的海事事故进行的研究结果表明,接受气象导航的船舶的严重海事事故发生率比未接受气象导航的船舶低14%,一般海事的发生率则比未接受气象导航船舶低54%。

我国国家气象中心气象导航系统自从建立以来圆满完成了为航行于全球各海域的1000多艘次船舶提供的气象导航服务,为中国南极考察船5次赴南极环球航行提供了气象保障。根据对接受气象导航服务的471艘船舶的随机统计,471艘船的总航程达330万海里,总航行天数为10 799天,其中遭遇8级以上大风的天数仅有105.5天,占总航行天数的0.97%,而出现5级风以下的则占83.5%。可见接受导航的船舶受恶劣风浪袭击的机会比较小,安全系数较高。

(二)船损减少

从全程的效果来看,采用气象导航可以大大改善航海环境条件,使船舶最大限度地规避恶劣天气区,特别是船舶在顶浪航行时,持续的首底浪击可使累积的船体损伤变得更加严重,有时甚至会造成船体断裂。计算表明,在风暴条件下,浪对船体的冲击力可超过 20 t/m²。美国海事气象处对大西洋海域 6 年的恶劣天气及其破坏效应进行了研究,在遭遇 10 ft(3.05 m)高海浪的情况下,一艘船每日遭受的破坏损失费用为 14 美元;当浪高增至 20 ft(6.1 m)时,则每日遭受损失费用增加 100 倍;浪高增至 30 ft(9.2 m)时,则每日的受损费用超过 30 000 美元。同时浪高每增加 1 ft,遭受破坏的可能性便增加 59%,即潜在修船费用随之上升约 60%。在浪高升至 18 ft 以上时,其破坏效果尤为显著,其中由于顶头浪、横浪造成的船舶损害更大。因此,船舶在大浪中航行不但有一定的危险,而且也难以取得理想的经济效益。气象导航能使船舶减少遭遇顶头浪的机会,尽量避开危害船舶航行安全的恶劣天气区和恶劣海况区,从而减少风浪对船体的损害。

(三)货损降低

船舶采用了气象导航,航行环境得到了极大的改善,不但减少了船损,货损率也大大降低。以前,在气候航线上跨洋航行的商船,由于受恶劣天气和海洋因素的影响,货损事故经常发生,造成较大的经济损失。据我国某远洋运输公司统计,没有采用气象导航以前,该公司的船舶冬季由加拿大返航,沿中纬度的气候航线航行,大部分船舶都会遇到顶头的大风浪,海水经常淹没船舶前半部的舱口,使不少船舶的货损十分严重。采用气象导航后,船舶货损率显著降低。据美国一位船舶所有人表示,他的船舶在接受气象导航服务之前,在跨洋航行中货物破损率为 35%,采用气象导航后,货物破损率减少到 7% 以下。

船舶采用气象导航,在很大程度上改善了航行条件,从而使其安全性得到了很大提高,货损率、船损率大大降低。大量的实践证明这是无可置疑的,这也是气象导航越来越为更多的航运界人士和航海家们所接受的主要原因。

二、气象导航的经济效益

气象导航的另一个重要目的是降低营运成本,提高经济效益。气象导航能充分利用有利的天气和海洋环境,如顺风、顺浪、顺流等,以此来提高船速或使船舶失速降到最低限度,以达到缩短航时、降低营运成本和提高经济效益之目的。

20 世纪 50 年代初期,气象导航侧重于避免船舶受损和保障船舶安全。近年来由于全球能源危机,燃料价格不断上涨,世界海运业的竞争越来越激烈,一些海运公司因此而倒闭。在这种形势下,气象导航的经济效益如同其安全性一样越来越被重视了。

气象导航的经济效益主要体现在缩短航时、减少燃料消耗上,同时航行环境的改善,使船损、货损减少也是一项重要的经济效益。气象导航的经济效益很难用精确的数字计算出来,这是因为导致获得这些经济效益的因素不仅取决于外界客观的气象和海洋条件,而且还存在纯粹的主观因素。例如:这些效益决定于人们对技术安全规则的遵守程度、货物本身的性质、船舶装载情况及船员自身素质等。所以,我们只能用某些方法来做定性的估算。

通常采用的方法是将一条接受气象导航的船舶和同航线上没有受气象导航的船舶相比较。另外还可以通过船舶沿气象导航推荐的最佳天气航线航行的时间与计划的习惯航线航行的时间相比较来进行评估。当然,除此之外还可以采用和其他类型的航线(如大圆航线、恒向线等)进行比较的方法。

采用气象导航所带来的经济效益主要体现在以下几个方面：

(一)缩短航时

气象导航充分利用有利的海洋环境因素来缩短航时。缩短航时的办法有两方面，一是使航程尽量短而合理；二是尽量避开航行途中的强风、巨浪，特别是顶风、逆浪的海区，充分利用顺风、顺浪、顺流等有利条件。

据统计，船舶采用气象导航后，航行中遭遇顶风、顶浪的机会大大减小，而顺风顺浪的机会在 60% 左右，同时航程也有较大程度的缩短。如在北太平洋跨洋航行中采用气象航线，航程一般要比中纬度航线缩短 500 n mile 以上，最优时甚至缩短 1000 n mile 的航程，进而也大大缩短了航时。

(二)节省燃料,降低成本

通过气象导航为船舶选择比较合理的航线，能达到缩短航时的目的，同时，航时的缩短又会带来燃料的节省和运输成本的降低。若将采用气象导航推荐的经阿留申群岛、白令海高纬度航线与习惯上采用的中纬度航线相比较，气象航线节省的时间则可用天数计算，节约的燃料成本则更加可观。

我国某远洋运输公司近几年来采用气象导航获得了很大的经济收益，过去该公司的船舶在加拿大、美国—中国的西航中大都采用中纬度习惯航线，不仅航线长，而且经常遭遇顶风逆浪，几乎每条船都有船损、货损。航时最短为 21 天，最长达 29 天，平均 23 ~ 24 天。采用气象导航后，航程和航时都大大缩短了，最短航时仅为 15 天，平均缩短 4 ~ 5 天，仅燃料费一项单航次节省的费用就非常可观。由此可见气象导航的经济效益是非常显著的。

目前世界上仍有相当多的船舶，对于冬季跨洋航线选择(北太平洋、北大西洋)采用 30°N ~ 35°N 附近的中纬度习惯航线，由于天气和海况的影响以及航程的增加，其航时大大增加。某气象导航公司曾对由美国加利福尼亚州到日本的 7 个实际航次进行了分析比较，他们均未采用气象导航，与同期同样由加州到日本采用气象导航的船舶相比较，其结果见表 4-1。

从表 4-1 中可以看出，实际航程比气象导航推荐航线的最短航程多 436 mile，比气象导航推荐航线的最长航程多 872 n mile，平均多 639 n mile，损失航时最少达 34 h，最多达 77 h，平均为 51.7 h，若按每小时耗油 1.5 t，燃油价格按每吨 400 美元计(2012—2016 年燃油价格波动较大，大致在 200 ~ 600 美元)，即每条船每个单航次平均多耗油费为 30 000 多美元。航行时间损失不完全是由于航线拉长造成的，其中 50% 以上是由于天气和海况原因使船舶失速而造成的。

表 4-1　实际航线与推荐航线比较

NO	航线类型	起止地点	起航日期	平均航速/kn	距离/n mile	航行时间/h	失速/kn	航线状况	多行距离/n mile	损失航时/h
1	实际	奥克兰—东京	12月8日	19.0	5240	276	1.9	35°N—27°N	653	38
	推荐			19.3	4587	238	1.6	白令海		
2	实际	旧金山—大阪	12月15日	15.0	5340	357	2.3	30°N—28°N	531	69
	推荐			16.7	4809	288	0.6	白令海		
3	实际	洛杉矶—釜山	12月20日	17.8	6001	338	2.3	30°N	703	77
	推荐			20.3	5293	261	1.4	白令海		
4	实际	旧金山—横滨	12月28日	19.3	5486	285	1.6	25°N	872	51
	推荐			19.8	4614	233	1.1	白令海		
5	实际	奥克兰—横滨	1月7日	16.1	5463	340	1.5	29°N—27°N	621	46
	推荐			16.5	5842	294	1.1	白令海		
6	实际	洛杉矶—横滨	1月3日	17.6	5357	305	1.8	29°N	436	34
	推荐			18.2	4921	271	1.2	白令海		
7	实际	奥克兰—神户	1月17日	15.6	5453	350	3.0	27°N	655	47
	推荐			15.8	4798	303	2.8	白令海		

例如:我国某远洋运输公司两艘同类型的船舶 A 船与 B 船,同样从加拿大太子港满载返航回国,A 船采用了美国气象导航公司推荐的气象航线沿经纬度航行,经白令海返航,使用经济航速 11.6 kn,航行 16.6 天抵秦皇岛港。B 船比 A 船提前 11.9 天起航,采用了中纬度的习惯航线返航,结果航行了 29 天才到达青岛港,比 A 船多航行了近 13 天,而且 B 船一路上顶着狂风、恶浪航行,船舶严重损坏,航修 20 多天,货损多达 2000 t。

当然这只是一个典型例子,这种情况不一定普遍存在,但总的来说气象导航的经济效益是非常显著的。

(三)其他经济效益

除上述之外,气象导航还有一些其他方面的经济效益,也被航运实践所证明。

在航运业务中经常会遇到签订有时间限制的运输合同,尤其对航次承租的船舶,有时货主要求受租船舶按合同指定的日期到港装卸货,若逾期不到,则要赔偿滞期费或取消运输合同。这样必然会对营运公司的经济效益产生一定的影响,甚至影响到公司的信誉。

据有关部门统计,凡接受气象导航的船舶中有 93% 的船舶提前或准时抵达目的港,而没有接受气象导航的船舶中却有 38% 的船舶晚于预定船期到达目的港。可见采用气象导航能够提高船舶到港时间的准确性,尤其对于那些要求使用专用码头装卸货和严格按计划使用吊车的特种船舶与集装箱运输船舶来说,采用气象导航是极为有利的。

另外,对于一些赶潮水的船舶来说其意义就更大了,错过一次潮水,时间上就要损失几到十几个小时。可见跨洋航行的船舶采用气象导航在很大程度上可达到安全、经济、准时的航行效果。

三、气象导航可以减少温室气体排放

气象导航在缩短航时、减少燃料消耗、提高经济效益的同时,也减少了大气污染物的排放量。2011 年 7 月,国际海事组织(IMO)通过了包含国际海运业务减排二氧化碳内容的《国际防止船舶造成污染公约》附则Ⅵ修正案。《国际防止船舶造成污染公约》是以防止油轮触礁及海上排放等造成海域污染为目的的国际公约。于 2005 年生效的附则Ⅵ是旨在防止船舶造成大气污染的规则,一直对氮氧化物(NOx)、硫氧化物(SOx)进行管制。从地球环境的角度来看,不能忽视船舶航行时所排放的温室气体对全球环境的影响。国际海事组织称,2007 年从事国际海运业务的全部船舶中商船二氧化碳排放量高达约 9 亿吨。国际海运在世界总排放量中已占到 3% 左右,而且海运量还随着世界经济的增长及贸易的增多而增加。国际海事组织预测,如果不采取特别对策,因航运业而产生的碳排放量到 2030 年将增加到 15 亿吨,到 2050 年将增加到 30 亿吨。国际海事组织的方针是继续推进商船采取减少碳排放量的举措,并已开始探讨追加引进经济处罚规定。

IMO(MEPC 58/INF. 21)最近的研究指出,为减少船舶向大气中排放污染气体而可供采取的措施之一就是使航行船舶采用气象导航服务。通过气象导航服务为船舶提供良好海况和有利的海流条件,使之及时到达目的地,由此减少船舶 2% ~ 4% 的燃油消耗,同样减少了 2% ~ 4% 的温室气体排放。

四、气象导航的安全性被国际海事组织所认可

国际海事组织对气象导航技术的可靠性给予了充分的肯定。该组织曾于 1983 年 11 月 17 日通过决议,建议各航海国推广使用气象导航技术,争取更好的航行安全。

国际海事组织的决议原文如下:

INTERNATIONAL MARITIME ORGANIZATION

A13/Res,528

ASSEMBLY – 13TH session

1 May 1984

Agenda item 10(b)

IMO

RESOLUTION A,528(13)

Adopted on 17 November 1983

RECOMMENDATION ON WEATHER ROUTEING

THE ASSEMBLY.

RECALLING Article 16(j) of the Convention on the International Maritime Organization concerning the functions of the Assembly in relation to regulations concerning maritime safety.

BEING AWARE of the damages and total losses of ships directly or indirectly caused by meterological and oceanographic factors.

RECOGNIZING that weather routeing advice is available to shipping in the form of recommended "Optimum routes" for individual crossings of the oceans.

BEING OF THE OPINION that the practice of weather routeing has proved of benefit to ship operations and safety as well as to their crews and cargoes.

RECOGNIZING that the final decision regarding the ship's navigation rests always with the master.

HAVING CONSIDERED the recommendation made by the Maritime Safety Committee at its forty-eighth session.

RECOMMENDS Governments to advise ships entitled to fly the flag of their States of the availability of weather routeing, particularly that published in volume D of WMO provision No. 9 which contains a list of official and officially authorized meteorological services providing suchrouteing advice. *

---

* note:A limited number of governmental entities which provide this type of service are contained in WMO publication NO. 9. Existing nongovernmental services can be included provided WMO is supplied with the necessary information.

译文：

国际海事组织

大会第 13 次会议　　　　　　　　　　　　　　　　　　　A 13/决议 528
议事日程号 10(b)　　　　　　　　　　　　　　　　　　1984 年 5 月 1 日
　　　　　　　　　　　　　　　　　　　　　　　　　　　　正本:英文

IMO 决议 A.528(13)
1983 年 11 月 17 日正式通过
推荐气象导航

本届大会：
　　回忆与海上安全规则大会作用有关的国际海事组织公约 16 条(J)款，
　　意识到气象和海洋因素直接或间接造成船舶损坏和全损，
　　认识到气象导航咨询以对每一跨洋航次推荐"最佳航线"的形式供航运使用，
　　认为气象导航实践已证明对船舶经营和船舶安全,也对船员和货物有益,
　　认识到关于船舶驾驶方面的最终决定总是由船长做出,
　　已考虑到海上安全委员会在其 48 次会议上作的推荐,
　　推荐各政府通知有权悬挂他们国旗的船舶使用气象导航,尤其是那些在世界气象组织第 9 号出版物 D 册里公布的,该册载有官方和官方授权的提供此类气象导航咨询的气象服务机构。*

---

* 注释:世界气象组织第 9 号出版物载有提供此类服务的有限量的政府实体组织。如果现存的非政府服务机构向世界气象组织提供必要的信息情报,则其也包括在内。

气象导航是一门综合应用科学,它的发展依赖于其他各门学科的发展。其中最关键因

素在于准确的中、长期天气预报和快捷的岸船通信联系。随着气象卫星、大气探测手段、卫星通信、电子技术的迅速发展，以及海洋环境预报准确率和时效的提高，气象导航将会显示出其更大的优越性和更好的效果。可以预计，到那时准确率较高的全程气象导航将完全取代气候导航，远洋船舶更广泛地采用气象导航将是必然趋势，气象导航必将成为船长和驾驶员必须掌握、精通的航海技术。

第二节　船舶使用气象导航注意事项

随着全球航运业的发展，气象导航的应用越来越广泛，气象导航的安全价值和经济效益已被大量的事实所证明。气象导航不但成为重要的海上航行安全保障，也为船东、承租人等船舶管理人和使用人带来巨大的经济效益。因而船长对于气象导航公司的服务应给予足够的信任。由于科技的发展，气象导航服务越来越趋于完善，但气象导航公司众多，提供的服务质量参差不齐，这种情况下不能减轻个人对于船舶安全的责任感，绝不能盲目地依赖，要明确气象导航的实际意义，正确理解气象导航公司推荐航线的意图，积极与之配合，才能获得良好的导航效果。气象导航的服务给船东所带来的好处究竟有多大以及它在船东和承租人争论时是否能保持中立？对于这些问题仍然有疑问，所以，在接受气象导航过程中应注意下列问题。

一、气象导航未考虑船舶实际航行中的应对措施

传统的岸基气导或者一些船上自行气导系统都基于大风浪避离原则，就是通过地面分析图上的低压系统来推算船位，然后设计出推荐航线，气导服务机构通过传真或者电子邮件，简要地告知船长，最终燃油消耗根据航行总天数和每天固定的消耗来确定。这样的航线设计经常没有考虑到航线附近的危险物和传统的大洋安全航线，导致使用者需要手动在电子海图和纸质版海图上不断地修改航线，以保证航行安全。大约50%的气导服务是承租人要求的，结果是气导公司可能最后简单地进行了航次后分析，对于船舶实际航行中如何应对风浪却很少考虑，而承租人和气导公司关于航速的索赔仍基于1805年制定的蒲福风级表，忽略了波浪的周期、方向和浪高对于不同尺寸、不同装载状况的船舶产生的速度影响是不同的这一条件。

船舶航行过程中船速下降可能因为两种情况，一种是因为遇到大风浪等恶劣海况而减速；另一种是由于遇到航行危险物减速或者因担心恶劣天气使船舶出现飞车、甲板上浪等情况对船舶造成危险而采取的主动减速措施。如果气导公司在服务过程中未考虑这两种情况，那么对船速的推算就会不准确，根据不准确的船速而设计出来的未来航线可信度则会明显降低。

二、气象导航的推荐航线不一定不遇大风浪

气象导航的宗旨是为被导航船舶推荐一条尽量减少大风浪和恶劣天气影响的安全经济

航线,但这并非意味船舶在气象航线上航行一定不受大风浪的影响。尤其在冬季,在北太平洋和北大西洋的中高纬度海域,大风浪十分频繁,其影响范围也较广。此时,横跨大洋的船舶要想完全避开大风浪区是不可能的。因此,有时会遇到局部的大风浪(一些气象导航机构认为9级风对一般的远洋船舶来说不会造成危险),这时气象导航机构将根据天气系统、大风浪区的分布和变化规律及船舶的实际情况,可能要求船舶短时间闯过大风浪区或完全避开大风浪区,以获得剩余航程中大范围好天气。因此,不要错误地认为采用气象导航公司的推荐航线就一定不遇大风浪,更不可一遇到大风浪就不加分析地盲目改向低纬航行,特别是西行船舶,处理不当将会导致航行条件更加恶化。所以,采用气象导航的船舶,轻易不要放弃或偏离推荐航线,必要时可随时向气象导航公司咨询,掌握航行主动权,以确保船舶航行安全。

三、气象导航未考虑主机过载、负荷过大问题

海况较好、船壳附着物少、阻力小时,船舶很容易达到约定的航速,但如果船舶遇到恶劣海况,或者船壳和螺旋桨上因附着物过多而产生的阻力大,那么采取约定速度航行时,很容易使得主机频繁出现过载现象。这种情况气导公司是无法估计的,会导致对船速估计过高,做出错误的判断,对于燃油消耗和到达时间推算不准确。

四、气象导航采用的天气资料准确度有所欠缺

超级计算机和数值模型的出现明显改变了天气预报的准确性,一些国家级的气象中心如 NOAA、JMA、ECWFM 等的常规风、浪长期预报天数可达 10 天或者更多,但是每个气象机构采取的数值模型的准确性与多种因素有关,如初始参数的输入等。如果风暴威胁到它们所在的地区,预报员可能会不断地校正模型,以达到近乎准确,但对于大洋中航线附近的风暴有时关注甚少,而且准确度较上述模型较低,特别是热带气旋有着复杂的物理结构且发展变化迅速,若在台风/飓风季节依据模型和过去经验进行预报,3～5 天后的预报精度变差,将导致 5～10 天的预报准确度有更大的不确定性。目前有些气导机构只是依据一家预报中心的结果,如美国气象预报中心提供的气压、风、浪预报在网上可以免费获得,资料精度对于气导服务机构做出航线设计可能已经足够,但对于船舶实际航行中确定船舶的运动状态和最佳航线则精度不足。

五、气象导航公司的推荐航线并非都是大圆航线

有些人认为气象导航仅推荐船舶航行于高纬度的大圆航线。这种看法和理解是不全面的,甚至是错误的。实际上气象导航是根据当时的天气和海况不同时效的预报及其他多种海洋环境因素来选择航线的,由于船舶在航行中受多种因素的影响,它不可能是某种单一的航法,而是多种航法的综合,通常是大圆航线、等纬圈航线和恒向线等的混合航线。气象导航机构在导航过程中的确经常用到大圆航线,在拟定航线时,通常以大圆航线作为选择气象航线的基础航线,并在其两侧做离散化处理,选出一条最佳的气象航线。因此,大多数的气象航线位于大圆航线的两侧,这就要求驾驶人员对大圆航线必须熟悉。

六、推荐航线上要有雾航准备

气象导航通常对海雾的考虑是较少的,因为气象导航机构认为对全年都可能有雾产生的北太平洋和北大西洋海域,要想完全避开雾区是不可能的,有时根据实际情况也可绕航,所以采用气象导航的船长和驾驶人员必须有足够的雾航思想准备。另外,冬季高纬度航行时,还需考虑海冰对船舶航行的影响。

七、气象导航推荐航线仅属于建议

现在越来越多的船东选择将船舶期租运营,气象导航按租船合同约定多由承租人雇佣,所以气导报告就由单纯地给予船东、船长在气象资料上的支持和航线选择上的指导发展成为承租人向船东提出航速和油耗索赔的一个直接证据。由于气导发展过快和欧、美、日航海人才的缺乏,其内部专业人员大多无实际航海经验,素质参差不齐,推荐的航线经常是纸上谈兵,不切实际,甚至造成船舶遭遇不必要的狂风恶浪及结冰等。船舶气象导航公司只是一个咨询机构,它所推荐的航线仅是一种建议,对于船舶在推荐航线上行驶产生的一切损失是不承担任何法律责任和经济责任的,但是它提供的气象分析资料可以作为法律上的证据。在船舶提出接受气象导航的申请之后,气导公司所有的推荐和建议都需经过船长本人的同意才得以实施,船长在任何时候都对船舶、货物负有完全的责任,所以要求船长在使用气导时要充分发挥船长的自主性,避免盲目和完全依赖。这就给船长带来了很大的挑战,处理不好,不但要承受气导错误推荐所带来的严重后果,还要面对航速与燃油的索赔。

船长在选择航线时,应将气导公司推荐的航线与本船的实际情况进行综合考虑分析,然后决定是否采用,但不管如何,都应与气导公司加强联系,告知意图,充分利用它的咨询价值,采取自导和气导相结合的方法,才能使气象导航收到最佳效果。

八、船长不能盲目依赖气象导航

船长应明确一点,气象导航机构的推荐航线只属建议和咨询性质,对船舶在推荐航线上航行所引起的一切损失和遭受的不良后果,气象导航机构不承担任何法律责任。船长有权和有责任根据本船当时的实际情况做出最后决策并负有全责。因此,船舶采用气象航线航行后,船长不能盲目地依赖,相反,对船长的技术要求更高了,要求船长应具有一定的海洋气象知识和航海经验,能更好地理解气象导航机构的推荐意图,积极与其配合。同时,途中要密切关注海洋和天气的变化情况,保持对天气和海况进行连续不间断地观测,按时接收气象传真图和天气报告。观察、分析可能突然发生的某些天气现象,及时与导航机构联系,以弥补气象导航机构推荐航线的不足和出现的误差。欲使整个导航过程中的航行效果达到最佳,船长的积极配合是相当重要的一个环节,在采用气象导航时,船长必须具备以下知识:

①船长应具有良好的海洋、气象知识和航海经验,并能熟练地识别、分析和应用常用的气象传真图(地面天气图、高空天气图、卫星云图、波浪图、海流图、冰况图和风暴路径图等)。

②熟悉本船的各种设备性能。

③有较好的操船技能。

④能较正确地理解气象导航机构所推荐航线的意图并能积极与之配合。

⑤熟悉气象导航机构所发的电文及电文格式和含义。

同时,要求采用气象导航的船舶应具备下列条件:

①船龄较小或船体结构坚固良好。

②主机性能良好,并能保持连续正常运转。

③货物配载合理,稳性良好,能较长时间抗御9级风浪。如有特殊要求,可提出本船的抗风浪上限。

④具有较先进的助航设备,如两部正常工作的雷达、卫星导航系统、传真接收机等。

⑤航行资料、船员配备齐全,特别是驾驶员应熟悉各海区情况,能应付各种意外的复杂情况。

以上要求是为了保证气象导航的顺利进行,以便导航工作达到最佳效果。

第三节　气象导航的法律地位

茫茫海洋中情况错综复杂,天气变幻莫测,船舶在大洋上航行很可能遭遇各种危险、事故甚至灾难,因此海上运输存在一定的风险。尽管现代航海科学技术发展很快,各种先进的航海仪器、通信设备装备于船舶,航海气象科学技术手段也日趋先进和完善,使得现代的航海比以往安全得多,但人类要想完全征服海洋和天气还是不可能的,各类航海事故及灾难仍然在不断发生。这就使得船东与承租人、货主、保险公司等有关方产生错综复杂的海商、海事索赔纠纷。如果争议双方无法妥协自行友好解决争议,就不得不提请仲裁或诉诸法庭。

在常见海商、海事索赔纠纷中,事故的原因可能是船舶不适航,也可能是船员驾驶和管理船舶方面的疏忽或过失,除此之外,还有许多是恶劣天气等不可抗力因素。例如,船舶在海上突然遭遇狂风恶浪,船体或设备可能会遭到损坏,船上所载货物也有可能受损或灭失,甚至发生船货全损的灾难或者引起共同海损等。在租船运输中,恶劣天气、风暴等可能会使船舶无法按合同规定的日期抵达目的港,而使船东面临承租人解除合同的风险。可见,恶劣天气等自然灾害引起的海事案例不胜枚举。

气象导航与租船和某些与气象有关的海事有着相应的法律关系。早前,美国OCEAN ROUTES气象导航公司的咨询报告被美国、英国等海事法院承认,是有力的法庭证明材料。例如,承租人若受船舶所有人欺诈,为维护自己的利益,承租人可以要求气象导航公司对所租船舶实施监督,使船东无法以天气恶劣为借口,掩盖达不到规定船速之实,或者绕开无须绕开的恶劣区域,延长航行时间。必要时,承租人可凭气象导航公司的权威性分析,上诉法庭而维护权益。

当前,国际贸易运输很大程度上依靠海上运输来完成。而经营海运的船东面临的海上风险如此之大,要发展海上运输就必须保护海上承运人。因此,国际上制订的许多海运国际公约和各国海商法均给予承运人某些免责和责任限制权利。各种货运合同,例如租船合同和提单订有免责条款。一般来说,主要免责事项包括"海上灾难"(Perils of the sea)和"天灾"(Act of god),即自然灾害等引起的事故或违约,船东可凭此免除赔偿责任或者可从保险人那里得到赔偿。当然能否免责常会发生争议,纠纷双方在处理这类争议或仲裁或法庭诉讼时,索赔能否成功,免责能否享受取决于举证成功与否。对于船东来讲,常见的举证材料包括海事声明、航海日志或船员证词等,而对方会针对这些材料提出反证。所以哪方提供的证据越充足,可靠性越高,其胜诉的概率就越大。

随着气象导航在国际航运中的普及,气象导航公司为船东、承租人提供了多种形式的气象导航服务。当船东与承租人或其他方发生海商、海事索赔纠纷时,气象导航公司的资料、数据、报告等常被当事人作为独立的第三方证据交于仲裁庭或法庭。少数案子中,当事人还会聘请气象导航公司的气象专家出庭作证。那么,气象导航公司的资料、报告等在航运界评价如何? 在仲裁或诉讼中其证据效力的被认可程度如何? 可以说,航运界对气象导航技术评价极高。例如,国际海事组织(IMO)曾于1983年11月17日通过决议,建议各航海国推广使用气象导航技术,争取较好的航行安全。这说明国际海事组织对气象导航技术的可靠性是给予充分肯定的。

根据伦敦、纽约及我国的租船合同争议仲裁案例,也可以看出气象导航公司的报告、资料的证据效力得到了仲裁员或者法官高度的肯定。国际上许多知名仲裁员和法官对了解和评价气象导航报告技术的兴趣越来越浓厚,这对他们在裁决案子时如何正确理解和评价气象导航报告资料、做出公正裁定具有重要意义。然而,国际上仍有少数仲裁员对气象导航技术缺乏了解,对其报告资料的证据作用持否定态度。随着他们对该技术的学习和了解,相信他们会改变态度,顺应国际潮流。

有人认为,既然气象导航的优点之一是安全,那么使用气象导航服务后,船舶不可能遭遇恶劣天气、风暴等自然灾害,也就不会发生恶劣天气引起的海损事故,更谈不上气象导航报告在仲裁、诉讼中作证据的问题。其实这样理解是片面的。气象导航的目的有三个:安全、经济、准时(safety,economy and timing)。气象导航公司在考虑船舶安全的基础上,也非常重视船舶的经济效益。因此有时仍会选择推荐航程较短但船舶能经受得起风浪的航段。极少数导航中,气象导航公司的预报也会出现误差,因为目前的气象科学技术还无法达到百分之百的准确率。另外,有个别船长可能对气象导航公司推荐的航线和指导,执行迟疑而错过良机,反遭风浪袭击的情况时有发生,因此,气象导航报告就有可能被用作抗辩证据。有些船舶不使用气象导航服务,在航行中遭遇坏天气而发生船损、货损事故。船公司事后认为有必要向气象导航公司申请特殊服务,寻求特定时间和海区的天气资料、海况资料、分析报告等,以便将来仲裁、诉讼时作举证之用。

气象导航报告、资料在海商、海事纠纷处理中的使用范围较广,其证据作用在不同的案情中效果不等。现分成几个部分来阐述,供读者参考。

一、气象导航资料在租船合同纠纷中的证据效力

气象导航报告、资料在海商、海事纠纷中使用最多的是租船合同纠纷。

(一)航次租船合同纠纷

航次租船合同中都有一条"船舶受载期和解约日条款"(laycan clause),定期租船合同中

有一条"交船期和解约日条款"。这些条款规定船东必须在合同规定的时期内将船驶抵装货港或交船港。受载期和交船期一般都规定为一段时期,例如5天,最后一天为解约日。船舶在这5天内赶到装货港或交船港即履行了义务。若在解约日船舶仍没到达,则意味着船东违约,承租人有选择解约和提出索赔的权利。

船舶不能准时驶抵装货港或交船港的原因除船东在洽谈合同时故意谎报船位外,还有可能在前往装货港或交船港的预备航次(approach voyage)中发生碰撞、触礁之类的海事,或者途中遭遇恶劣天气、强风等影响航速,或去附近港避风或无法开航而延误了时间。例如,我国某航运公司的船舶在北大西洋的比斯开湾突遇强烈大风,只得避风而无法准时按租约规定的日期抵达装货港,这使船公司面临租约被解除的危险。船长们提出,在这种违约情况下,如果使用气象导航服务能否起一些法律作用以保护船东。对于该问题,我们先分析一下解约日条款的性质。它是一条没有任何免责条件的条款。不论船东有何种过失的原因或租约内免责条款、允许船东免责的事项,例如"海上灾难""天灾"等引起船舶迟于解约日到达装货港,租方都有权选择解约,船方没有任何抗辩的机会。从中可知,即使船方使用了气象导航服务且在比斯开湾遇风受阻,似乎是海上灾难、天灾的原因,船方没有任何过失,理当被原谅船舶的迟到。然而解约日条款是一条船方必须绝对遵守的、任何免责对此都不起作用的条款,船方在此时只能听候租方的发落了。

美国一位有名望的海事律师对上述问题所持的个人意见与解约日条款相同,认为使用气象导航服务的事实也无法帮助船东抗辩。他建议,除非在洽谈租约时增加条款来修正解约日条款中的船东义务才有可能使船舶免责。因为在海商法中,契约自由(freedom of contract)原则在租船合同中尤其突出。国际上还未制订任何租船合同国际公约,各国海商法对租船合同也不规定具体的法律条文,即使有,也是任意性条款。订约双方在不违反国家有关法律原则的基础上可以自由订立条款内容,一旦这种条款订入合同就视为合法,对双方有效。就像航次租约标准格式"金康"(Gencon)第十条"解约日条款"规定:如果船舶在预备航次中发生海损,延误时间超过该轮预计准备装货日10天以上,承租人有解约的选择权,除非共同商定一个解约日。这样的规定对船东是十分有利的。所以船方在洽谈租约时,可以争取约定某种附加条款,将自然灾害免责和气象导航服务等与解约日相联系。例如,船舶如碰到前述情况,可争取约定解约日允许延长多少天的附加条款,但是租方能否接受这样的条款很难说。在洽谈租约时,能否订进有利于自己的条款取决于当事人的谈判地位,它与租船市场行情、公司竞争力、谈判人员的经验等密切相关。若船方的谈判地位优于租方,上述设想的附加条款可积极尝试。

如果船舶迟于解约日到达,租方会选择解约,同时提出索赔。若船舶的迟到使租方蒙受经济损失,例如额外的货物库存费、卡车租费等等,但是租方索赔能否成功与它的解约权利有所不同,它并非是绝对能享有的权利,租约中的免责条款可对此发生作用。若船舶迟到的原因属于船东免责事项所引起的,租方无权索赔,船东免除赔偿责任。租约内常见的船东免责事项有"船员驾管船过失"免责、"海上灾难"及"天灾"免责等。海商法及判例对"天灾"的定义解释为"无任何人为因素或人为干预,无法预见及预防的自然现象"。"海上灾难"的解释中包括恶劣天气、风暴、巨浪、冰雹、海啸等,这种恶劣天气等必须是不寻常和预料之外的,船员运用常规的技术和保持谨慎驾驶也无法抵御和避免的。假定某船履行租约的预备航次中在比斯开湾突遇巨大风浪,极大地影响航速或到附近港避风而延误抵达英国某装货港,不管租方选择解约与否,索赔都很难成功。因为船东可以引用租约中的"天灾""海上灾难"等免责抗辩,即使提请仲裁,船方也能充分举证。除了通常的航海日志外,仲裁庭对独立于争议双方以外的第三方证据资料更为看重,认为其更有公正性。此时,船方的各种证据足以证明这种恶劣天气是突发、异常和预料不到的,船员已经尽了最大的努力,发挥了最好的船艺也无法避免,船方胜诉的机会不言而喻。

(二)定期租船合同纠纷

在定期租船合同下,船东将船舶租给承租人使用一定的期限。承租人在租期内使用该船的运力,高度经营船舶运输,向船东支付每天的租金,时间的风险在租方。承租人对该船的航速尤其重视,因为一则航速与租金率的高低关系密切,另则其总是希望该船在租期内能始终按合同保证的航速航行,完成计划运输任务,取得更高的盈利。因此租约中对航速的规定比较详细。例如"纽约土产交易合同"(New York Produce Exchange Form)是这样规定的,"Capable of steaming ,fully laden ,under good weather conditions about … knots"(在满载、好天气下能够以大约 …… 节的速度航行)。

船舶若能全程在良好天气情况下行驶,其航速应可达到租约规定。但是,船舶在大海中航行难免会遭遇到恶劣天气及海况,要想全程维持良好的速度就有一定困难。正因如此,一般的租船合约都会在"航速及耗油"条款中附加"大约"(About)一词作为船舶因受外来因素影响而减速或耗油增加的补偿值。这样亦可减低船东因船舶性能未能达标而被索赔的风险。不过,在国际海事界中,对于"大约"(About)一词仍然没有一个明确的解释。在航速方面,国际海事界对"大约"(About)一词已一致公认为 1/2 kn(0.5 kn)。假设租船合约"航速"条款定为"大约13 kn",这表示船舶在好天气的环境下航速达到12.5 kn 就算达到合约规定,就是说"大约"一词实际上已允许船舶有 0.5 kn 的减速。在耗油量方面,"大约"(About)一词仍然是一个极具争议的问题。虽然耗油量采用5%的补偿值较为普遍,但是,在一个未公开的伦敦仲裁案例中,仲裁员就曾判决过只给予3%的补偿值。此判决的依据为船舶航速未能在良好天气的环境下达到租约规定,失速的情况非常明显,具有基本机械知识的人都会知道航速与耗油量有直接的相互关系,通常情况下航速减慢,耗油量便自然减少,因此,船东是没有理由要求耗油量补偿值超过5%的。

然而复杂的是"好天气"的解释比较笼统。在同样的风力下,顺风、逆风、横风对航速影响不一样。船长测量风力方法、航海日志的记录也可能因人而异。另外,船舶类型、吨位大小受同样风力影响的航速损失也不一样。比如同样吨位的集装箱船比同样吨位的散货船所受的速度损失要更多些,因为集装箱船受风面积大。除了大风影响航速外,洋流也是影响航速的因素,顺流和逆流又会产生不一样的影响。现今大部分干散货船舶的期租合约都以风力四级或以下和海浪三级或以下作为好天气的标准,根据伦敦海事仲裁对船舶航速性能的判断标准,如果船舶未能在好天气的情况之下达到租约规定航速,租家可以因船舶失速所导致的时间损失及耗油过多向船东提出合理索赔。这种对船舶航速性能的判断标准源自1988年著名的"Didymi"伦敦海事仲裁案例,该案件的判决明确地阐述了气象导航服务公司必须根据以下两项分析过程来评估船舶是否失速:

①必须先把整个航行(从离港全速起航点到目的港航程终止点)中属于好天气的日数抽出,再考虑合理的洋流因素的影响,然后计算出船舶在好天气环境之下能够达到的实际航速。

②当好天气的实际航速计算出来后,第二个程序负责把直接影响船舶航速的以下三种情况从分析中剔除出来:

(a)若船舶依租家指示减速,必须扣除与减速相关的时间及航程;

(b)若受到台风影响及因通过狭水道而需要减速,必须扣除与减速相关的时间及航程;

(c)因以上的各种特殊情况而产生的耗油亦应扣除。

把以上特殊因素剔除后,如果船舶在好天气环境下,实际航速仍然未能达到租约规定,那么在整个航次中,不论天气是好是坏,均应该计算在内,而船舶整个航程的航速,应以在好天气环境下的实际航速为评估标准,从而判断失速及燃油超耗索赔是否成立。

期租船运输中,大多数承租人为了确保船货安全,选择最佳航线,节省燃油和航行时间,加快船舶周转,同时也为了掌握船舶动态、天气情况等,对所租用的船舶申请使用气象导航服务,租方支付气象导航费用。因此,当承租人怀疑船舶的航速未达到合同规定速度时,就会向船东提出速度损失索赔,并会出示气象导航报告、资料,例如以 PVA 报告来证明。而船东会反证抗辩,比如提供航海日志摘录的天气情况、机舱日志记录的船舶每分钟转速等证明没有违反保证航速,说明平均速度未达到合同规定速度是由于坏天气或潮流影响所致。在实务中,许多此类争议最终会提请仲裁解决。那么仲裁员面对双方各自的证据材料究竟采纳哪一资料为证? 对气象导航报告的态度如何? 伦敦和纽约的仲裁员对这个问题的回答比较公平合理。他们认为航海日志是证据但不是最终证据,具体的案情要具体分析论证。他们认为气象导航公司的这些天气报告、分析资料对于分析、裁定实际的天气状况事实有很大的帮助,并把它作为独立的第三方气象资料给予法律证据的地位。我国仲裁界部分意见也类同上述观点。例如,中国海事仲裁委员会裁决的"迪米特里奥斯"一案(1987 年)中,船东和承租人发生航速不足的争议。仲裁庭对航海日志摘要和租方提供的气象导航公司 PVA 报告进行分析比较,采用双方同意的 −3.3 kn 气候补偿值,其他数据采用航海日志中的记录。中国海事仲裁委员会的另一仲裁案"新港轮航速不足争议"(1987 年)中,仲裁庭在计算船舶失速时采用了 PVA 报告中的逆流补偿 −0.2 kn,对气候补偿 −1.8 kn 未予采纳,仲裁庭自己计算数据,将之改为 −0.98 kn。

一般认为,如船东在签约时所述的航速正确无误,船舶一旦遇恶劣天气、潮流影响航速,根据航海日志算出的结果与 PVA 不会有大的出入。然而有些船东对船舶维修保养极差,船舶年久失修,实际航速已低于船舶建造时的航速,在签约时却故意谎报航速。这样,船舶在实际航行中肯定要暴露航速不足的毛病。船长为了遮盖缺陷,往往在航海日志上记录虚假天气情况,例如风力等级报大,遇恶劣天气时间延长,风向、流向报反,那么承租人从气象导航公司得到的 PVA 报告必然与之有差异。承租人便可根据 PVA 报告知道该船航速不足,船东谎报航速。而船方也会以船舶的航海日志做反证抗辩。海事仲裁员在受理此类案子时如何对待 PVA 报告和航海日志呢? 美国纽约仲裁"United Bounty"(1984 年)一案可充分解答上述问题。该案情况如下:

船东 Justice Navigation LTD 将属下的 United Bounty 轮以航次期租(TCT)的方式出租给

承租人 Healing Seas Shipping CO,合同格式采用"纽约土产交易期租合同"。航程自远东至西非往返,航速规定为好天气下大约 12 kn。仲裁条款规定纽约仲裁。承租人对该船申请使用气象导航。航次结束后,承租人发现该船航速严重不足,以 PVA 报告为依据向船东提起速度损失索赔。船方以航海日志记录抗辩称航程中遇坏天气较多,船舶航速无法达到 12 kn。承租人请气象导航公司对航海日志记录与气象导航公司天气记录资料做了一份"相对比较报告",发现两者的每天天气记录报告在全航程中存在很大差异。双方针对该争议及其他一些争议在纽约提请仲裁。3 名仲裁员组成仲裁庭。对航速不足问题,仲裁庭在审阅了航海日志与气象导航公司的报告、资料后,认为两份不同来源证据中的天气报告差异非常大。仲裁庭认为,在通常的仲裁中,多数情况下两者差异不大,仲裁庭倾向于接受航海日志中的天气报告记录,因为船长和其他高级船员被认为是处于现场的最好评判员。如果承租人企图推翻航海日志的记录事实,他将负有沉重的举证之责来证明航海日志是不可靠的,应不予考虑,否则航海日志的证据成立。本案中,承租人提交的气象导航公司报告、资料、证词非常详尽。这些证据、材料表明,应该对航海日志记录的天气报告做比常规更加详细的研究和分析,因为两者之间差异较大,以至于不能认为这种差异是正常的。仲裁庭花费许多时间复审了航海日志,发现其中所记录的天气形势几乎在整个航程中一直为逆风和逆流。气象导航公司的海洋学家所做的如何测定大洋潮流及洋流位置和流速具有规律的证词很有说服力。仲裁庭还发现航海日志中的记录十分不正常。同时,仲裁庭还客观地阐述,驾驶台上测得的风力估计与气象导航公司根据导航船发回的报告及气象报告站的报告所得出的风力估计在主观上允许存在差异,但如此之大及连续长期的差异则另当别论。最后,仲裁庭认为气象导航公司的天气报告更为可靠,采用气象导航公司的数据及计算方法。裁决该船没有达到合同保证航速,船东应赔偿租方的速度损失为 56 886 美元。

租船合同法的特点之一就是合同自由原则,只要双方一致同意的合法条款即可订入合同,并对双方有效,即使旁人看来该条款对合同某一方是不公正的也无妨。从法律角度看,条款是合法的,约束双方当事人。仲裁庭和法庭严格按照合同条款来解释和判决案件。近年来,纽约和伦敦的仲裁案认为,如果租约中订有条款规定:"承租人可以指示船长使用气象导航服务,若航海日志记录与气象导航公司报告发生差异,则以气象导航公司报告为准,并约束契约双方。"那么仲裁时,仲裁庭会严格按照该条款内容,以气象导航公司的报告为依据,而不顾及航海日志的记录。如果合同条款规定以航海日志的记录为准,那么仲裁庭将严格按照条款规定采用航海日志的记录,气象导航报告不予考虑。若合同中没有此类条款,仲裁庭则应考虑气象导航报告和航海日志,将两者并用做分析和比较,再裁定采用哪一材料。由此可见,租约中订立的条款对契约双方十分重要。对契约某方有利的条款往往可以改变不利的局面。

下面两个案例非常能说明上述原则。

中国海事仲裁委员会 1985 年仲裁的"索罗柯斯轮航速不足争议"一案的案情及裁决如下:船方与租方在 1979 年 8 月 24 日签订了一份自苏丹港载货去往上海港的航次期租合同。租方申请气象导航服务。航次结束后,租方根据 PVA 报告计算,认定因"索罗柯斯"轮航速不足而造成租方时间和燃油损失 23 871 美元。船东认为"索罗柯斯"轮航速不足的程度低于租方的主张,根据航海日志记录的天气状况计算时间和燃油损失应为 21 362 美元。双方就该争议及另外一些争议向中国海事仲裁委员会提出仲裁。3 名仲裁员组成仲裁庭。在审理中,租方称气象导航公司的报告是准确和可靠的,根据租约条款应以它为准计算损失数额。船方反驳说,租约第 4 条 E 项规定指的是"独立的政府气象报告",而气象导航公司是私营企业,不具有政府机构的独立性,它的报告不足为证,应采用航海日志计算航速。仲裁庭认真审阅合同和各种证据材料后认为气象导航公司报告不能视为租约中所指的"独立的政府气象报告",裁定本案使用航海日志摘要。

在纽约仲裁案 "Ermoupolis"(1985 年)一案中,因为合同的航速条款规定计算航速时以航海日志为准,因此仲裁庭否定了租方提交的气象导航公司报告的证据作用,驳回租方的航速损失索赔,认为如果要以气象导航公司报告为准,否定航海日志有效性的话,必须用清楚的语言在合同条款中写明。

在美国气象导航公司主办的第五届国际海事仲裁研讨会上,曼弗雷诺·阿诺德先生(纽约海事仲裁员协会主席)等几位仲裁员对参加会议的船东和承租人代表强调,由于气象导航报告资料的证据效力在不同的案子中存在着很大的不确定性,订约双方应在租约中增加明确气象导航报告证据作用的条款,这对合同双方和仲裁员来说将省去许多争议和麻烦。

(三)定期租船合同中有关气象导航的推荐条款

美国气象导航公司在 Charter Operators Guide 小册子中拟定了一些标准条款供客户参考使用。内容如下:

A:"Charters may supply OCEANROUTES advice to the Master during the voyages specified by the Charters of the routing service. The vessel shall be capable, at all times during the currency of this Charter Party, of steaming at about … knots. For the purposes of this Charter party, "GOOD WEATHER CONDITIONS" are to be defined as weather conditions in wind speeds not exceeding Beaufort Force 4. Evidence of weather conditions to be taken from the vessel's deck logs and independent weather service reports. In the event of a consistent discrepancy between the deck logs and independent weather service reports, then independent service reports to be taken as ruling."

译文:

"在承租人指定的航次中,租方可以向船长提供气象导航咨询,船长应遵守气象导航服务的报告程序。船舶在本租约所有租期内将能以大约……节的速度航行。出于本合同的目的,"好天气"将被认为是不超过蒲福风力 4 级的天气条件。天气条件的证据将取自船舶航海日志和独立的服务报告。假如二者之间存在不断的差异,则以独立的服务报告为准。"

B:"In the event of a dispute over an apparent breach of the speed and consumption warranty in this Charter party, the performance data Supplied by OCEANROUTES shall be taken as binding on both parties."

译文:

"若本租约中对航速和燃油消耗保证明显违约有争议,那么气象导航公司提供的航行资料将约束双方。"

C:"Vessel's positions, speeds, and fuel consumption to be monitored by independent routing company for charter's arrangement and account. Vessel at Owner's expense to transmit directly to independent company positions and fuel consumption daily. Evidence of weather conditions to be taken from vessel's logs and independent routing company. In the event of discrepancy between the logs and independent source data, then the independent reports to be taken as ruling."

译文:

"租方安排和支付费用由独立的导航公司监控船舶的位置、航速和燃油消耗。船舶须每天直接向独立的导航公司发送船位和燃油消耗的电报,费用由船东负责。天气情况的证据取自船舶的航海日志和独立的导航公司。若航海日志和独立的导航公司资料来源之间有差异,那么将以独立的导航公司报告为准。"

D:"Vessel's positions, speeds, etc., may be monitored by OCEANROUTES, INC., and Master is to take due note of their comments on weather a head during voyage and to comply best possible, according to Master's judgment, with their instructions. Master is required to transmit any information required by them (cost of cables for charter's account). A procedure/ instruction card will be supplied to Master at first load port. OCEANROUTES will compute a route most suitable to vessel and cargo. Master to be always ultimately responsible for safe navigation and the safety of the vessel and final decision will always be his privilege and discretion ."

译文:

"船舶的航向、位置、航速等可由气象导航公司监控。航程中,船长应适当地注意气象导航公司对前面的天气评论,根据船长的判断,尽可能遵照他们的指示。要求船长发送气象导航公司需要的任何信息(电报费用由租方负责)。申请气象导航程序或指示卡片将在第一装货港送交船长。船长始终负责船舶驾驶安全。船长对船舶安全和最终决策始终具有特权和自决权。"

E:"The Master will comply with the reporting procedure of the routing service selected by the charterer."

译文:

"船长将遵循承租人选择的导航服务的报告程序。"

F:"For the purpose of this Charter party, a GOOD WEATHER DAY is to be taken as winds of Beaufort 4 (16 knots max.)or less and combined sea and swell eaves of 2.5 meters or less for more than 50 percent of the steaming day (noon local to noon local). Evidence of weather conditions to be taken from vessel's Deck log and independent routing company, OCEANROUTES, INC., using all weather data available. In the event of a discrepancy between the deck logs and independent source data, then the independent reports to be as ruling ."

译文:

"为了本租船合同的目的,一个好天将被认为是超过一个航行日(当地午时至当地午时)50% 以上时间内出现蒲福风力 4 级(最多 16 kn)或更小,以及包括 2.5 m 的浪和涌或更小的航行日。天气状况的证据自船舶的航海日志和独立的导航公司——气象导航公司,采用所有可能获得的天气信息资料。若航海日志和独立的导航公司资料来源之间存在差异,那将以独立的导航公司报告为准。"

G：“Charterers have option of providing vessel with OCEANROUTES weather routing service with all costs in this respect for account of charterers. Owners to instruct Master to keep OCEANROUTES fully advised of vessel's actual time of departure, daily positions, time of arrival, also to follow recommendations in regard to optimum course(s) at all times subject always to safety of vessel. If vessel's master elect not to follow OCEAMROUTES' recommendations, OCEANROUTES is to be advised by radio message giving reasons for non-compliance.

OCEANROUTES' post voyage analysis/synopsis to be taken into account in any off-hire claim resulting from vessel's speed and/or fuel consumption discrepancy, and also for non-compliance with recommended routes except of course when safety of vessel is concerned.”

译文：

“承租人对船舶提供气象导航服务有选择权,这方面的所有费用均由承租人支付。船东应指示船长随时全面地告知气象导航公司本船的实际开航时间、每天船位和实际到达时间,在船舶安全许可下,所有时间内要遵循关于最佳航线的推荐。若船长选择不采用气象导航公司的推荐航线,应电报通知气象导航公司,举出不采用推荐航线的理由。

气象导航公司的航次事后分析报告/摘要应在任何由于航速和/或燃油消耗差异引起的停租索赔中得到考虑,还应在不遵循推荐航线的情况下得到考虑。当然,涉及船舶安全时除外。”

二、气象导航与失速索赔

定期承租人在经营租船时,一般均为租船申请气象导航服务。美国气象导航公司的统计资料表明半数以上气象导航服务的客户为期承租人,也就是说半数以上使用气象导航的船舶是由期租人为其申请并支付气象导航费用的。他们的主要目的之一是为了能更好地掌握船舶的航速及燃油消耗情况。每一气象导航航次结束后,承租人会收到气象导航公司编制的该船本航次导航文件,例如"航次后分析报告"(Post voyage analysis report)及"初步航次报告"(Preliminary voyage report)。承租人都会仔细阅读和分析这些文件,以便知道该船的航速及燃油消耗是否符合租船合同的要求。如果承租人发现该船的实际航速没有达到合同规定的保证航速,就会向船东提出时间损失索赔及损失时间内消耗的燃油索赔。那么承租人如何计算该船的时间损失和燃油损失呢? 通常将本航程的标准距离除以租船合同规定航速再减去天气和潮流因素后的航速来算出本航程应花费的时间,再将该船本航次实际航行时间减去计算出的应花费的时间得出时间损失,并按租金率换算成货币金额。气象导航公司为此专门提供了一个实际时间损失和燃油多耗计算格式供承租人参考使用。格式内容如下:

EXAMPLE OF TIME LOST AND BUNKER CALCULATIONS

MV SHIP'S NAME

VOYAGE:NUMBER

SPEED　CLAIM

FROM:＿＿＿＿＿＿　　　　　　DEPARTURE:＿＿＿＿＿＿＿

TO:＿＿＿＿＿＿　　　　　　　ARRIVAL:＿＿＿＿＿＿＿＿

Total Distance：   n miles

Time EN Route：   hours

Average Speed：   knots

Weather Factor：   +／－   knots

Current Factor：   +／－   knots

Performance Speed：   knots

Based the Charter Party Speed of about（C/P speed）knots, and allowing 0.5 knot for the term "about", the computed time lost has been determined to be：

$$\frac{\text{Distance}}{(\text{C/P Speed} -0.5 \text{ kt}) + (\text{Weather Factor} + \text{Current Factor})} = \underline{\quad\quad} \text{ Hours (computed}$$

Time）

Hours（Actual） － （computed Time）Hours = _____ Hours lost

The Monetary Claim as follows：

（A）Hire：

$$(\text{ \$ Daily Rate}) \times \frac{(\text{Time Lost})\text{Hrs.}}{24 \text{ Hrs/Day}} = \text{\$}\underline{\quad\quad}$$

（B）Bunkers：

Per Charter	Price of Party Bunkers
Fuel Oil _____	$ _____
Diesel Oil _____	$ _____

Bunker Prices based on last bunkering post of _____ on _____.

	Fuel Oil Tons	Diesel Oil Tons
Bunkers Consumed on Passage	_____	_____
Bunkers Allowed on Passage		
Hrs/（24 hrs/day）×		
Daily allowance（tons）	_____	_____
Over Consumed	_____	_____
Monetary Loss on Bunkers		
Tons Fuel Oil × $/ton	$ _____	
Tons Diesel Oil × $/ton		$ _____
Total Monetary Loss on Voyage	$ _____	

译文：

时间损失和燃油计算样式
MV. 船名
航次:编号
船速索赔

从:_____　　　　　　开航:_____
去:_____　　　　　　到达:_____

总距离:　　　　　　　　　　　海里
航行时间:　　　　　　　　　　小时
平均航速:　　　　　　　　　　节
天气因素:　　　　＋／－　　　节
潮流因素:　　　　＋／－　　　节
性能航速:　　　　　　　　　　节

以租船合同规定的大约(租船合同航速)节航速为基础,并允许"大约"一词有 0.5 节的减缩,时间损失计算:

$$\frac{距\ \ 离}{(租船合同航速\ -\ 0.5\ 节)+(天气因素\ +\ 潮流因素)} = \underline{\quad\quad}小时(计算时间)$$

(实际)小时 － (计算时间)小时 ＝_____损失小时

经济索赔如下:

(A)租金:

$$(每天租金率\ 美元) \times \frac{(损失时间)小时}{24\ 小时\ /\ 天} = \underline{\quad\quad}美元$$

(B)燃油:

根据租船合同　燃油价格
燃料油_____　　_____美元
柴　油_____　　_____美元
以_____年_____月_____日上一加油港_____为基础的燃油价格。

	燃油吨	柴油吨
航程所耗燃油	_____	_____
航程所允许燃油		
_____小时/(24 小时/天)×每天允许量(吨)	_____	_____
多耗	_____	_____
燃油经济损失		
_____吨燃料油 × _____美元/每吨	_____美元	
_____吨柴油 × _____美元/每吨		_____美元

本航次总经济损失＿＿＿＿＿＿美元

在实际计算中,承租人只要将气象导航公司提供的 PVA 等资料中的数据填入该格式,就可算出实际时间损失和租金、燃油经济损失。

实例:

EXAMPLE OF TIME LOST AND BUNKER CALCULATIONS
MV SHIP'S NAME
VOYAGE:NUMBER
SPEED CLAIM

FROM:ROTTERDAM   DEPARTURE:JANUARY 4,2015 15:20 GMT
TO:NEW ORLEANS   ARRIVAL: JANUARY 25,2015 20:10 GMT

Total Distance:	5030	n miles
Time EN Route:	508.9	Hours
Average Speed:	9.9	knots
Weather Factor:	−2.0	knots
Current Factor:	−0.1	knots
Performance Speed:	12.0	knots

Based the Charter Party Speed of about (C/P speed) knots, and allowing 0.5 knot for the term "about", the computed time lost has been determined to be:

$$\frac{5030}{(13.5 \text{ kt } -0.5 \text{ kt }) + (-2.0 \text{ kt } - 0.1 \text{ kt})} = 461.5 \text{ Hours(computed Time)}$$

508.9 Hours(Actual) −461.5 Hours (Computed Time) = 47.4 Hours lost

The Monetary Claim as follows:

(A) Hire:

$$(\$ 6,500.00) \times \frac{47.4 \text{ Hrs.}}{24 \text{ Hrs/Day}} = \$ 12,837.50$$

(B) Bunkers:

	Per Charter Party Bunkers	Price of
Fuel Oil	28.0 tons	$400.00
Diesel Oil	2.0 tons	$650.00

Bunker Prices based on last bunkering post of ROTTERDAM on January 3, 2015.

	Fuel Oil Tons	Diesel Oil Tons
Bunkers Consumed on Passage	560.3	38.0
Bunkers Allowed on Passage		

461.5 Hrs/(24 hrs/day) ×

Daily allowance (tons)	538.4	38.5
Over Consumed	21.9	0.0
Monetary Loss on Bunkers		
21.9 Tons Fuel Oil × $ 400/ton	$ 8760.00	
Total Monetary Loss on Voyage	$ 21,597.50	

译文:

时间损失和燃油计算样式

MV. 船名

航次:编号

船速索赔

从:鹿特丹　　　　　　　开航:2015 年 1 月 4 日　15:20 世时

去:新奥尔良　　　　　　到达:2015 年 1 月 25 日　20:10 世时

总距离:	5030	海里
航行时间:	508.9	小时
平均航速:	9.9	节
天气因素:	-2.0	节
潮流因素:	-0.1	节
性能航速:	12.0	节

以租船合同规定的大约(租船合同航速)节航速为基础,并允许"大约"一词有 0.5 节的减缩,时间损失计算:

$$\frac{5030}{(13.5 \text{ 节} - 0.5 \text{ 节}) + (-2.0 \text{ 节} - 0.1 \text{ 节})} = 461.5 \text{ 小时(计算时间)}$$

508.9 小时 - 461.5 小时 = 47.4 损失小时

经济索赔如下:

(A)租金:

$$(6\,500.00 \text{ 美元}) \times \frac{47.4 \text{ 小时}}{24 \text{ 小时／天}} = 12\,837.50 \text{ 美元}$$

(B)燃油:

根据租船合同	燃油价格
燃料油　28.40 吨	400.00 美元
柴油　2.0 吨	650.00 美元

以 2015 年 1 月 3 日上一加油港鹿特丹为基础的燃油价格。

	燃料油 吨	柴油 吨
航程所耗燃油	560.3	38.0
航程所允许燃油		
461.5 小时/(24 小时/天) × 每天允许量(吨)	538.4	38.5
多耗	21.9	0.0
燃油经济损失		
21.9 吨燃料油 × 400 美元/每吨	8760.00 美元	
本航次总经济损失	21 597.50 美元	

在实际计算中,承租人只要将气象导航公司提供的 PVA 等资料中的数据填入该格式,就可算出实际时间损失和租金、燃油经济损失。

承租人通过上述计算得出索赔数额后,将会在下一期预付给船东的租金中扣除这笔索赔数额,因为租船合同法允许承租人可以在预付租金中扣除航速不足产生的索赔。它与载重吨不足索赔、停租租金索赔等属于对等抵销的项目。承租人可以从预付租金中扣除,而无须待该赔偿金额被正式确立之时扣除。

承租人在将这笔索赔数额从下期租金中扣除时,应向船东寄送或电邮一份初步航速索赔信(preliminary speed claim letter),告知船东航速索赔、计算依据、扣减租金等事项,还可能会说明这是初步计算,待收到船舶航海日志及请气象导航公司做"航行估价和比较分析报告"(Performance Evaluation and Comparative Analysis Report)后,将做最终计算调整。气象导航公司推荐的初步航速索赔信函格式如下:

PRELIMINARY SPEED CLAIM LETTER

M. V. _____　　VOYAGE NO. _____

C/P Dated _____

Voyage 　(from /to) _____

　　Please refer to our Statement of Account of in which we have deducted the amount of $ _____ _____ stemming from a speed claim made against the ship.

　　In this regard, we are enclosing a Photostat copy of the post voyage Analysis and preliminary voyage Report prepared by OCEANROUTES, together with the computation sheet of lost time and our monetary loss for the amount of ($ claim calculation) caused by the vessel's speed deficiency. From the report, the average speed made good was estimated to be (average speed)_____ knots.

　　Instead of computing an arbitrary daily allowance for wind, sea, swell and current conditions, we have used OCEANROUTES' weather and current factors as an unbiased source of information for the stated voyage.

　　In correlating the charter party speed of (C/P speed) knots with the performance speed of (performance speed) knots, one can readily obvious speed deficiency. In our calculations, we have deducted a reasonable 0.5 knot allowance for the term "about" stipulated in the charter party speed description. Further, in our analysis of the time lost, weather and current factors were duly applied.

Since we have not yet obtained the Abstract Log Book of the MV _____, the above amount claimed may be subject to our final adjustment of the present claim substantiated by our PERFORMANSE EVALUATION and COMPARATIVE ANALYSIS report, also prepared by OCEANROUTES as third data.

We trust this meets with your acceptance, and if you wish to pursue the claim further, please forward the ABSTRACT LOG to us within a reasonable period of time.

Your faithfully,

(name of company)

Enclosures：

Post voyage Analysis

Preliminary voyage report

Time lost and bunker calculations

译文：

初步航速索赔信

M.V. __船名__   航次号：_____

租船合同签订日期_____

航次 （从／至）_____

请参阅我们的账目报表,其中因对船舶的航速索赔已扣除_____美元的数额。

在这方面,我们附寄一份由气象导航公司编制的"航次事后分析和初步航次报告"影印件,同时还附有损失时间和船舶航速不足引起我们的经济损失数额(索赔计算额)美元的计算表。从报告中可看出,平均航速预计为_____(平均航速)节。

我们已采用气象导航公司的天气和潮流因素作为所述航次无偏见的信息来源,而不以任意的风、浪、涌、流每天允许量来计算。

根据相关联的租约航速_____和性能航速_____节,能容易地看出明显的航速不足。在计算中,我们已对租约航速规定中的"大约"一词扣除合理的0.5节允许量。另外,在我们的损失时间分析中,天气和潮流因素被适当地考虑进去。

因为我们还未获得 MV._____ 的航海日志摘录,所以上述索赔数额也许会受到我们的"航行估价和比较分析报告"对本索赔的最终调整,该报告也是由气象导航公司编制第三者资料。

我们相信上述所提在你们可接受范围内,若你们希望进一步继续本索赔,请在一段合理的期间内将航海日志摘录送交我们。

您的忠实的

（公司名称）

附件：

航次事后分析

初步航次报告

损失时间和燃油计算表

承租人收到船东寄来的航海日志后，请气象导航公司做"航行估价和比较分析报告"。该报告将航海日志摘录与气象导航公司的资料数据进行分析和比较，得出更为客观的结论。承租人依据该报告，对原先提出并已从租金中扣除的初步索赔额做计算调整，多退少补，并向船东寄送或电传一份"最终航速索赔信"（Final Speed Claim Letter）。气导公司推荐的该信函如下：

FINAL SPEED CLAIM LETTER BASED ON PERFORMANCE EVALUATION AND COMPARATIVE ANALYSIS REPORT

Dear Sirs：

MV （ship's name） Voyage NO. _____

C/P dated （date）

Voyage （From/To）

We regret to advise you that it was revealed in our careful examination of the report received from OCEANROUTES that your vessel did fail to perform to its Charter Party speed Agreement on its voyage from _____ to _____. In this connection, enclosed you will find the PERFORMANCE EVALUATION AND COMPARATIVE ANALYSIS REPORT prepared for this case in which we deducted （ $ _____ ） for the speed and consumption claim.

In the report, the master's Deck Abstract Log was carefully analyzed and compared with the most objective and comprehensive data available. As a result of this in-depth study, it was found at （performance speed） knots, and obvious discrepancy from the stated （C/P Speed） knots in the Charter Party Agreement. This accounted for a time loss of （time lost） hours for a speed and consumption claim amount of （ $ _____ ） as found in our calculation sheet.

Based on this objective analysis of the voyage in question and with no prejudice toward the owners, we make the final adjustment for （ $ _____ ） and remit the balance immediately with your acceptance of the present claim.

Yours faithfully,

（Name of Company）

Manager

Enclosures：Performance Evaluation and
Comparative Analysis Report
Time Lost and Bunker Calculations

译文：

以航行估价和比较分析报告为基础的最终航速索赔信

先生们：

MV(船名)　　　　　　　航次号＿＿＿＿＿＿

租约签订日期(日期)

航次(从/去)

我们遗憾地通知你们,我们仔细地核查来自气象导航公司的报告,显示你船在从＿＿＿＿到＿＿＿＿的航次中确实没有达到租约的航速协议。在这一点上,你们将会发现随信寄来的专为本案编制的航行估价和比较分析报告,在本案中我们扣除了＿＿＿＿＿美元的航速和燃油消耗索赔。

在报告中,船长的航海日志摘录被仔细地分析,并与能获得的最客观、全面的资料做比较。作为深入研究结果,发现＿＿＿＿轮航行速度(性能航速)节明显地与租约陈述的(租约航速)节不一致。这说明了时间损失(损失时间)小时,以及在我们计算表中能找到航速和燃油索赔额为＿＿＿＿＿美元。

根据对本航次有争议之处的客观分析,以对船东不存有偏见为基础,我们最终调整为＿＿＿＿＿美元。你们接受本索赔同时,我们就将余款立即汇给你们。

您的忠实的
(公司名称)
经理

附件:航行估价和比较分析报告

　　　损失时间和燃油计算表

航速不足索赔中,若船东接受承租人提出的索赔数额、事实证据、计算方法等,那么,该争议就在双方间友好解决;假若船东不接受承租人根据气象导航公司提供的资料和数据提出的航速索赔,而认为应以航海日志为准计算该船的航速,或者对承租人索赔中的某些事实、数据、计算方法等有异议,双方意见无法一致,那么,最终将根据租约仲裁条款提请仲裁解决。

在租期为多年的长期租约下,承租人希望能连续地掌握船舶的航行动态、航速和燃油消耗,随时关注着是否符合租约规定的要求。承租人除了从船长、船东和船舶代理人那里得到信息外,使用气象导航能得到更多他所关心的此类信息。如该船第一航次就使用气象导航服务,承租人通过"航次事后分析报告"和"初步航次报告"就可初步知道该船的航行情况,实际航速是否符合租船合同的保证航速。一旦发现航速不足,承租人可以立即通知船东,除了该航次中的航速不足索赔外,主要告诫船东引起注意,采取措施加以改正,使船舶航速达到合同规定的保证航速。这样做可以避免之后出现严重的纠纷甚至仲裁等双方不愿看到的结果。我们知道船东和承租人签订期租合同是为了履约,而并非希望招来纠纷、争议,甚至毁约。在长期租约下,承租人给船东发出的关于航速不足通知信函可如下书写：

CAUTION LETTER FOR UNDERPERFORMANCE ON LONG TERM TIME CHARTER

Gentlemen：

We regret to advise you that on careful checking of the report from OCEANROUTES , we have concluded that the Charter Party on the voyage from ＿＿＿＿＿＿ to ＿＿＿＿＿＿ between （ATD Date）and（ATA Date）.

We have enclosed for your reference a copy of the Post Voyage Analysis and Preliminary Voyage Report prepared by OCEANROUTES showing the performance speed made good by the MV ＿＿＿＿＿. From the report , the average speed was ＿＿＿＿knots with weather and currents accounting for :

Weather Factor : ＿＿＿＿＿ knots

Current Factor : ＿＿＿＿＿ knots

Total ＿＿＿＿＿ knots

Which gives a performance speed of only ＿＿＿＿ knots. Allowing 0. 5 knot for the term "about" , one can see an obvious speed deficiency of ＿＿＿knots.

We trust that some actions will be taken by yourselves to modify and correct this problem so that the ship will comply with its contractual speed.

Thank you in advance for taking the necessary steps to correct the MV's speed discrepancy.

Sincerely

Closure：Post Voyage Analysis

Preliminary Voyage Report

长期租约下航速不足通知函

译文：

先生们：

我们遗憾地通知你,经仔细核实气象导航公司的报告,我们断定该船自(实际开航时间)到(实际到达时间)之间从＿＿＿＿＿到＿＿＿＿＿的航次中没有达到租船合同规定的航速。

我们附寄一份气象导航公司制作的显示＿＿＿＿＿轮航速的"航次事后分析报告"和"初步航次报告"供参考。从该报告中得知平均航速为＿＿＿＿＿节,天气和潮流影响为：

天气因素：＿＿＿＿＿节

潮流因素：＿＿＿＿＿节

总计＿＿＿＿＿节

这些表明实际性能速度仅为＿＿＿＿＿节。给"大约"一词允许0.5节的差额允许量后,可看到明显的航速不足达＿＿＿＿＿节。

我们相信你们将会采取某些措施来修改和更正这一问题,以便使该船符合租约要求的航速。

预先感谢你采取必要的措施更正＿＿＿＿＿船的航速不足。

忠诚的

附件:航次事后分析报告

初步航次报告

在这里需要特别指出,初步航次分析报告虽然是一种严谨及系统化的科学分析,但是在海事仲裁中,它不能够作为正式的司法证据。索赔方必须再委托气象导航公司依照船舶航海日志记载的数据进行详细分析,根据航海日志的每个船位重新组建航线,利用独立的气象组织的数据对比航海日志的天气及海况记录进行分析,最后做出分析报告,提交仲裁员作为参考。

三、气象导航与速遣条款

定期租船运输中,承租人申请气象导航主要是为了自身利益,但船东也可从中受益。船东决不能将承租人为船舶申请使用气象导航视为监督、控制船长行为和船舶动态以及提起失速索赔之用。

租期内的时间损失由承租人承担,因此他总希望船舶多装快跑,避免因船长和船员怠慢而引起时间损失。租船合同中,例如"纽约土产交易合同格式"(NYPE)第8条应履行义务条款中规定"船长应尽速遣航"(Prosecute his voyage with the utmost dispatch...)。承租人凭借此条款对船长的某些航海行为常会提出责难,例如:为什么没有选择最短的航线?船长不该选择那条航线,否则不会去避风而白白损失好几天时间。对于此类问题,若船长听从承租人使用气象导航的指示,按推荐航线航行,那么一旦航行中遇大风而失速或去避风港或遇大雾而减速等引起时间损失,租方就难以指责船长没有履行尽速遣航的义务,更无索赔机会。当然,法律允许船长对船舶安全和航海上的事务有自主决定权,但该决定必须是合理的。期租合同下,承租人无权发布有关航海的命令和指示。船长应听从船东发布的有关航海的命令和指示。

四、气象导航在承租人与船长选择航线的权责冲突中的作用

"The Hill Harmony"(LMLN0551)案例的判决对于期租船合约中关于"尽速遣航"(Utmost Dispatch)做出了比较明确的解释。事件的缘由是 The Hill Harmony 轮在1994年受租于日本承租人,两度进行跨越北太平洋航行(从温哥华驶往日本港口),承租人委托了气象导航公司对该船进行全程气象导航服务,气象导航公司推荐了一条较为偏北的大圆(Great circle)航线,但船长认为该季节在偏北的航线上经常会遭遇到十分恶劣的风浪,以对船舶安全有潜在的危险为理由否决了该航线。

对于船长拒绝接受气象导航公司建议的大圆航线,而自行决定采用纬度较低的偏南恒向线(Rhumb Line)航线,承租人自然会产生极大不满,因为恒向线的航程远远超过大圆航线的航程,航时及耗油量亦多于大圆航线。承租人认为船长需要履行租船合约第八条关于"尽速遣航"的责任,迅速完成承租人指定的航线,除非有充足的理由,否则不能使用其他较长的航线,所以船长应采用气象导航公司所推荐的大圆航线。对于这种漠视承租人的航线指示,又未能提出合理的理由的情况,仲裁团明确指出气象导航公司推荐的航线是距离最短的航

线,而且在该季节中,大约有 360 艘船舶采用大圆航线往返于远东与美国西岸之间,并无充分证据显示船长一定要采用恒向线,亦没有证据显示该季节的天气及海况会对采用大圆航线的船舶造成潜在危险。

该案判决指出,承租人依照气象导航公司建议的大圆航线对船长发出航线指示并无问题,在合约责任方面,船长及船东有义务采用最短及最经济航线,而并非漠视承租人的航线指示,擅自采用距离较长的偏南航线,造成承租人因航行时间过长而产生直接经济损失,这是违反合约精神的行为。故此,判决承租人的索赔胜诉。

五、气象导航与船舶保险

船舶在海上航行,常会碰到恶劣的海洋环境和其他海上风险,船舶受损或沉没时有发生,其中不乏天气原因引起的海损。随着气象导航的普及,船舶安全有了较大提高,各种天气原因引起的船损、救助、共损等事故必然相应减少,对船东来说这是一件好事。气象导航使海上事故减少,实际上也为保险公司节省了赔款,因为保险公司承保责任范围内的自然灾害引起的船损或其他费用本应由保险公司负责赔偿。所以保险公司也应该积极建议、鼓励船东使用气象导航服务。如果船舶事故发生率降低,保险赔款减少,那么明智的保险人应在下一年度降低船舶保险费率。这样,气象导航使船东和保险人均受益。

船东为了分散风险,都向保险公司投保船舶险。例如,中国人民保险公司船舶险有全损险(Total Loss Cover)和一切险(ALL Risks Cover)两种。不论哪种,其责任范围均包括"自然灾害"(责任范围第 1 条)。《中国人民保险公司国外业务船舶保险条款说明》中对"自然灾害"的解释包括台风、海啸、季风、巨浪、冰雹、急流等非人力干预所产生的自然现象。责任范围第 3 条还列明"海上灾难"(Perils of the Sea),国际上判例对"海上灾难"解释为包括恶劣天气(heavy weather)。当被保险船舶遇到恶劣天气、风暴等自然灾害引起船舶受损或灭失时,船东可根据购买的险别向保险公司提起索赔。索赔时,船东负有举证之责,证明船舶适航,船东没有过失,事故是由承保的自然灾害风险引起的。航海日志、海事声明等将被船东作为证据。一般保险公司业务人员对航海和海商法知识熟知,因此相信航海日志和海事声明的作用,审核无误后,负责赔偿。假如该船使用气象导航,那么气象导航报告或者特殊服务的气象咨询材料作为第三方证据送交保险公司更能提高船东举证的可信性。因为确有世界上保险公司对被保险人的证据产生怀疑的事件。英国劳氏保险集团(Lioyd's)曾在刊物上报道过他们承保的不少船舶在印度洋沉没或失踪。劳氏对被保险人所称的事故原因表示怀疑,发现船员离船有条不紊、船员个人物品没有丢失等反常现象,决定组织一个调查小组前往印度洋实地调查。

六、气象导航与货物索赔

虽然气象导航技术的普及应用使货运质量事故大为减少,但天气因素仍是造成货损货差质量事故的原因之一。鉴于海上运输风险大这一特征,在班轮运输中,有关的国际公约和各国海上货物运输法都规定承运人对某些货损灭失享有免责权利。例如,1924 年生效的《关于统一提单的某些法律规定的国际公约》(简称《海牙规则》)列明的承运人对某些免责事项有 17 项,其中第 3 项是"海上灾难",各班轮公司的提单上都订有《海牙规则》或根据《海牙规则》制定的国家海上货运法适用本提单的条款。货运中发生货损灭失事故,提单持有人或取得代位求偿权的货物保险人就向承运人提出货物索赔。如果承运人认为货损灭失事故是由本航次船舶遇到恶劣天气等自然灾害引起的,要求引用提单中的"海上灾难"免责(前面几节中已讲到"海上灾难"包括恶劣天气、风暴、龙卷风等自然灾害),就必须充分举证。但是构成"海上灾难"含义的恶劣天气有条件限定,不是所有的风都可说成"海上灾难"。*Shipowners' Cargo Liability and Immunities* 一书指出所遇的恶劣天气应是不寻常和无法预料的,有技术和谨慎的船员也无法征服它。不寻常和无法预料就是指在该时期内发生如此大风是少见的。例如,每年 12 月、1 月份跨越北大西洋碰到 8～9 级大风是正常和预料之内的,这是海洋气象规律,然而碰到 11～12 级大风就是异常的和意料之外的。下面引用几个案例加以说明。Pincoffs Co. V. Atlantic Shipping Co. (1975) AMC 2128 一案中,船舶在 1 月份从安特卫普去往美国查尔斯顿,穿越北大西洋途中遇到了该船长从未碰到过的 12 级大风。法庭判定构成"海上灾难",承运人免除赔偿货物损失的责任。

Yawata Iron and Steel Co. V. Anthony shipping Co. V. Anthony Shipping Co. (1975, AMC 1602)案例中,船舶在 1 月份跨越北太平洋遭遇 9 级风,这在冬季的太平洋上是正常和预料之内的状况。另外,该船附近的几艘在航船舶无一沉没,因此该船沉没是由于船舶不适航所致。

上海远洋公司曾有好几艘集装箱班轮在跨越北太平洋时遇到 12 级大风,甲板上的集装箱有的被打入大海,有的被风浪损坏。这样的天气足以构成"海上灾难"而无须赔偿货主的损失。假如北太平洋冬季的 9 级大风就把甲板上的集装箱打入大海或者杂货船的舱盖漏水,海水进舱水湿货物,就难以构成"海上灾难",这很大可能是船舶不适航所致。承运人对船舶不适航造成的货损或灭失要负赔偿责任,但《海牙规则》第 4 条 5 款规定:承运人可享受每件每单位赔偿责任限制,即 100 英镑。

在引用"海上灾难"免责时,承运人必须充分举证,除了船长的海事声明、航海日志等证据外,气象导航报告、天气咨询等也不失为有力的证据材料。有时候,索赔方也会利用气象导航作假。例如,1998 年我国从德国进口几台电站使用的大型变压器,由外国船舶承运,货运抵上海港,收货人发现严重货损,提出赔偿要求。承运人声称是海上恶劣天气造成货损,要求免责。货物保险人则质问船长是否使用了气象导航服务,船长谎称已使用了气象导航。保险公司派人与气象导航公司核实,发现该船事实上没有使用过气象导航,船方处境尴尬。后经各方协商友好解决,船方也承担了部分赔偿。从本例可见,气象导航及其报告资料等在处理海商、海事争议中被有关当事人灵活地利用以为其服务。

据有些使用过气象导航的船长反映,当他们的船舶在航行中遭遇恶劣天气时,船舶到港后,在向港口当局递交海事声明时将气象导航公司的气象报告和有关资料一并呈上,该海事声明的签认就十分顺利。

七、气象导航与共同海损

海上运输中船舶、货物遭受的海损按其性质分为单独海损和共同海损。因自然灾害、意外事故或其他特殊情况直接造成船货损害,为了解除共同危险,采取合理措施所引起的特殊损失和合理的额外费用,称为共同海损。受益方(包括船方、货方、运费方)分摊共同海损的损失和费用。引起共同海损的原因中有自然灾害,它指的是自然因素和现象引起的后果,完全超出人类的控制能力,也不是能以人的预见来加以避免的。假如船舶在海上突然遇狂风恶浪,处境危险,为了船货的共同安全,不得不抛掉一些货物,这就是特殊损失,或者狂风恶浪将船舶刮偏航道而搁浅,就会发生救助费用。

对于因自然灾害引起的共同海损,船长应立即宣布,要求货方参加分摊。但有时情况复杂,比如说恶劣天气和船舶轻微不适航的事实一并存在,货方必将提出反证,希望共同海损不成立,损失和费用由船方单独承担。因此共同海损能否成立一要看事实,二要看船方提供的证据能否有效地证明事实。船舶使用气象导航或者事后船公司申请特殊天气咨询服务,那么气象导航报告、天气咨询情报等都将是很好的证据材料,它们将与航海日志、海事声明等一并作为支持船方的共同海损主张的依据。

总之,就共同海损这点,船舶使用气象导航服务有两个好处:首先,可减少天气原因引起的共同海损发生率;其次,举证时可赢得主动,有利于共同海损的理算。

第五章　船舶气象导航实例

为使气象导航使用者对气象导航公司的导航过程及导航报告有清晰的了解,本章列举主要气导公司(AWT 和 WNI)的气象导航报告以及其与被导航船船长往来邮件,以供使用者和气导公司沟通时参考。

第一节　AWT 公司气象导航实例

某船 MV SAMPLE 1 从美国莫比尔港到中国青岛港,申请了 AWT 公司的气象导航服务。本节列举 AWT 公司在气导全程结束后的总结报告及部分往来通信邮件。

一、气象导航总结报告

Voyage Performance Report

Wednesday, March 11, 2015

PREPARED BY
APPLIED WEATHER TECHNOLOGY

PRESENTED TO
SAMPLE 1 SHIPPING COMPANY

VESSEL NAME
SAMPLE 1

DEPARTURE PORT AND DATE
MOBILE Jan 27 2015

ARRIVAL PORT AND DATE
QINGDAO Mar 09 2015

REFERENCE NUMBER
150127138

www.awtworldwide.com

AWT Worldwide	AWT NewJersey	AWT Europe	AWT Germany	AWT London	AWT HongKong	AWT Shanghai	AWT Singapore	
Headquarters	T: +1 609 275 5488	T: +44 1224 857920	T: +49 4182 287 132	T: +44 (0)20 3178 8356	T: +852 2865 0282	T: +86 21 6334 6088	T: +65 6224 7068	
140 Kifer Court	F: +1 609 750 9793	F: +44 1224 582168	F: +49 4182 287 133	F: +44 (0)12 2458 2168	F: +852 2865 0228	F: +86 21 6334 6085		
Sunnyvale, CA 94086	AWT Japan	AWT Korea	AWT QuWeather					
U.S.A.	T: +81 3 5211 5652	T: +82 2 739 3464	T: +82 2 737 7007					
T: +1 408 731 8600	F: +81 3 5211 5653	F: +82 2 739 3404	F: +82 2 737 8521					
F: +1 408 731 8601								

Voyage Map

SAMPLE 1 Reference 150127138

SAMPLE 1 SHIPPING COMPANY Laden Voyage

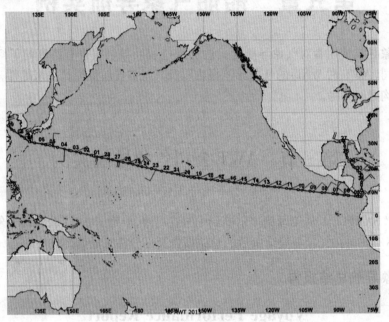

Performance Evaluation

MV. SAMPLE 1

SAMPLE 1 SHIPPING COMPANY

From: MOBILE (30.095N 88.0167W)

To: QINGDAO (35.95N 120.75E)

Reference: 150127138
Laden Voyage
ATD: Jan 27 2015 0630Z
ATA: Mar 09 2015 2200Z

Voyage Summary

Total Distance Sailed	10768.9 NM
Total Time En Route	914.50 hours
Average Speed	11.78 knots

Good Weather Analysis

Good Weather Distance	3986 NM
Good Weather Time En Route	328.63 hours
Good Weather Average Speed	12.13 knots
Good Weather Current Factor	0.22 knots
Performance Speed	**11.91** knots

Time Analysis

CP Speed	About 13.00 knots
Allowed Time En Route	871.82 hours
Time (loss)/gain*	**(42.68) hours**

Allowed CP speed = CP – 0.50 knots for time loss and CP speed for time gain calculations

Allowed Time En Route:

If Time Loss: Total Time En Route – Time Loss

If Time Gain: Total Time En Route + Time Gain

* Time (loss)/gain = Total Distance / Performance Speed – Total Distance / Allowed CP speed

Bunker Analysis

(UNIT: MT)	IFO	MDO
Daily CP Allowance	33.000	0.000
Actual Bunker Consumption	1124.390	6.100
Allowed Bunker Consumption *	1198.752	0.000
Fuel (over)/under consumed	**74.362**	**(6.100)**

* Allowed Bunker Consumption:

If Time Loss: Daily CP Allowance × (Time En route Time Loss if any) / 24

If Time Gain: Daily CP Allowance × (Time En route + Time Gain if any) / 24

If No Time Gain or Loss: Daily CP Allowance × (Time En route) / 24

Daily CP Allowance applies +/– 0%

(UNIT: MT)	Departure		Arrival		Consumed	
From - To	IFO	LS MDO	IFO	LS MDO	IFO	LS MDO
MOBILE-CRISTOBAL	370.920	49.720	248.930	29.580	121.990	20.140
BALBOA-QINGDAO	1585.720	103.900	603.460	97.800	982.260	6.100
TOTAL					1104.250	26.240

The vessel consumed LSMGO in compliance with North American Emission Control Area regulations. A total of 20.14 mt LSMGO of ECA-compliance consumption has been considered as IFO consumption.

Performance Evaluation Explanation

Time Analysis

$$\text{Time Loss/Gain} = \frac{\text{Total Distance}}{\text{Performance Speed}} - \frac{\text{Total Distance}}{\text{Allowed Charter Party (CP) Speed *}}$$

Time Loss: Performance Speed $<$ CP Speed – 0.5
Time Gain: Performance Speed $>$ CP Speed
No time loss and no time gain: (CP Speed – 0.5) $\leq$ Performance Speed $\leq$ CP Speed

* For calculating time loss, 0.5 knots is subtracted from the actual CP speed. For calculating time gain, the CP speed itself is use

Fuel Analysis

The actual bunker consumption is compared with the Charter Party (CP) allowed consumption where the allowed time of the voyage is adjusted to compensate for any time gain or time loss.

Allowed Time for Allowed Consumption:

If time loss: Total Time En Route – time loss at (CP speed – 0.5)

If time gain: Total Time En Route + time gain at CP speed

If no time gain and loss: Total Time En Route

Fuel (over) or under consumption is indicated if the actual consumption is outside the range of what would have been achieved at the stated consumption allowance, based on the Total Time En Route, with above adjustments for any time gain or loss. Allowance in relation to consumption, for any "about" in the wording of the Charter Party, is as instructed by AWT's client.

AWT believes that the above methodology used in this speed and consumption analysis report is in an objective format in accordance with legal precedent, and is considered an objective way to calculate a speed and consumption analysis.

Voyage Summary

SAMPLE 1

SAMPLE 1 SHIPPING

From: MOBILE (30.095N 88.0167W)

To: QINGDAO (35.95N 120.75E)

Reference:　150127138

Laden Voyage

ATD: Jan 27 2015 0630Z

ATA: Mar 09 2015 2200Z

| | DATE | TIME UTC | POSITION | | AWT ANALYZED CONDITIONS | | | | | DAILY | REPORTED WEATHER | | INTERVAL | |
| | | | LAT | LON | WIND | | WAVE | SWELL | | | | | | |
					DIR	BF	M	DIR	M	CF	DIR	BF	NM	KTS
BR	27-Jan	0630	Dep:MOBILE											
CP	27-Jan	1200			WNW	5	1.6	WSW	0.0					
RP	27-Jan	1800	27.9N	87.3W	NW	5	1.4	W	1.2	0.50	W	5	139.6	12.14
CP	28-Jan	0000			NW	4	1.1	WNW	1.0					
CP	28-Jan	0600			NNW	4	1.2	WNW	1.0					
CP	28-Jan	1200			N	4	1.1	WNW	0.9					
RP	28-Jan	1800	23.3N	86.1W	NNE	4	1.2	WNW	0.8	0.15	E	5	288.5	12.02
CP	29-Jan	0000			NNE	5	1.8	NNW	1.1					
CP	29-Jan	0600			NE	5	1.4	NW	0.2					
CP	29-Jan	1200			NE	5	1.4	ESE	0.2					
RP	29-Jan	1700	19.6N	83.3W	NE	5	1.4	E	1.1	-0.23	E	5	277.3	12.06
CP	29-Jan	1800			NE	5	1.4	N	0.7					
CP	30-Jan	0000			NE	5	1.4	E	1.3					
CP	30-Jan	0600			ENE	5	1.4	ENE	1.7					
CP	30-Jan	1200			NE	5	1.4	NE	1.7					
RP	30-Jan	1700	16.5N	80.0W	NE	5	1.0	NNE	1.2	-0.97	E	6	259.8	10.82
CP	30-Jan	1800			NE	5	1.4	ENE	1.3					
CP	31-Jan	0000			NE	5	1.4	ESE	1.5					
CP	31-Jan	0600			NE	5	1.4	ESE	1.6					
CP	31-Jan	1200			NE	5	1.4	E	1.7					
RP	31-Jan	1700	12.0N	79.8W	NE	5	1.4	ENE	1.6	-0.22	ENE	6	280.1	11.67
CP	31-Jan	1800			NE	5	1.4	ENE	1.6					
CP	01-Feb	0000			NNE	4	1.2	ENE	1.9					
AP	01-Feb	0600	Arr:CRISTOBAL		NNE	5	1.6	ENE	1.5	0.06			145.7	11.21
DP	04-Feb	1900	Dep:BALBOA											
CP	05-Feb	0000			NNW	4	0.6	NNW	0.5					
RP	05-Feb	0522	7.0N	80.4W	N	5	1.1	SSW	0.5	1.07			137.4	13.25
CP	05-Feb	0600			N	5	1.1	SSW	0.5					
CP	05-Feb	1200			NW	2	0.2	SSW	0.9					
RP	05-Feb	1700	7.1N	82.7W	SW	3	0.3	SSW	1.3	-0.40	N	5	138.1	11.87
CP	05-Feb	1800			WSW	2	0.2	SSW	1.3					
CP	06-Feb	0000			WNW	3	0.4	SSW	1.4					
CP	06-Feb	0600			W	3	0.5	SSW	1.3					
CP	06-Feb	1200			NW	3	0.5	SSW	1.1					
RP	06-Feb	1800	7.6N	87.6W	NNE	5	1.4	SSW	1.0	-0.34	NNW	5	289.9	11.60
CP	07-Feb	0000			NNE	4	1.2	SSW	1.3					
CP	07-Feb	0600			NE	3	0.3	SSW	1.6					
CP	07-Feb	1200			N	3	0.5	SSW	1.8					
RP	07-Feb	1800	8.2N	92.5W	NE	4	1.1	NNW	1.8	1.23	NNE	5	295.2	12.30
CP	08-Feb	0000			NNE	4	1.2	NNW	2.0					
CP	08-Feb	0600			NNE	4	0.9	N	2.6					
CP	08-Feb	1200			NNE	4	0.6	NNE	2.5					
RP	08-Feb	1800	8.8N	97.6W	NE	3	0.5	NNE	2.2	0.37	NNE	5	303.0	12.62
CP	09-Feb	0000			NE	3	0.6	NNE	1.9					
CP	09-Feb	0600			ENE	3	0.5	NNE	1.7					
CP	09-Feb	1200			NE	3	0.5	NE	1.5					
CP	09-Feb	1800			NE	4	0.7	NE	1.3					
RP	09-Feb	1900	9.4N	102.9W	NE	4	0.7	NE	1.3	0.42	NE	5	316.4	12.66
CP	10-Feb	0000			NE	3	0.5	SSW	1.2					
CP	10-Feb	0600			NE	3	0.4	SSW	1.3					
CP	10-Feb	1200			NE	3	0.4	SSW	1.3					

(Continued)

CP	10-Feb	1800			ENE	3	0.5	WNW	1.6					
RP	10-Feb	1900	10.0N	108.0W	ENE	3	0.5	WNW	1.6	0.66	NE	4	308.4	12.85
CP	11-Feb	0000			ENE	3	0.4	WNW	2.0					
CP	11-Feb	0600			E	3	0.4	WNW	2.2					
CP	11-Feb	1200			ENE	3	0.5	WNW	2.2					
CP	11-Feb	1800			ENE	3	0.5	WNW	2.4					
RP	11-Feb	1900	10.6N	113.3W	ENE	3	0.5	WNW	2.4	0.71	ENE	4	314.1	13.09
CP	12-Feb	0000			ENE	3	0.5	WNW	2.4					
CP	12-Feb	0600			ENE	4	0.8	WNW	2.2					
CP	12-Feb	1200			ENE	4	0.7	WNW	2.0					
CP	12-Feb	1800			ENE	4	0.9	WNW	1.8					
RP	12-Feb	2000	11.2N	118.6W	ENE	4	0.9	WNW	1.8	0.74	NE	4	315.9	12.64
CP	13-Feb	0000			E	3	0.5	WNW	1.8					
CP	13-Feb	0600			ENE	3	0.5	WNW	1.8					
CP	13-Feb	1200			ENE	3	0.4	WNW	2.1					
CP	13-Feb	1800			ENE	3	0.5	WNW	2.4					
RP	13-Feb	2000	11.8N	123.6W	ENE	3	0.5	WNW	2.4	0.19	NE	4	295.4	12.31
CP	14-Feb	0000			NE	3	0.5	WNW	2.6					
CP	14-Feb	0600			NE	4	0.9	WNW	2.6					
CP	14-Feb	1200			NE	4	0.9	WNW	2.5					
CP	14-Feb	1800			NE	4	0.9	WNW	2.5					
RP	14-Feb	2000	12.4N	128.7W	ENE	4	0.9	WNW	2.5	0.29	NE	5	298.8	12.45
CP	15-Feb	0000			E	4	0.9	WNW	2.5					
CP	15-Feb	0600			E	4	0.8	WNW	2.5					
CP	15-Feb	1200			ENE	4	0.7	WNW	2.5					
CP	15-Feb	1800			ENE	4	0.8	WNW	2.3					
RP	15-Feb	2100	13.0N	133.9W	ENE	4	0.9	NW	2.1	0.38	NE	5	311.9	12.48
CP	16-Feb	0000			ENE	4	0.8	NW	2.1					
CP	16-Feb	0600			ENE	4	1.0	NW	1.9					
CP	16-Feb	1200			ENE	3	0.6	NW	1.9					
CP	16-Feb	1800			ENE	4	0.8	NW	1.6					
RP	16-Feb	2100	13.6N	139.0W	E	4	0.7	NW	1.4	0.54	NE	5	299.4	12.48
CP	17-Feb	0000			ENE	4	0.7	NW	1.4					
CP	17-Feb	0600			ENE	4	0.7	NW	1.7					
CP	17-Feb	1200			ENE	4	0.6	NW	2.6					
CP	17-Feb	1800			ENE	4	0.9	NW	2.9					
RP	17-Feb	2100	14.1N	144.0W	ENE	4	0.8	NW	2.7	0.43	ENE	4	294.7	12.28
CP	18-Feb	0000			ENE	4	0.9	NW	2.5					
CP	18-Feb	0600			ENE	4	1.1	NW	2.1					
CP	18-Feb	1200			ENE	4	1.2	NW	1.8					
CP	18-Feb	1800			ENE	4	1.2	NNW	1.7					
RP	18-Feb	2200	14.7N	149.3W	ENE	4	1.0	NNW	1.7	0.48	NE	5	310.5	12.42
CP	19-Feb	0000			ENE	4	1.1	ENE	1.6					
CP	19-Feb	0600			ENE	4	1.2	E	1.3					
CP	19-Feb	1200			ENE	4	1.2	E	1.1					
CP	19-Feb	1800			E	4	0.9	E	1.4					
RP	19-Feb	2200	15.3N	154.5W	E	4	0.8	WNW	1.7	0.32	NE	5	303.0	12.62
CP	20-Feb	0000			E	4	0.8	WNW	1.7					
CP	20-Feb	0600			E	4	0.5	WNW	2.2					
CP	20-Feb	1200			E	3	0.3	WNW	3.0					
CP	20-Feb	1800			E	2	0.2	WNW	3.5					
RP	20-Feb	2200	16.3N	159.6W	NE	3	0.4	WNW	3.6	0.41	NE	4	297.6	12.40
CP	21-Feb	0000			NE	3	0.4	WNW	3.6					
CP	21-Feb	0600			NE	3	0.5	WNW	3.6					
CP	21-Feb	1200			E	4	0.7	WNW	3.6					
CP	21-Feb	1800			E	4	0.6	NW	3.3					
RP	21-Feb	2300	17.3N	164.7W	ENE	4	0.4	WNW	3.0	0.81	NE	5	299.1	11.96
CP	22-Feb	0000			ENE	4	0.4	WNW	3.0					
CP	22-Feb	0600			ENE	4	0.8	WNW	2.6					
CP	22-Feb	1200			E	4	0.8	WNW	2.3					
CP	22-Feb	1800			SE	4	0.6	WNW	2.0					
RP	22-Feb	2300	18.2N	169.3W	SSE	4	0.5	NNW	1.9	0.41	SE	5	270.2	11.26
CP	23-Feb	0000			SSE	4	0.6	NNW	1.8					
CP	23-Feb	0600			SSW	4	0.8	WNW	1.9					
CP	23-Feb	1200			SSW	3	0.6	WNW	2.8					
CP	23-Feb	1800			SW	3	0.4	WNW	3.3					
RP	23-Feb	2300	19.2N	173.9W	SSW	4	0.8	WNW	4.1	-0.04	S	6	269.7	11.24
CP	24-Feb	0000			SSW	4	0.8	WNW	4.1					
CP	24-Feb	0600			NNW	4	0.5	WNW	4.3					
CP	24-Feb	1200			NNW	4	1.2	WNW	3.8					
CP	24-Feb	1800			N	4	1.2	WNW	3.5					
RP	25-Feb	0000	20.0N	178.1W	N	4	1.2	WNW	3.2	0.08	NNW	6	243.5	9.74
CP	25-Feb	0600			NNE	5	1.4	NNW	2.9					

(Continued)

CP	25-Feb	1200			NE	5	1.4	NNW	2.8					
CP	25-Feb	1800			NE	5	1.4	NNW	2.6					
RP	26-Feb	0000	21.0N	177.7E	ENE	5	1.4	N	2.5	0.48	NE	6	244.9	10.20
CP	26-Feb	0600			ENE	5	1.4	N	2.2					
CP	26-Feb	1200			ENE	6	2.1	NNE	1.8					
CP	26-Feb	1800			ENE	5	1.4	NNE	1.9					
RP	27-Feb	0000	21.9N	173.2E	ENE	6	1.9	NNE	1.8	0.27	NE	6	258.7	10.78
CP	27-Feb	0600			ENE	5	1.4	NNE	1.9					
CP	27-Feb	1200			ENE	6	2.3	E	1.8					
CP	27-Feb	1800			E	6	2.0	E	1.9					
CP	28-Feb	0000			E	6	2.0	ESE	1.9					
RP	28-Feb	0100	22.8N	168.5E	E	6	2.0	ESE	1.9	0.08	NE	6	266.4	10.66
CP	28-Feb	0600			E	5	1.4	ESE	2.3					
CP	28-Feb	1200			E	5	1.4	ESE	2.1					
CP	28-Feb	1800			E	4	1.2	ESE	2.2					
CP	01-Mar	0000			E	4	0.8	ESE	2.2					
RP	01-Mar	0100	23.8N	163.7E	E	4	0.8	ESE	2.2	0.15	NE	5	270.1	11.25
CP	01-Mar	0600			E	4	0.8	ESE	2.0					
CP	01-Mar	1200			E	4	0.9	ESE	1.9					
CP	01-Mar	1800			E	5	1.2	ESE	1.9					
CP	02-Mar	0000			ESE	4	1.1	NNW	2.5					
RP	02-Mar	0100	24.7N	158.9E	ESE	4	1.1	NNW	2.5	-0.03	SE	5	269.4	11.23
CP	02-Mar	0600			ESE	4	0.9	NNW	2.6					
CP	02-Mar	1200			ESE	4	1.1	NNW	2.4					
CP	02-Mar	1800			SE	4	0.9	NNW	2.2					
CP	03-Mar	0000			S	3	0.5	ESE	2.0					
RP	03-Mar	0200	25.7N	153.8E	SSE	3	0.5	ESE	2.0	-0.18	S	5	281.9	11.28
CP	03-Mar	0600			ESE	2	0.1	ESE	1.8					
CP	03-Mar	1200			ENE	5	1.0	ESE	1.5					
CP	03-Mar	1800			E	4	0.8	ESE	1.8					
CP	04-Mar	0000			SE	5	1.4	ESE	1.4					
RP	04-Mar	0200	26.7N	148.7E	SE	5	1.4	ESE	1.4	-0.15	ESE	5	285.4	11.89
CP	04-Mar	0600			S	4	0.8	ESE	1.7					
CP	04-Mar	1200			S	4	0.6	ESE	1.6					
CP	04-Mar	1800			SSW	5	1.2	ESE	1.1					
CP	05-Mar	0000			SW	4	0.9	WNW	1.7					
RP	05-Mar	0200	27.9N	143.7E	SW	4	0.9	WNW	1.7	0.21	SW	5	275.9	11.50
CP	05-Mar	0600			NNW	3	0.4	WNW	1.8					
CP	05-Mar	1200			N	3	0.4	WNW	1.5					
CP	05-Mar	1800			NNE	4	0.9	WNW	1.3					
CP	06-Mar	0000			ENE	4	1.0	N	1.3					
RP	06-Mar	0300	28.9N	138.3E	NE	3	0.5	NNW	1.5	-0.35	NNW	5	292.3	11.69
CP	06-Mar	0600			ENE	3	0.6	N	1.4					
CP	06-Mar	1200			E	4	1.1	ESE	0.9					
CP	06-Mar	1800			E	5	0.5	ESE	1.3					
CP	07-Mar	0000			E	4	0.5	ESE	1.2					
RP	07-Mar	0300	29.7N	132.9E	WSW	4	0.9	NE	0.9	0.00	WNW	5	283.1	11.80
CP	07-Mar	0600			N	5	1.3	NE	0.9					
CP	07-Mar	1200			NNW	4	1.2	ESE	0.8					
CP	07-Mar	1800			N	5	1.4	ESE	0.7					
CP	08-Mar	0000			NE	4	1.2	N	1.4					
RP	08-Mar	0300	31.3N	128.2E	NE	3	0.3	N	1.1	-0.93	NNE	6	269.4	11.22
CP	08-Mar	0600			NE	3	0.4	NNE	0.9					
CP	08-Mar	1200			E	3	0.6	ENE	0.6					
CP	08-Mar	1800			NNE	4	0.5	E	0.4					
CP	09-Mar	0000			N	4	1.2	ENE	0.3					
RP	09-Mar	0400	34.1N	123.4E	N	7	3.2	WNW	0.4	-0.21	NNW	7	294.5	11.78
CP	09-Mar	0600			N	7	2.6	ENE	0.3					
CP	09-Mar	1200			NNW	7	3.0	NE	0.5					
CP	09-Mar	1800			N	6	1.8	ENE	0.6					
ER	09-Mar	2200	Arr:QINGDAO		NW	3	0.6	NNE	1.2	0.09			173.7	9.65

Positions:**BR**-Begin Route　**ER**-End Route　**AP**-Arrive Middle Port

DP-Depart Middle Port　**SV**-Stop Voyage　**RV**-Resume Voyage

RP-Reported Position　**CP**-Calculated Position

Directions:**HD**-Head　**BW**-Bow　**BM**-Beam　**QF**-QFollow　**FL**-Follow

Yellow highlighted intervals are analyzed as good weather. Good weather intervals are considered those intervals during which over one-half of the weather encountered meets the good weather criteria.

Good Weather Voyage Summary

MV.SAMPLE 1

SAMPLE 1 SHIPPING

From: MOBILE (30.095N 88.0167W)

To: QINGDAO (35.95N 120.75E)

Reference: 150127138

Laden Voyage

ATD: Jan 27 2015 0630Z

ATA: Mar 09 2015 2200Z

	DATE	TIME UTC	POSITION		WIND		WAVE	SWELL		DAILY CF	REPORTED WEATHER		INTERVAL	
			LAT	LON	DIR	BF	M	DIR	M		DIR	BF	NM	KTS
CP	28-Jan	0000			NW	4	1.1	WNW	1.0					
CP	28-Jan	0600			NNW	4	1.2	WNW	1.0					
CP	28-Jan	1200			N	4	1.1	WNW	0.9					
RP	28-Jan	1800	23.3N	86.1W	NNE	4	1.2	WNW	0.8	0.15	E	5	288.5	12.02
CP	05-Feb	0600			N	5	1.1	SSW	0.5					
CP	05-Feb	1200			NW	2	0.2	SSW	0.9					
RP	05-Feb	1700	7.1N	82.7W	SW	3	0.3	SSW	1.3	-0.40	N	5	138.1	11.87
CP	05-Feb	1800			WSW	2	0.2	SSW	1.3					
CP	06-Feb	0000			WNW	3	0.4	SSW	1.4					
CP	06-Feb	0600			W	3	0.5	SSW	1.3					
CP	06-Feb	1200			NW	3	0.5	SSW	1.1					
RP	06-Feb	1800	7.6N	87.6W	NNE	5	1.4	SSW	1.0	-0.34	NNW	5	289.9	11.60
CP	07-Feb	0000			NNE	4	1.2	SSW	1.3					
CP	07-Feb	0600			NE	3	0.3	SSW	1.6					
CP	07-Feb	1200			N	3	0.5	SSW	1.8					
RP	07-Feb	1800	8.2N	92.5W	NE	4	1.1	NNW	1.8	1.23	NNE	5	295.2	12.30
CP	09-Feb	0000			NE	3	0.6	NNE	1.9					
CP	09-Feb	0600			ENE	3	0.5	NNE	1.7					
CP	09-Feb	1200			NE	3	0.5	NE	1.5					
CP	09-Feb	1800			NE	4	0.7	NE	1.3					
RP	09-Feb	1900	9.4N	102.9W	NE	4	0.7	NE	1.3	0.42	NE	5	316.4	12.66
CP	10-Feb	0000			NE	3	0.5	SSW	1.2					
CP	10-Feb	0600			NE	3	0.4	SSW	1.3					
CP	10-Feb	1200			NE	3	0.4	SSW	1.3					
CP	10-Feb	1800			ENE	3	0.5	WNW	1.6					
RP	10-Feb	1900	10.0N	108.0W	ENE	3	0.5	WNW	1.6	0.66	NE	4	308.4	12.85
CP	12-Feb	0000			ENE	3	0.5	WNW	2.4					
CP	12-Feb	0600			ENE	4	0.8	WNW	2.2					
CP	12-Feb	1200			ENE	4	0.7	WNW	2.0					
CP	12-Feb	1800			ENE	4	0.9	WNW	1.8					
RP	12-Feb	2000	11.2N	118.6W	ENE	4	0.9	WNW	1.8	0.74	NE	4	315.9	12.64
CP	16-Feb	0000			ENE	4	0.8	NW	2.1					
CP	16-Feb	0600			ENE	4	1.0	NW	1.9					
CP	16-Feb	1200			ENE	3	0.6	NW	1.9					
CP	16-Feb	1800			ENE	4	0.8	NW	1.6					
RP	16-Feb	2100	13.6N	139.0W	E	4	0.7	NW	1.4	0.54	NE	5	299.4	12.48
CP	18-Feb	0000			ENE	4	0.9	NW	2.5					
CP	18-Feb	0600			ENE	4	1.1	NW	2.1					
CP	18-Feb	1200			ENE	4	1.2	NW	1.8					
CP	18-Feb	1800			ENE	4	1.2	NNW	1.7					
RP	18-Feb	2200	14.7N	149.3W	ENE	4	1.0	NNW	1.7	0.48	NE	5	310.5	12.42
CP	19-Feb	0000			ENE	4	1.1	ENE	1.6					
CP	19-Feb	0600			ENE	4	1.2	E	1.3					
CP	19-Feb	1200			ENE	4	1.2	E	1.1					
CP	19-Feb	1800			E	4	0.9	E	1.4					
RP	19-Feb	2200	15.3N	154.5W	E	4	0.8	WNW	1.7	0.32	NE	5	303.0	12.62
CP	04-Mar	0600			S	4	0.8	ESE	1.7					

(Continued)

	Date	Time	Lat	Lon										
CP	04-Mar	1200			S	4	0.6	ESE	1.6					
CP	04-Mar	1800			SSW	5	1.2	ESE	1.1					
CP	05-Mar	0000			SW	4	0.9	WNW	1.7					
RP	05-Mar	0200	27.9N	143.7E	SW	4	0.9	WNW	1.7	0.21	SW	5	275.9	11.50
CP	05-Mar	0600			NNW	3	0.4	WNW	1.8					
CP	05-Mar	1200			N	3	0.4	WNW	1.5					
CP	05-Mar	1800			NNE	4	0.9	WNW	1.3					
CP	06-Mar	0000			ENE	4	1.0	N	1.3					
RP	06-Mar	0300	28.9N	138.3E	NE	3	0.5	NNW	1.5	-0.35	NNW	5	292.3	11.69
CP	06-Mar	0600			ENE	3	0.6	N	1.4					
CP	06-Mar	1200			E	4	1.1	ESE	0.9					
CP	06-Mar	1800			E	5	0.5	ESE	1.3					
CP	07-Mar	0000			E	4	0.5	ESE	1.2					
RP	07-Mar	0300	29.7N	132.9E	WSW	4	0.9	NE	0.9	0.00	WNW	5	283.1	11.80
CP	07-Mar	0600			N	5	1.3	NE	0.9					
CP	07-Mar	1200			NNW	4	1.2	ESE	0.8					
CP	07-Mar	1800			N	5	1.4	ESE	0.7					
CP	08-Mar	0000			NE	4	1.2	N	1.4					
RP	08-Mar	0300	31.3N	128.2E	NE	3	0.3	N	1.1	-0.93	NNE	6	269.4	11.22
										TOTAL		3986	12.13	

Positions:**BR**-Begin Route   **ER**-End Route   **AP**-Arrive Middle Port **DP**-Depart Middle Port

SV-Stop Voyage   **RV**-Resume Voyage **RP**-Reported Position   **CP**-Calculated Position

Directions:**HD**-Head **BW**-Bow **BM**-Beam **QF**-QFollow **FL**-Follow

Good weather intervals are considered those intervals during which over one-half of the weather encountered meets the good weather criteria.

Engine Summary

MV. SAMPLE 1

SAMPLE 1 SHIPPING COMPANY
From: MOBILE (30.095N 88.0167W)
To: QINGDAO (35.95N 120.75E)

Reference: 150127138
Laden Voyage
ATD: Jan 27 2015 0630Z
ATA: Mar 09 2015 2200Z

	DATE	TIME UTC	POSITION LAT	LON	ENGINE RPM	SLIP	BROB (mt) IFO	LS MDO	AVG.DAILY CONS.(mt) IFO	LS MDO	WIND DIR	BF	WAVE M	SWELL DIR	M	INTERVAL NM	HRS	KTS
BR	27-Jan	0630	Dep:MOBILE				370.92	49.72										
RP	27-Jan	1800	27.9N	87.3W	73.60	4.77	370.92	37.41	0.00	25.69	QF	5	1.4	BM	1.2	139.6	11.5	12.14
RP	28-Jan	1800	23.3N	86.1W	75.24	7.42	353.19	29.58	17.73	7.83	QF	4	1.2	QF	0.8	288.5	24.0	12.02
RP	29-Jan	1700	19.6N	83.3W	80.02	12.71	324.36	29.58	30.08	0.00	BM	5	1.4	BW	1.1	277.3	23.0	12.06
RP	30-Jan	1700	16.5N	80.0W	79.90	21.80	293.90	29.58	30.46	0.00	BM	5	1.0	BM	1.2	259.8	24.0	10.82
RP	31-Jan	1700	12.0N	79.8W	78.92	14.34	264.17	29.58	29.73	0.00	QF	5	1.4	BM	1.6	280.1	24.0	11.67
AP	01-Feb	0600	Arr:CRISTOBAL				248.93	29.58	28.14	0.00	QF	5	1.6	QF	1.5	145.7	13.0	11.21
DP	04-Feb	1900	Dep:BALBOA				1585.72	103.90										
RP	05-Feb	0522	7.0N	80.4W							BM	5	1.1	BW	0.5	137.4	10.4	13.25
RP	05-Feb	1700	7.1N	82.7W	79.80	9.26	1558.30	103.80	29.91	0.11	BW	3	0.3	BW	1.3	138.1	11.6	11.87
RP	06-Feb	1800	7.6N	87.6W	79.00	14.92	1526.06	103.60	30.95	0.19	BM	5	1.4	BW	1.0	289.9	25.0	11.60
RP	07-Feb	1800	8.2N	92.5W	79.10	10.04	1495.80	103.40	30.26	0.20	QF	4	1.1	BM	1.8	295.2	24.0	12.30
RP	08-Feb	1800	8.8N	97.6W	79.08	7.56	1465.40	103.20	30.40	0.20	QF	3	0.5	QF	2.2	303.0	24.0	12.62
RP	09-Feb	1900	9.4N	102.9W	79.10	7.35	1434.43	103.00	29.73	0.19	QF	4	0.7	QF	1.3	316.4	25.0	12.66
RP	10-Feb	1900	10.0N	108.0W	79.10	5.86	1404.74	102.90	29.69	0.10	FL	3	0.5	BW	1.6	308.4	24.0	12.85
RP	11-Feb	1900	10.6N	113.3W	79.06	3.97	1374.53	102.70	30.21	0.20	QF	3	0.5	BW	2.4	314.1	24.0	13.09
RP	12-Feb	2000	11.2N	118.6W	78.92	7.35	1342.44	102.50	30.81	0.19	QF	4	0.9	BW	1.8	315.9	25.0	12.64
RP	13-Feb	2000	11.8N	123.6W	78.97	9.88	1312.20	102.30	30.24	0.20	QF	3	0.5	BW	2.4	295.4	24.0	12.31
RP	14-Feb	2000	12.4N	128.7W	79.04	8.73	1281.86	102.10	30.34	0.20	QF	4	0.9	BW	2.5	298.8	24.0	12.45
RP	15-Feb	2100	13.0N	133.9W	79.10	8.60	1249.95	101.90	30.63	0.19	QF	4	0.9	BW	2.1	311.9	25.0	12.48
RP	16-Feb	2100	13.6N	139.0W	79.10	8.33	1219.09	101.70	30.86	0.20	FL	4	0.7	BW	1.4	299.4	24.0	12.48
RP	17-Feb	2100	14.1N	144.0W	79.07	10.22	1188.28	101.50	30.81	0.20	QF	4	0.8	BW	2.7	294.7	24.0	12.28
RP	18-Feb	2200	14.7N	149.3W	79.10	8.84	1156.40	101.30	30.61	0.19	QF	4	1.0	BW	1.7	310.5	25.0	12.42
RP	19-Feb	2200	15.3N	154.5W	79.60	8.58	1124.99	101.10	31.41	0.20	FL	4	0.8	BW	1.7	303.0	24.0	12.62
RP	20-Feb	2200	16.3N	159.6W	79.20	9.35	1093.92	100.90	31.07	0.20	QF	3	0.4	HD	3.6	297.6	24.0	12.40
RP	21-Feb	2300	17.3N	164.7W	77.01	9.44	1064.33	100.70	28.41	0.19	QF	4	0.4	HD	3.0	299.1	25.0	11.96
RP	22-Feb	2300	18.2N	169.3W	77.03	15.16	1035.38	100.50	28.95	0.20	QF	4	0.5	BW	1.9	270.2	24.0	11.26
RP	23-Feb	2300	19.2N	173.9W	77.10	15.18	1006.65	100.30	28.73	0.20	BM	4	0.8	HD	4.1	269.7	24.0	11.24
RP	25-Feb	0000	20.0N	178.1W	76.80	26.27	976.71	100.10	28.74	0.19	BM	4	1.2	HD	3.2	243.5	25.0	9.74
RP	26-Feb	0000	21.0N	177.7E	76.70	22.77	947.69	99.90	29.02	0.20	QF	5	1.4	BM	2.5	244.9	24.0	10.20
RP	27-Feb	0000	21.9N	173.2E	76.82	18.44	918.69	99.70	29.00	0.20	QF	6	1.9	BM	1.8	258.7	24.0	10.78
RP	28-Feb	0100	22.8N	168.5E	76.88	19.58	888.98	99.50	28.52	0.19	FL	6	2.0	FL	1.9	266.4	25.0	10.66
RP	01-Mar	0100	23.8N	163.7E	76.83	14.93	860.60	99.30	28.38	0.20	FL	4	0.8	FL	2.2	270.1	24.0	11.25
RP	02-Mar	0100	24.7N	158.9E	76.85	15.07	832.45	99.10	28.15	0.20	FL	4	1.1	BW	2.5	269.4	24.0	11.23
RP	03-Mar	0200	25.7N	153.8E	76.90	14.55	802.49	98.90	28.76	0.19	QF	3	0.5	FL	2.0	281.9	25.0	11.28
RP	04-Mar	0200	26.7N	148.7E	76.94	14.02	773.61	98.70	28.88	0.20	QF	5	1.4	FL	1.4	285.4	24.0	11.89
RP	05-Mar	0200	27.9N	143.7E	77.00	13.62	744.68	98.50	28.93	0.20	BW	4	0.9	HD	1.7	275.9	24.0	11.50
RP	06-Mar	0300	28.9N	138.3E	77.15	12.25	714.44	98.30	29.03	0.19	QF	3	0.5	BM	1.5	292.3	25.0	11.69
RP	07-Mar	0300	29.7N	132.9E	77.21	11.16	685.33	98.10	29.11	0.20	BW	4	0.9	QF	0.9	283.1	24.0	11.80
RP	08-Mar	0300	31.3N	128.2E	76.89	15.69	656.59	98.00	28.74	0.10	BM	3	0.3	BW	1.1	269.4	24.0	11.22
RP	09-Mar	0400	34.1N	123.4E	76.93	11.28	626.09	97.90	29.28	0.10	BW	7	3.2	HD	0.4	294.5	25.0	11.78
ER	09-Mar	2200	Arr:QINGDAO				603.46	97.80	30.17	0.13	HD	3	0.6	BW	1.2	173.7	18.0	9.65

Positions:**BR**-Begin Route **ER**-End Route **AP**-Arrive Middle Port **DP**-Depart

Middle Port **SV**-Stop Voyage **RV**-Resume Voyage **RP**-Reported

Position **CP**-Calculated Position

Directions:**HD**-Head **BW**-Bow **BM**-Beam **QF**-QFollow **FL**-Follow

Yellow highlighted intervals are analyzed as good weather. Good weather intervals are considered those intervals during which over one-half of the weather encountered meets the good weather criteria.

A STORMGEO COMPANY

WWW.AWTWORLDWIDE.COM

Weather Evaluation

MV. SAMPLE 1

SAMPLE 1 SHIPPING COMPANY

From: MOBILE (30.095N 88.0167W)

To: QINGDAO (35.95N 120.75E)

Wind

Dir BF	Head Hours	Bow Hours	Beam Hours	Q-follow Hours	Follow Hours	Total Hours
≤2		12.3			10.0	22.3
3	12.0	18.0	29.0	136.0	23.0	218.0
4		27.6	58.0	193.4	140.6	419.6
5		9.4	80.2	93.1	24.0	206.6
6		4.0		18.0	12.0	34.0
≥7		14.0				14.0
Overall Voyage						914.5

Swell

Dir Meter	Head Hours	Bow Hours	Beam Hours	Q-follow Hours	Follow Hours	Total Hours
≤1.5	19.0	82.2	70.1	81.2	72.2	324.7
1.6~2	23.0	94.4	66.6	18.0	63.3	265.2
2.1~3	38.6	162.0	24.0	11.0	24.0	259.6
3.1~4	47.0	5.0				52.0
≥4.1	13.0					13.0
Overall Voyage						914.5

BUNKER CALCULATION WORKSHEET

SAMPLE 1

SAMPLE 1 SHIPPING COMPANY

From: MOBILE (30.095N 88.0167W)

To: QINGDAO (35.95N 120.75E)

Laden Voyage

ATD: Jan 27 2015 0630Z

ATA: Mar 09 2015 2200Z

Voyage Data	
Time En-Route:	914.50
Distance:	10768.9
FO Consumption:	1124.390
DO Consumption:	6.100
Performance Speed:	11.91

Charter Party Terms		
CP Speed:	Abt	13.00
FO CP Rate:	Abt	33.000
DO CP Rate:	Abt	0.000

二、船长和气象导航公司往来邮件（Message Traffic）

MV. SAMPLE 1

SAMPLE 1 SHIPPING COMPANY

From：MOBILE（30.095N 88.0167W）

To：QINGDAO（35.95N 120.75E）

1. FM：MASTER（Jan 27 2015 0733-8）

-----Original Message-----

From：SAMPLE 1@ SkyFile. com

Sent：Jan 27，2015 07:33

To：ops@ appliedweather. com

Importance：None

Subject：M/VSAMPLE 1/AWT/DEPARTURE REPORT – MOBILE

MSG：0264/15

= DEPARTURE REPORT =

SAMPLE 1/V7HZ8

27/01/15 00.30 LT/ UTC – COSP PSN：30 – 05.7′N；088 – 01.0′W

BROB：IFO = 370.92 MT ULSMGO = 49.72 MT

INTENDED ROUTE：SHORTEST ROUTE TO PANCANAL

CALM SEA SPEED：13.0 KNTS CHRTRS

STABILITY：GM = 3.39 M 14S ABT ROLL PERIOD.

REMARKS：NIL

BRGDS

MASTER M/V SAMPLE 1

2. FM：AWT（Jan 27 2015 0305 – 8）

TO：MASTER/SAMPLE 1

FM：AWT

THE FOLLOWING IS BASED ON DEPARTURE 27 JAN, 15 AT CALM SEA SPEED 13.00 KNOTS

（1）WEATHER：

FORECAST	WIND(D/BF/SEA)	SWELL(D/HT/PD)	SIGWV(D/HT)
28/00Z	NW/5/2.0M	WNW/1.5M/7S	NW/2.0M
29/00Z	NE/6/2.5M	NNW/1.0M/7S	NE/2.5M
30/00Z	NE/6/2.5M	ENE/2.0M/8S	NE/3.5M
31/00Z	NE/5/2.0M	E/2.5M/9S	E/3.0M

CRISTOBAL/BALBOA

（2）ROUTE RECOMMENDATION：AS SAFE NAVIGATION PERMITS, SHORTEST ROUTE CRISTOBAL VIAYUCATAN CHANNEL.

PLEASE ADVISE ONWARD PORT ROTATION AFTERPANAMA CANAL.

（3）PROCEDURES, PLEASE ADVISE：

– INTENDED ROUTE.

– FORE AND AFT SALT WATER SAILING DRAFT

IN METERS

– IF SAILING BALLAST OR LADEN

– IF LADEN, NATURE AND WEIGHT OF CARGO ON BOARD IN MT, AND

IF LOADED WITH ANY DECK CARGO

– NOON POSN（UTC）DAILY, WITH BROB, SPEED, HEADING, RPM, SLIP（PITCH IF CPP）, WEATHER AND DISTANCE SAILED SINCE

LAST NOON POSITION

– EXPECTED LENGTH OF STAY AT EACH PORT OF CALL

– CONFIRM PORT ROTATION

– IF APPLICABLE, DURING THE VOYAGE YOU ARE REQUIRED TO

OPERATE OUTSIDE THE CHARTER PARTY TERMS, ADVISE

DATE/TIME（UTC）/POSITION/BROB WHEN SPEED IS ADJUSTED AND

AGAIN WHEN CP SPEED IS RESUMED

– ON ARRIVAL, ADVISE TIME（UTC）/POSITION/BROB FOR EOSP

WITH TOTAL MILEAGE FOR VOYAGE

– IF TRANSITTING AN EMISSION CONTROL AREA, PLEASE PROVIDE

TIME（GMT）/POSITION（LAT/LONG）AND FUEL BROB AT TIME OF

ENTERING AND EXITING THE ZONE

– PLS SEND ALL YR MESSAGES TO EITHER：

OPS@ APPLIEDWEATHER. COM

OR VIA AWT DATA REPORTING SYSTEM（DRS）.

– AWT 24/HR PHONE LINE INUSA 408 731 8608

IF POSSIBLE PLS SEND YOUR POSNS IN THE FOLLOWING FORMAT：

GOOD SHIP/ABCD

03/02/06 0000 UTC（DD/MM/YY）3521N 17428W

HS IFO BROB：1524.5

LS IFO BROB：148.5

HS MDO BROB：0

LS MDO BROB：100.5

ME CONS SINCE LAST REPORT：

AUX CONS SINCE LAST REPORT：

BOILER CONS SINCE LAST REPORT：

SPEED：12.5 KTS

HEADING：230 DEG

WIND：SE/6

SWELL：NW/3M RPM：

SLIP：

DAILY DISTANCE：××× NM

NEXT PORT OR BUNKER PORT：××××

ETA：DDMMYY HHMM UTC

REMARKS：LEAVE BLANK UNLESS SPECIAL REQUEST OR OPERATION

THANKS YOUR COOPERATION

MESSAGE NO. 1

3. FM：MASTER（Jan 27 2015 0752-8）

-----Original Message-----

From：SAMPLE 1@ SkyFile. com

Sent：Jan 27，2015 19：52

To：ops@ appliedweather. com

Importance：None

Subject：M/V SAMPLE 1/AWT/NOONREPORT

MSG：0273/15

= NOONREPORT =

SAMPLE 1/V7HZ8

27/01/15 1200 LT 18. 00 UTC（DD/MM/YY）27-56. 2′N 087-15. 6′W

BROB：HSFO = 370. 92 MT ULSMGO = 37. 41 MT

ME CONS SINCE LAST REPORT：ULSMGO = 11. 63MT

AUX CONS SINCE LAST REPORT：0. 68MT

BOILER CONS SINCE LAST REPORT：0. 00MT

SPEED：12. 1 KTS

HEADING：173 DEG

WIND：W/5BF

SWELL：NW/2M

RPM：73. 6

SLIP：4. 77

DAILY DISTANCE：139. 2 NM

NEXT PORT OR BUNKER PORT：CRISTOBAL/PANCANAL

ETA：31/01/15 PM WP-AGW-UCE

REMARKS：NIL

BRGDS

MASTER M/V SAMPLE 1

4. FM：MASTER（Jan 28 2015 0744-8）

= NOONREPORT = 略

5. FM：MASTER（Jan 29 2015 0613-8）

= NOONREPORT = 略

6. FM：MASTER（Jan 30 2015 0603-8）

= NOONREPORT = 略

7. FM：AWT（Jan 30 2015 1105-8）

TO：MASTER/SAMPLE 1

FM：AWT

GOOD DAY CAPTAIN，

（1）WEATHER：

FORECAST	WIND(D/BF/SEA)	SWELL(D/HT/PD)	SIGWV(D/HT)
31/12Z	NE/6/2. 5M	E/2. 0M/9S	NE/3. 0M
CRISTOBAL/BALBOA			
02/18Z	NNW/3/1. 0M	NE/2. 5M/9S	NE/2. 5M
03/00Z	NE/4/1. 0M	SSW/0. 5M/14S	NE/1. 0M
03/06Z	N/5/2. 0M	SSW/1. 0M/14S	N/2. 0M
03/12Z	NW/2/0. 5M	SSW/1. 0M/14S	SSW/1. 0M
04/12Z	SSW/2/0. 5M	NNE/1. 5M/6S	NNE/1. 5M

（2）ROUTE：DIRECT CRISTOBAL THEN FROM BALBOA DIRECT ABEAMCOIBA ISLAND, RL 1530N 156W, RL TOKARA KAIKYO, DIRECT CHINA

（BASIS CHANG JIANG KOU）REMAINS VALID

– ON ARRIVAL CRISTOBAL AND DEPARTURE BALBOA, PLEASE ADVISE

　DATE/TIME（UTC）/POSITION AND BROB FOR EOSP AND COSP.

– ALSO ADVISE DISTANCE FROM LAST NOON REPORT AND TOTAL

　STEAMING DISTANCE TO CRISTOBAL.

＊＊IF ETD BALBOA IS EXPECTED TO BE DELAYED, PLEASE ADVISE ＊＊

THANKS YOUR COOPERATION

MESSAGE NO. 3

8. FM：MASTER（Jan 31 2015 0621-8）

= NOONREPORT = 略

9. FM：MASTER（Feb 01 2015 0841-8）

= NOONREPORT = 略

10. FM：MASTER（Feb 03 2015 0250-8）

-----Original Message-----

From：SAMPLE 1@ SkyFile. com

Sent：Feb 03，2015 14：50

To：ops@ appliedweather. com

SUBJECT：M/V SAMPLE 1/AWT/DISCH. PORT-CHANGED

TO：APPLIED WEATHER TECHNOLOGY

SUBJECT：M/V SAMPLE 1/AWT/DISCH. PORT-CHANGED

FM：M/V SAMPLE 1

DATE：03/02/2015

MSG：369/15

GOOD DAY.

PLS BE ADVISED THAT CHRTRS INTENTION TO CHANGE DESTINATION PORT

AS PER BELOW MSG.

PLS ADVISE RECOMMENDED ROUTE.

BRGDS

MASTER M/V SAMPLE 1

To Master of SAMPLE 1

From SAMPLE 1 SHIPPING Company Date 03/Feb/2015

The discharging port intended Qingdao, pls advise following：

to send daily ETA notice including the following factors.

– ETA intended DP, Qingdao

– current / avg speed

– Weather condition

– Dist to intended DP

all these information are useful to Charterer for planning at DP.

Tks with best regards

Operation Manager / Handy Fleet

SAMPLE 1 SHIPPING COMPANY

11. FM ： AWT（Feb 03 2015 0533 – 8）

TO：MASTER/SAMPLE 1

FM：AWT

GOOD DAY CAPTAIN,

（1）WEATHER：

FORECAST	WIND（D/BF/SEA）	SWELL（D/HT/PD）	SIGWV（D/HT）
CRISTOBAL/BALBOA			
04/06Z	N/6/2.5M	NE/3.0M/9S	NE/3.5M
04/12Z	N/6/2.5M	NNW/1.5M/6S	N/3.0M
04/18Z	NNE/6/2.5M	NE/1.0M/8S	NNE/2.5M
05/00Z	WSW/4/1.0M	SSW/1.0M/14S	WSW/1.0M
06/00Z	WNW/4/1.0M	SSW/1.5M/18S	SSW/1.5M
07/00Z	NE/5/2.0M	SSW/2.0M/16S	SSW/2.5M
08/00Z	NE/4/1.0M	N/3.0M/10S	N/3.0M

（2）NOW RECOMMEND：AS SAFE NAVIGATION PERMITS, FROM BALBOA

SHORTEST ROUTE ABEAMCOIBA ISLAND, RL 1530N 156W, RL TOKARA

KAIKYO, DIRECT QINGDAO

REASON：BASIS VESSEL CALLING QINGDAO.

ROUTE POSITIONS：THE VESSEL IN HIGH PRESSURE IN THE E'RN PACIFIC. ROUTE THEN

POSITIONS THE VESSEL SOUTH OF THE HEAVIEST CONDITIONS

ASSOCIATED WITH THE SEASONAL GALE TRACK IN THE CENTRAL AND

W'RN PACIFIC.

PLEASE CONFIRM YOUR SAILING INTENTIONS

UPON DEPARTURE FROM BALBOA PLEASE ADVISE DATE/TIME

（UTC）/POSITION AND BROB FOR COSP

BEST REGARDS

MESSAGE NO. 4

TO：MASTER/SAMPLE 1

FM：AWT

PLEASE NOTE OUR MESSAGE SENT VIA E-MAIL AT 2015/

02/03 17：34UTC

PLEASE ADVISE IF E-MAIL NOT RECEIVED

THANKS YOUR COOPERATION

Original message had been sent to SAMPLE 1@ skyfile. com；

Supplemental message had been sent to tx. 453839816@ c12. stratosmobile. net

12. FM ： MASTER（Feb 03 2015 0725-8）

To：ops@ appliedweather. com

Subject：Re：AWT message to SAMPLE 1

GOOD AFTERNOON.

PLS BE ADVISED THAT WE WILL FOLLOW YR RECOMMENDED

ROUTE.

BRGDS

MASTER

13. FM ： MASTER（Feb 04 2015 0842 – 8）

-----Original Message-----

From：SAMPLE 1@ SkyFile. com

Sent：Feb 04, 2015 20：42

To：ops@ appliedweather. com

Importance：None

Subject： M/VSAMPLE 1/AWT/DEPARTURE REPORT – BALBAO

MSG：384/15

= DEPARTURE REPORT =

SAMPLE 1/V7HZ8

04/02/15 14.00 LT/ 19.00 UTC - COSP

PSN：08 – 45. 1'N；079 – 27. 5'W

BROB：IFO = 1585. 72 MT ULSMGO = 103. 90 MT

INTENDED ROUTE：FROM BALBOA

SHORTEST ROUTE ABEAM COIBA ISLAND, RL 1530N 156W, RL TOKARA

KAIKYO, DIRECT QINGDAO

CALM SEA SPEED：13. 0 KNTS CHRTRS

STABILITY：GM = 3. 39 M 14S ABT ROLL PERIOD.

REMARKS：NIL

BRGDS

MASTER M/V SAMPLE 1

14. FM ： MASTER（Feb 05 2015 0647-8）

= NOONREPORT = 略

15. FM ： MASTER（Feb 06 2015 0713-8）

= NOONREPORT = 略

16. FM ： MASTER（Feb 07 2015 0656-8）

= NOONREPORT = 略

17. FM：AWT（Feb 07 2015 0738-8）

TO：MASTER/SAMPLE 1
FM：AWT
GOOD DAY CAPTAIN，
（1）WEATHER：

FORECAST	WIND(D/BF/SEA)	SWELL(D/HT/PD)	SIGWV(D/HT)
08/00Z	NE/5/2.0M	NNW/2.0M/10S	NNW/3.0M
09/00Z	NE/4/1.0M	NNE/2.0M/9S	NNE/2.0M
10/00Z	NE/4/1.0M	SSW/1.5M/16S	SSW/1.5M
11/00Z	ENE/3/0.5M	WNW/2.0M/16S	WNW/2.5M
12/00Z	ENE/3/0.5M	WNW/2.5M/15S	WNW/2.5M

（2）ROUTE：RL 1530N 156W STILL VALID
THANKS YOUR COOPERATION
MESSAGE NO. 5

18. FM：MASTER（Feb 08 2015 0654-8）

＝NOONREPORT＝略

19. FM：MASTER（Feb 09 2015 0753-8）

＝NOONREPORT＝略

20. FM：MASTER（Feb 10 2015 0756-8）

＝NOONREPORT＝略

21. FM：MASTER（Feb 11 2015 0745-8）

＝NOONREPORT＝略

22. FM：AWT（Feb 11 2015 1029-8）

TO：MASTER/SAMPLE 1
FM：AWT
GOOD DAY CAPTAIN，
（1）WEATHER：

FORECAST	WIND(D/BF/SEA)	SWELL(D/HT/PD)	SIGWV(D/HT)
12/12Z	E/4/1.0M	WNW/2.5M/15S	WNW/2.5M
13/12Z	ENE/3/0.5M	WNW/2.0M/20S	WNW/2.5M
14/12Z	ENE/4/1.0M	WNW/2.5M/16S	WNW/3.0M
15/12Z	E/5/2.0M	WNW/2.5M/15S	WNW/3.0M
16/12Z	E/4/1.0M	NW/2.0M/15S	NW/2.5M

（2）ROUTE：RL 1530N 156W REMAINS VALID
BEST REGARDS
MESSAGE NO. 6

23. FM：MASTER（Feb 12 2015 0852-8）

＝NOONREPORT＝略

24. FM：MASTER（Feb 13 2015 0857-8）

＝NOONREPORT＝略

25. FM：MASTER（Feb 14 2015 0853-8）

＝NOONREPORT＝略

26. FM：AWT（Feb 15 2015 0413－8）

TO：MASTER/SAMPLE 1
FM：AWT
GOOD DAY CAPTAIN，
THANK YOU FOR YOUR MESSAGES.
（1）WEATHER：
LAT/LONG/MB（H-HIGH，L-LOW，G-GALE，S-STORM）
FCST 16/12Z 17/12Z 18/12Z 19/12Z 20/12Z
（1）H 25N156W017 30N145W021 40N133W027
44N130W029 44N130W029

FORECAST	WIND(D/BF/SEA)	SWELL(D/HT/PD)	SIGWV(D/HT)
16/00Z	ENE/4/1.0M	NW/2.5M/15S	NW/2.5M
17/00Z	ENE/4/1.0M	NW/1.5M/14S	NW/2.0M
18/00Z	ENE/5/2.0M	NW/2.5M/15S	NW/3.0M
19/00Z	E/5/2.0M	SE/2.0M/9S	SE/2.5M
20/00Z	E/4/1.0M	SE/2.0M/10S	SE/2.0M

（2）ROUTE：RL 1530N 156W CONSIDERED VALID
REASON：KEEPS VESSEL SOUTH OF HEAVIER NW－LY
SWELLS SPREADING
SOUTHEAST IN THE EASTERN OCEAN. FURTHERMORE
GAINING SOME
POSITIVE CURRENT ASSISTANCE.
BRGDS
MESSAGE NO. 7

27. FM：MASTER（Feb 15 2015 0948-8）

＝NOONREPORT＝略

28. FM：MASTER（Feb 16 2015 0954-8）

＝NOONREPORT＝略

29. FM：MASTER（Feb 17 2015 0959-8）

＝NOONREPORT＝略

30. FM：MASTER（Feb 18 2015 1056-8）

＝NOONREPORT＝略

31. FM：AWT（Feb 19 2015 0852-8）

TO：MASTER/SAMPLE 1
FM：AWT
（1）WEATHER：
LAT/LONG/MB（H-HIGH，L-LOW，G-GALE，S-STORM）
FCST 20/12Z 21/12Z 22/12Z 23/12Z 24/12Z
① S 34N160E984 36N171E984 37N178E983
35N179W988 35N171W000
② H 24N173W017 26N161W018 33N149W021
36N145W025 ENDS

FORECAST	WIND(D/BF/SEA)	SWELL(D/HT/PD)	SIGWV(D/HT)
20/00Z	E/4/1.0M	E/2.0M/7S	E/2.0M
21/00Z	NE/4/1.0M	WNW/4.0M/16S	WNW/4.0M

22/00Z	ESE/4/1.0M	WNW/3.0M/14S	WNW/3.0M
23/00Z	S/5/2.0M	NNW/2.0M/12S	S/2.5M
24/00Z	N/4/1.0M	WNW/4.0M/15S	WNW/4.0M

（2）ROUTE：FROM 1530N 156W, RL TOKARA KAIKYO

REMAINS VALID

BEST REGARDS

MESSAGE NO. 8

32. FM：MASTER（Feb 19 2015 1100-8）

= NOONREPORT = 期间几天船长正午报告略

33. FM：AWT（Feb 23 2015 0915-8）

TO:MASTER/SAMPLE 1

FM:AWT

GOOD DAY CAPTAIN, THANKS YOUR MESSAGES

（1）WEATHER：

FORECAST	WIND(D/BF/SEA)	SWELL(D/HT/PD)	SIGWV(D/HT)
24/12Z	NNW/4/1.0M	WNW/4.0M/14S	WNW/4.0M
25/12Z	NE/5/2.0M	NNW/3.0M/14S	NNW/3.5M
26/12Z	ENE/6/2.5M	NNE/2.0M/11S	ENE/3.0M
27/12Z	ENE/6/2.5M	NNE/2.0M/10S	ENE/3.0M
28/12Z	E/5/2.0M	SE/2.0M/10S	SE/2.5M

（2）ROUTE：RL TOKARA KAIKYO STILL VALID

THANKS YOUR COOPERATION

MESSAGE NO. 9

34. FM：MASTER（Feb 24 2015 1201-8）

= NOONREPORT = 期间几天船长正午报告略

35. FM：AWT（Feb 27 2015 0815-8）

TO:MASTER/SAMPLE 1

FM:AWT

GOOD DAY CAPTAIN,

THANKS YOUR REPORTS.

（1）WEATHER：

LAT/LONG/MB(H-HIGH,L-LOW,G-GALE,S-STORM)

FCST 28/12Z 01/12Z 02/12Z 03/12Z 04/12Z

① S 27N127E016 34N140E002 46N147E976 52N152E982 57N164E997

②S BEGINS 31N133E010 43N148E995

③ H 37N141E028 38N159E029 38N175E034 39N178W039 39N175W041

④ H BEGINS 31N121E026 33N129E020 37N154E024 44N168E033

FORECAST	WIND(D/BF/SEA)	SWELL(D/HT/PD)	SIGWV(D/HT)
28/00Z	E/6/2.5M	ESE/2.0M/9S	E/3.5M
28/12Z	ESE/5/2.0M	ESE/2.5M/10S	ESE/3.0M
01/00Z	E/4/1.0M	ESE/2.0M/10S	ESE/2.5M
01/12Z	E/5/2.0M	ESE/2.0M/11S	E/2.5M
02/00Z	ESE/5/2.0M	NNW/2.5M/14S	NNW/3.0M
02/12Z	SE/5/2.0M	NNW/2.5M/14S	NNW/3.0M
03/00Z	SW/3/0.5M	ESE/2.0M/11S	ESE/2.5M

| 03/12Z | E/4/1.0M | ESE/1.5M/12S | ESE/2.0M |
| 04/00Z | SSE/4/1.0M | NW/2.0M/9S | NW/2.0M |

（2）ROUTE：RL TOKARA KAIKYO REMAINS VALID

COMMENTS：REMAINING SOUTH OF SEASONAL WEST-PACIFIC GALE

DEVELOPMENT

BEST REGARDS

MESSAGE NO. 10

36. FM：MASTER（Feb 28 2015 0205-8）

= NOONREPORT = 期间几天船长正午报告略

37. FM：AWT（Mar 01 2015 0824-8）

TO:MASTER/SAMPLE 1

FM:AWT

GOOD DAY CAPTAIN, RECEIVED YOUR MSGS WITH THANKS

（1）WEATHER：

LAT/LONG/MB(H-HIGH,L-LOW,G-GALE,S-STORM)

FCST 02/12Z 03/12Z 04/12Z 05/12Z 06/12Z

① S 39N119E010 40N130E999 45N145E985 50N153E990 ENDS

② H 35N134E021 38N156E028 43N172E037 44N176W042 42N173W040

FORECAST	WIND(D/BF/SEA)	SWELL(D/HT/PD)	SIGWV(D/HT)
02/00Z	E/5/2.0M	NNW/3.0M/14S	NNW/3.5M
02/12Z	ESE/5/2.0M	NNW/2.5M/14S	NNW/3.0M
03/00Z	S/4/1.0M	ESE/2.0M/12S	ESE/2.5M
03/06Z	N/2/0.5M	ESE/2.0M/12S	ESE/2.0M
03/12Z	ENE/6/2.5M	ESE/1.5M/12S	ENE/3.0M
04/00Z	ESE/5/2.0M	ESE/2.0M/12S	ESE/2.5M
04/12Z	S/4/1.0M	ESE/2.0M/12S	ESE/2.0M
05/00Z	SW/4/1.0M	ESE/1.5M/12S	ESE/2.0M
05/12Z	N/4/1.0M	WNW/1.5M/8S	WNW/2.0M
06/00Z	NNE/4/1.0M	WNW/1.5M/8S	WNW/2.0M

（2）ROUTE：RL TOKARA KAIKYO STILL VALID

BEST REGARDS

MESSAGE NO. 11

38. FM：MASTER（Mar 02 2015 0210-8）

= NOONREPORT = 期间几天船长正午报告略

39. FM：AWT（Mar 04 2015 1125-8）

TO:MASTER/SAMPLE 1

FM:AWT

GOOD DAY CAPTAIN,

（1）WEATHER：

LAT/LONG/MB(H-HIGH,L-LOW,G-GALE,S-STORM)

FCST 05/12Z 06/12Z 07/12Z 08/12Z 09/12Z

①S BEGINS 31N135E015 36N142E003

FORECAST	WIND(D/BF/SEA)	SWELL(D/HT/PD)	SIGWV(D/HT)
05/12Z	NW/3/0.5M	WNW/1.5M/8S	WNW/2.0M

06/00Z	NNE/4/1.0M	N/1.5M/8S	N/2.0M
06/12Z	E/4/1.0M	NNW/1.5M/8S	NNW/1.5M
07/00Z	ESE/5/2.0M	ESE/1.0M/11S	ESE/2.0M
07/12Z	NNE/4/1.0M	ESE/1.5M/11S	ESE/1.5M
08/00Z	NNE/5/2.0M	SLIGHT	NNE/2.0M
08/12Z	N/5/2.0M	ENE/0.5M/6S	N/2.0M
09/00Z	NNW/7/3.0M	WNW/1.5M/9S	NNW/3.5M
09/12Z	NNW/5/2.0M	NNE/1.5M/8S	NNW/2.5M

(2)ROUTE：AS SAFE NAVIGATION PERMITS, RL TOKA-RA KAIKYO,DIRECTQINGDAO STILL VALID

REASON：ROUTE POSITIONS THE VESSEL IN HIGH PRESSURE OVER THE NEXT SEVERAL DAYS, AND SOUTH OF THE HEAVIEST CONDITIONS ASSOCIATED WITH A GALE OVER JAPAN.

BEST REGARDS

MESSAGE NO.12

40.FM：MASTER（Mar 05 2015 0328-8）

= NOONREPORT = 期间几天船长正午报告略

41.FM：AWT（Mar 07 2015 0238-8）

TO：MASTER/SAMPLE 1

FM：AWT

(1)WEATHER：LAT/LONG/MB(H – HIGH, L – LOW, G – GALE, S – STORM)

FCST 08/12Z 09/12Z 10/12Z

①S BEGINS 43N137E004 43N138E980

②H BEGINS 36N118E037 32N122E032

FORECAST	WIND(D/BF/SEA)	SWELL(D/HT/PD)	SIGWV(D/HT)
08/00Z	NNE/5/2.0M	N/1.5M/7S	NNE/2.5M
08/12Z	ENE/4/1.0M	NE/1.0M/6S	NE/1.5M
08/18Z	NW/3/0.5M	SLIGHT	NW/1.0M
09/00Z	N/6/2.5M	SLIGHT	N/2.5M
09/12Z	NNW/7/3.0M	NNE/2.5M/9S	NNW/4.0M

ON ARRIVAL, PLEASE ADVISE DATE/TIME（UTC）/POSI-TION/BROB,DISTANCE SINCE LAST NOON REPORT AND TOTAL DISTANCE SAILED

BRGDS

MESSAGE NO.13

42.FM：MASTER（Mar 08 2015 0511-7）

= NOONREPORT = 期间几天船长正午报告略

43.FM：MASTER（Mar 10 2015 0621-7）

-----Original Message-----

From：SAMPLE 1@ SkyFile.com

Sent：Mar 10, 2015 06：21

To：ops@ appliedweather.com

Importance：None

Subject：M/V SAMPLE 1/AWT/ARRVLREPORT QINGDAO

TO：APPLIED WEATHER TECHNOLOGY

SUBJECT：M/V SAMPLE 1/AWT/ARRVL REPORT QINGDAO

FM：M/V SAMPLE 1

DATE：10/03/2015

MSG：707/15

= ARRVL REPORT =

SAMPLE 1/V7HZ8

EOSP：10/03/15 0600 LT 22.00 UTC（DD/MM/YY）

PSN：35 – 56,6N 120-44,5W

BROB：HSFO = 603,46 MT

　　　　ULSMGO = 97,8 MT

DIST. FM LAST REPORT：176,5NM

TTL DIST：9380.5NM

REMARKS：NIL

BRGDS

MASTER M/V SAMPLE 1

第二节　WNI 公司气象导航实例

　　某轮 MV SAMPLE 2 拟由西非科纳克里港航行至黑海德尼普拉布格斯基港,承租人为其申请了 WNI 的气象导航。现将气导公司和船长的邮件沟通过程及相互传递的信息列举如下。整个气象导航过程分为开航前沟通和初始航线的推荐;航行中信息传递;中期气导报告和最终气导报告的提交。

一、开航前沟通和初始航线的推荐

邮件往来：

Issued May 30th 0900UTC 2014
To Master of MV SAMPLE 2 /CALL SIGN

Good day Captain, Your good company, requested WNI to provide our Optimum Ship Routeing service for your good vessel for the next voyage from CONAKRY to LAS PALMAS.

Please kindly note that we require detailed information 48hrs prior to your departure in order to provide you with the best voyage plan based on the latest forecast.

We would like to ask to fill the Next Voyage Information from CONAKRY (ETD around Jun – 03) to LAS PALMAS by using QRT formats, and send it at your earliest convenience.

And if you can not use QRT format because System error, please complete the following Next Voyage Information form for your next voyage and revert to "wni-osr@ wni. com" at your earliest convenience.

* * * Next Voyage Information form * * *

Request recommendation
Call sign   : × × × × ×
Voyage No.   :
Report date/time   : yymmdd hhmm UTC
Departure Port / Pilot name   : Port name / Pilot name
Arrival Port / Pilot name   : Port name / Pilot name
Load Condition   : Ballast or Laden
ETD P/S   : yymmdd hhmm LT
                                                  : yymmdd hhmm UTC
Required Time of Arrival(if receive)   : yymmdd hhmm LT
                                                  : yymmdd hhmm UTC
Master's ETA P/S   : yymmdd hhmm LT
                                                  : yymmdd hhmm UTC
Request Arrival Time Margin   : × × hours
Reason for Request Arrival Time Margin   : × × × × × ×
Fore/Aft Draft(m)   : × ×. × / × ×. × (estimated)
GM(m)   : × ×. × (estimated)
Operatable Max RPM   : × × × (Max RPM in this voyage)

Operatable Min RPM　　　　　　　　: × × × (Min RPM in this voyage)
Non-operable RPM range　　　　　　: × × − × ×
Speed instruction from Operator(if receive)　:
Master's intended Route/intended speed if have　:
Remarks

If speed instruction from operator is Eco speed, Please add the following item in remarks of Next Voyage Information.

＊ Remarks of Next Voyage Information(Eco speed instruction)
＋ Set RPM　　　　　　　　　: × × × (intended RPM hereafter)
＋ Expect M/E Load(%)　　　: × × × %

If you have any questions or suggestions on WNI Optimum Ship Routeing service, please contact wni-osr@ wni. com

Best regards,
Weathernews Optimum Ship Routeing Team
＋＋＋
Contact with WNI/OSR : wni-osr@ wni. com
Telex: 072-88022
Telephone: +81-43-212-7211

Subject:MV SAMPLE 2 /Next Voyage Information report − May 30 2014
From:Master of MV SAMPLE 2
Date:2014-05-30
To:wni-osr@ wni. com
[= = Start of Message]
[Format Version　　　　　　: 1. 12]
[REPORT TYPE　　　　　　: NEXT VOYAGE INFO REPORT]
[Vessel Name　　　　　　: MV SAMPLE 2]
[IMO Number　　　　　　: 9249271]
[Call Sign　　　　　　: A8KA9]
[Report Time　　　　　　: 2014/May/30 17:30 UTC]
[Voyage Number　　　　　　: 112]
[Load Condition　　　　　　: Ballast]
[Departure Port Name　　　　: CONAKRY / GUINEA]
[Departure Port Code　　　　: CRY]
[Departure Pilot Station Name　　:CONAKRY]
[Departure Pilot Station Position　: 09-27. 3N 013-44W]
[Expected Departure Draft　　: Fore:10. 30 m, Aft:10. 30 m]

[Estimated Time of Departure from Berth   : 2014/Jun/01 12:00 UTC]
[Estimated Time of Departure from Pilot Station : 2014/Jun/01 13:00 UTC]
[Max/Min RPM Range   : Max:91 r. p. m. / Min:88 r. p. m.]
[Unusable RPM Range   : 59 – 71 r. p. m.]
[Calm Sea Speed   : 12.0 knots]
[Nature of Cargo   : BAUXITE IN BULK]
[Destination Port Name   : LAS PALMAS / SPAIN]
[Destination Port Code   :]
[Destination Pilot Station Name   : LAS PALMAS P/S]
[Destination Pilot Station Position   : 28-07N 015-23W]
[Required Time of Arrival at Pilot Station (UTC) : 2014/Jun/04 04:00 UTC]
[Required Time of Arrival at Pilot Station (LT) : 2014/Jun/04 06:00 LT]
[Request Arrival Time Margin   : 01 hour 00 minute]
[Reason for Request Arrival Time Margin   : TRIED OUT ENGINE & NAV. EQUIPMENTS]
[Remarks :Las Palmas for stem bunker.]
[= = End of Message]

Dear Capt. J

Good day,

Thank you very much for your good order, well received. We will arrange our service from CONA-KRY to LAS PALMAS or GIBRALTAR and LAS PALMAS or GIBRALTAR to DNEPROBUGSKY as laden voyage.

Best Regards,

Reiko Endo

Weathernews Inc

Subject:MV SAMPLE 2 /Next Voyage Information report – May 30 2014

From:Master of MV SAMPLE 2 m

Date:2014-05-30 17:09:04Z

To:wni-osr@ wni. com

[= = Start of Message]
[Format Version   : 1. 12]
[REPORT TYPE   : NEXT VOYAGE INFO REPORT]
[Vessel Name   : MV SAMPLE 2]
[IMO Number   : 9249271]
[Call Sign   : A8KA9]
[Report Time   : 2014/May/30 17:30 UTC]
[Voyage Number   : 112]
[Load Condition   : Ballast]
[Departure Port Name   : CONAKRY / GUINEA]

[Departure Port Code   : –]
[Departure Pilot Station Name   :CONAKRY]
[Departure Pilot Station Position   : 09-27.3N 013-44W]
[Expected Departure Draft   : Fore:10.30 m, Aft:10.30 m]
[Estimated Time of Departure from Berth   : 2014/Jun/01 12:00 UTC]
[Estimated Time of Departure from Pilot Station   : 2014/Jun/01 13:00 UTC]
[Max/Min RPM Range   : Max:91 r.p.m. / Min:88 r.p.m.]
[Unusable RPM Range   : 59 – 71 r.p.m.]
[Calm Sea Speed   : 12.0 knots]
[Nature of Cargo   : BAUXITE IN BULK]
[Destination Port Name   : LAS PALMAS / SPAIN]
[Destination Port Code   :]
[Destination Pilot Station Name   :LAS PALMAS P/S]
[Destination Pilot Station Position   : 28-07N 015-23W]
[Required Time of Arrival at Pilot Station (UTC) : 2014/Jun/04 04:00 UTC]
[Required Time of Arrival at Pilot Station (LT) : 2014/Jun/04 06:00 LT]
[Request Arrival Time Margin   : 01 hour 00 minute]
[Reason for Request Arrival Time Margin   :TRIED OUT ENGINE & NAV. EQUIPMENTS]
[Remarks :Las Palmas for stem bunker.]
[= = End of Message]

Issued May 31st 0015 UTC 2014
To Master of MV SAMPLE 2 / A8KA9

Dear Master,
Thank you very much for your Next Voyage Information, well received.
We will provide you with our initial voyage plan within 24 hours prior to departure.

Best regards,
Weathernews Optimum Ship Routeing Team
+ +
Contact with WNI/OSR : wni-osr@ wni.com
Telex: 072-88022
Telephone: +81-43-212-7211
+ +

Issued May 31st 0145 UTC 2014
To Master of MV SAMPLE 2 / A8KA9

Good day Captain,

Please be advised that we have sent the Initial Route Plan for your good vessel as PDF attachment (s) via E-mail.

Please download the E-mail with the attachments and confirm good reception.

Alternatively, if your email system is out of order, please kindly let us know so that we can send it via Telex.

We would appreciate if you can advise us when you encounter delay in your departure.

If you have any inquiries, please do not hesitate to contact us anytime.

Best regards,
Weathernews Inc.

24 hours Telephone Assistance Available   : +81-43-212-7211
Weathernews Telex Numbers   : 072-88022
contact to WNI   :wni-osr@ wni. com

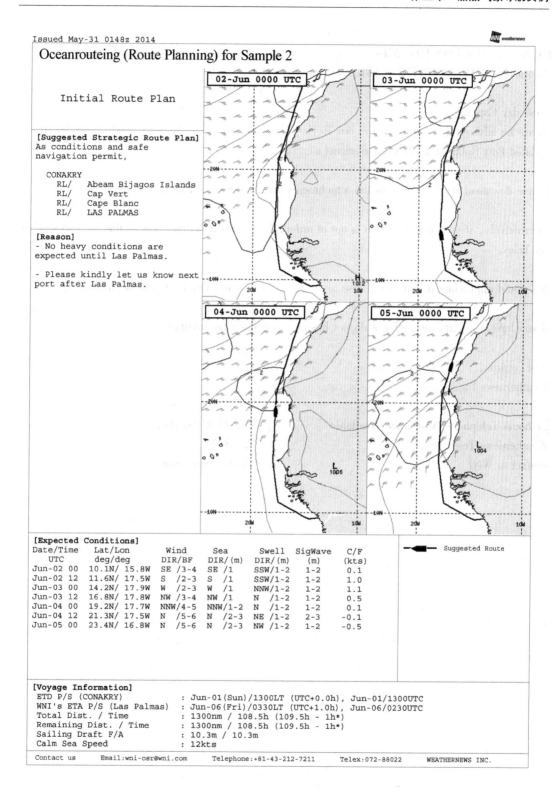

Issued May-31 0148z 2014

WNI weathernews

Oceanrouteing (Route Planning) for Sample 2

Initial Route Plan

[Suggested Strategic Route Plan]
As conditions and safe
navigation permit,

```
CONAKRY
  RL/    Abeam Bijagos Islands
  RL/    Cap Vert
  RL/    Cape Blanc
  RL/    LAS PALMAS
```

[Reason]
- No heavy conditions are
expected until Las Palmas.

- Please kindly let us know next
port after Las Palmas.

02-Jun 0000 UTC

03-Jun 0000 UTC

04-Jun 0000 UTC

05-Jun 0000 UTC

[Expected Conditions]

Date/Time UTC	Lat/Lon deg/deg	Wind DIR/BF	Sea DIR/(m)	Swell DIR/(m)	SigWave (m)	C/F (kts)
Jun-02 00	10.1N/ 15.8W	SE /3-4	SE /1	SSW/1-2	1-2	0.1
Jun-02 12	11.6N/ 17.5W	S /2-3	S /1	SSW/1-2	1-2	1.0
Jun-03 00	14.2N/ 17.9W	W /2-3	W /1	NNW/1-2	1-2	1.1
Jun-03 12	16.8N/ 17.8W	NW /3-4	NW /1	N /1-2	1-2	0.5
Jun-04 00	19.2N/ 17.7W	NNW/4-5	NNW/1-2	N /1-2	1-2	0.1
Jun-04 12	21.3N/ 17.5W	N /5-6	N /2-3	NE /1-2	2-3	-0.1
Jun-05 00	23.4N/ 16.8W	N /5-6	N /2-3	NW /1-2	1-2	-0.5

Suggested Route

[Voyage Information]
```
ETD P/S (CONAKRY)            : Jun-01(Sun)/1300LT (UTC+0.0h), Jun-01/1300UTC
WNI's ETA P/S (Las Palmas)   : Jun-06(Fri)/0330LT (UTC+1.0h), Jun-06/0230UTC
Total Dist. / Time           : 1300nm / 108.5h (109.5h - 1h*)
Remaining Dist. / Time       : 1300nm / 108.5h (109.5h - 1h*)
Sailing Draft F/A            : 10.3m / 10.3m
Calm Sea Speed               : 12kts
```

Contact us   Email:wni-osr@wni.com   Telephone:+81-43-212-7211   Telex:072-88022   WEATHERNEWS INC.

Issued May 31st 1545 UTC 2014
To Master of MV SAMPLE 2 / A8KA9

Good day Captain,
Please be advised that we have sent our Revised Initial Route Plan for your good vessel based on updated Port Rotation as PDF attachment(s).

Please download the E-mail with the attachments and confirm good reception.

Alternatively, if your email system is out of order, please kindly let us know so that we can send it via Telex.

We would appreciate if you can advise us when you encounter delay in your departure.

If you have any inquiries, please do not hesitate to contact us anytime.

Best regards,
Weathernews Inc.

24 hours Telephone Assistance Available	: +81-43-212-7211
Weathernews Telex Numbers	: 072-88022
contact to WNI	: wni-osr@ wni. com

Issued May-31 1538z 2014　　　　　　　　　　　　　　　WN weathernews

Oceanrouteing (Route Planning) for Sample 2

Revised

Initial Route Plan

[Suggested Strategic Route Plan]
As conditions and safe
navigation permit,

CONAKRY
RL/	Abeam Bijagos Islands
RL/	Cap Vert
RL/	Cape Blanc
RL/	LAS PALMAS
	Resume
RL/	Gibraltar Strait
RL/	Malta Ch.
RL/	Dardanelles
RL/	Bosporus Strait
RL/	DNEPROBUGSKIY

[Reason]
- Basis updated destination
after Las Palmas.

- Strong central ocean high
pressure interacting with
thermal low over NW Africa is
expected to generate strong N'ly
conditions through the E'ern
ocean over the next few days.

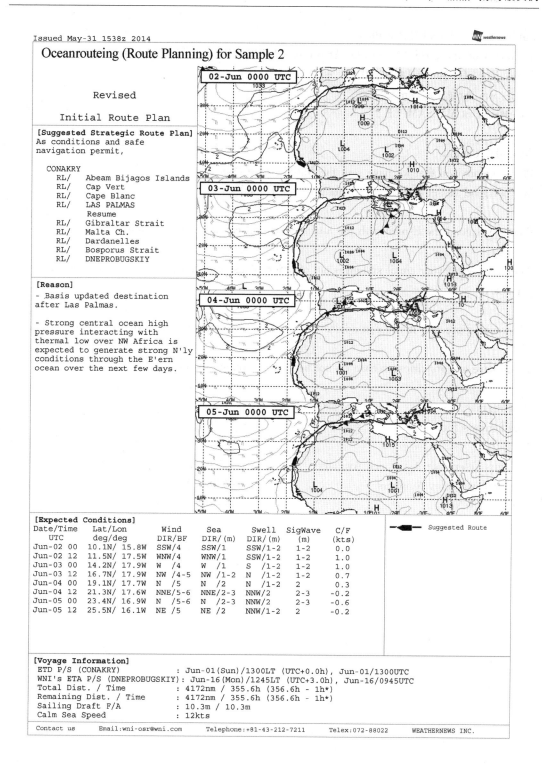

[Expected Conditions]

Date/Time UTC	Lat/Lon deg/deg	Wind DIR/BF	Sea DIR/(m)	Swell DIR/(m)	SigWave (m)	C/F (kts)
Jun-02 00	10.1N/ 15.8W	SSW/4	SSW/1	SSW/1-2	1-2	0.0
Jun-02 12	11.5N/ 17.5W	WNW/4	WNW/1	SSW/1-2	1-2	1.0
Jun-03 00	14.2N/ 17.9W	W /4	W /1	S /1-2	1-2	1.0
Jun-03 12	16.7N/ 17.9W	NW /4-5	NW /1-2	N /1-2	1-2	0.7
Jun-04 00	19.1N/ 17.7W	N /5	N /2	N /1-2	2	0.3
Jun-04 12	21.3N/ 17.6W	NNE/5-6	NNE/2-3	NNW/2	2-3	-0.2
Jun-05 00	23.4N/ 16.9W	N /5-6	N /2-3	NNW/2	2-3	-0.6
Jun-05 12	25.5N/ 16.1W	NE /5	NE /2	NNW/1-2	2	-0.2

▬◀── Suggested Route

[Voyage Information]
ETD P/S (CONAKRY)　　　　　　　　　: Jun-01(Sun)/1300LT (UTC+0.0h), Jun-01/1300UTC
WNI's ETA P/S (DNEPROBUGSKIY): Jun-16(Mon)/1245LT (UTC+3.0h), Jun-16/0945UTC
Total Dist. / Time　　　　　　　: 4172nm / 355.6h (356.6h - 1h*)
Remaining Dist. / Time　　　　　: 4172nm / 355.6h (356.6h - 1h*)
Sailing Draft F/A　　　　　　　　: 10.3m / 10.3m
Calm Sea Speed　　　　　　　　　　: 12kts

Contact us　　Email:wni-osr@wni.com　　Telephone:+81-43-212-7211　　Telex:072-88022　　WEATHERNEWS INC.

Subject: < < Initial Route Plan > >
To Master of MV SAMPLE 2 (CONAKRY to DNEPRO BUGSKY) (Jun/02)
Date: Mon, 02 Jun 2014 14:20:38 +0000
From: wni-osr@ wni. com
To: Master of MV SAMPLE 2

Good day Captain,
Please be advised that we have sent the Initial Route Plan
for your good vessel as PDF attachment(s) via E-mail.

Please download the E-mail with the attachments and confirm good reception.

Alternatively, if your email system is out of order, please kindly let us know so that we can send it via Telex.

We would appreciate if you can advise us when you encounter delay in your departure.

If you have any inquiries, please do not hesitate to contact us anytime.

Best regards,
Weathernews Inc.

24 hours Telephone Assistance Available	: +81-43-212-7211
Weathernews Telex Numbers	: 072-88022
contact to WNI	: wni-osr@ wni. com

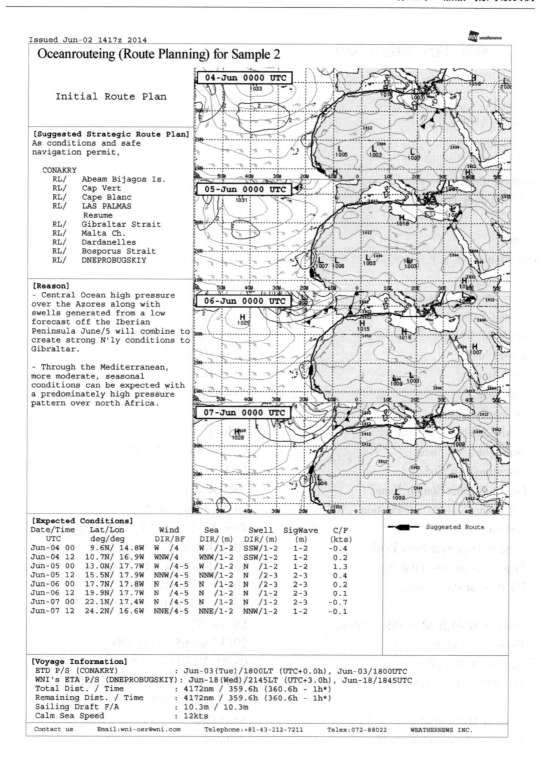

Issued Jun-02 1417z 2014

Oceanrouteing (Route Planning) for Sample 2

Initial Route Plan

[Suggested Strategic Route Plan]
As conditions and safe
navigation permit,

```
CONAKRY
  RL/   Abeam Bijagos Is.
  RL/   Cap Vert
  RL/   Cape Blanc
  RL/   LAS PALMAS
        Resume
  RL/   Gibraltar Strait
  RL/   Malta Ch.
  RL/   Dardanelles
  RL/   Bosporus Strait
  RL/   DNEPROBUGSKIY
```

[Reason]
- Central Ocean high pressure
over the Azores along with
swells generated from a low
forecast off the Iberian
Peninsula June/5 will combine to
create strong N'ly conditions to
Gibraltar.

- Through the Mediterranean,
more moderate, seasonal
conditions can be expected with
a predominately high pressure
pattern over north Africa.

[Expected Conditions]

Date/Time UTC	Lat/Lon deg/deg	Wind DIR/BF	Sea DIR/(m)	Swell DIR/(m)	SigWave (m)	C/F (kts)
Jun-04 00	9.6N/ 14.8W	W /4	W /1-2	SSW/1-2	1-2	-0.4
Jun-04 12	10.7N/ 16.9W	WNW/4	WNW/1-2	SSW/1-2	1-2	0.2
Jun-05 00	13.0N/ 17.7W	W /4-5	W /1-2	N /1-2	1-2	1.3
Jun-05 12	15.5N/ 17.9W	NNW/4-5	NNW/1-2	N /2-3	2-3	0.4
Jun-06 00	17.7N/ 17.8W	N /4-5	N /1-2	N /2-3	2-3	0.2
Jun-06 12	19.9N/ 17.7W	N /4-5	N /1-2	N /1-2	2-3	0.1
Jun-07 00	22.1N/ 17.4W	N /4-5	N /1-2	N /1-2	2-3	-0.7
Jun-07 12	24.2N/ 16.6W	NNE/4-5	NNE/1-2	NNW/1-2	1-2	-0.1

[Voyage Information]
ETD P/S (CONAKRY)   : Jun-03(Tue)/1800LT (UTC+0.0h), Jun-03/1800UTC
WNI's ETA P/S (DNEPROBUGSKIY): Jun-18(Wed)/2145LT (UTC+3.0h), Jun-18/1845UTC
Total Dist. / Time   : 4172nm / 359.6h (360.6h - 1h*)
Remaining Dist. / Time   : 4172nm / 359.6h (360.6h - 1h*)
Sailing Draft F/A   : 10.3m / 10.3m
Calm Sea Speed   : 12kts

Contact us   Email:wni-osr@wni.com   Telephone:+81-43-212-7211   Telex:072-88022   WEATHERNEWS INC.

二、航行过程中的信息沟通

To：WNI
Fr：MV SAMPLE 2
Dd：02 June 14

Dear Sir，Confirm receipt for msg below w/tks and safely rcvd attachment.
Vsl ETD 04th June / Eve，

b/rgds，
cpt. albino

[= = Start of Message]
[Format Version   : 1. 12]
[REPORT TYPE   : DEPARTURE REPORT]
[Vessel Name   : MV SAMPLE 2]
[IMO Number   : 9249271]
[Call Sign   : A8KA9]
[Voyage Number   : 112]
[Load Condition   : Laden]
[Departure Port Name   : CONAKRY / GUINEA]
[Departure Port Code   : CRY]
[Departure Pilot Station Name   :CONAKRY]
[Departure Pilot Station Position   : 09-27. 3N 013-44W]
[Departure Draft   : Fore：10. 21 m, Aft：10. 28 m]
[Time of Departure from Berth   : 2014/Jun/05 12：35 UTC]
[Time at Departure Pilot Station   : 2014/Jun/05 13：15 UTC]
[FO ROB at Pilot Station   : HSFO：430. 2MT, IFO：0MT,
                                                       LSFO：243. 37MT, Total：673. 57MT]
[MDO or MGO ROB at Pilot Station   : 88. 89MT]
[Time at R/UpEng.   : 2014/Jun/05 13：48 UTC]
[Position at R/UpEng.   : 09-22. 2N 013-43. 6E]
[FO ROB at R/UpEng.   : HSFO：429. 271MT, IFO：0MT,
                                                       LSFO：243. 37MT, Total：672. 64MT]
[MDO or MGO ROB at R/UpEng.   : 88. 79MT]
[Your Set Gyro after R/UpEng.   : 180Degree]
[Your Set RPM after R/UpEng.   : 88 r. p. m.]
[Max/Min RPM Range   : Max：91 r. p. m. / Min：88 r. p. m.]
[Unusable RPM Range   : 59 – 71 r. p. m.]
[Destination Port Name   : DNEPROBUGSKY / UKRAINE]

[Destination Port Code :]
[Destination Pilot Station Name : YUZHNYY P/S]
[Destination Pilot Station Position : 46-31N 031-01E]
[Master's ETA at Pilot Station(UTC) : 2014/Jun/20 05:00 UTC]
[Master's ETA at Pilot Station(LT) : 2014/Jun/20 08:00 LT]
[Required Time of Arrival at Pilot Station (UTC) : 2014/Jun/20 05:00 UTC]
[Required Time of Arrival at Pilot Station (LT) : 2014/Jun/20 08:00 LT]
[Request Arrival Time Margin before Arrival Pilot Station:01hours00minutes]
[Reason for Request Arrival Time Margin :TRIED OUT ENGINE & NAV. EQUIPMENTS]
[Notification to Weathernews :]
[Remarks :]
[= = End of Message]

To:WNI
Fr:MV SAMPLE 2
Dd:06th June 2014
Re:Noon Report
略

Issued June 07th 0730 UTC 2014
To Master of MV SAMPLE 2 / A8KA9

Good day Captain,
Thank you very much for your departure report, well received.
Please be advised that we have updated our plan as PDF attachment(s) via E-mail.
Please download the E-mail with the attachments and confirm good reception.
Alternatively, if your E-mail system is out of order, please kindly let us know so we can send them via Telex.
If you have any inquiries, please do not hesitate to contact us anytime.

Best regards,
Weathernews Inc.

24 hours Telephone Assistance Available : +81-43-212-7211
Weathernews Telex Numbers : 072-88022
contact to WNI : wni-osr@wni.com

Issued Jun-07 0727z 2014

Oceanrouteing (Route Planning) for Sample 2

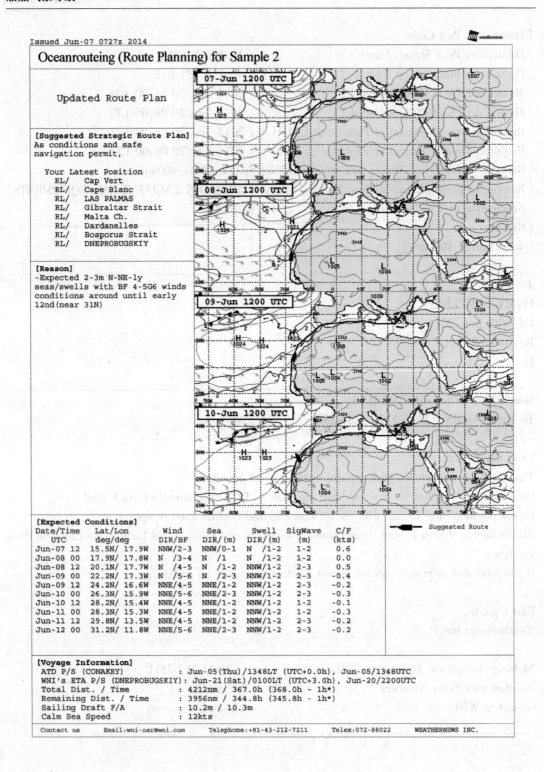

Updated Route Plan

[Suggested Strategic Route Plan]
As conditions and safe
navigation permit,

Your Latest Position
RL/   Cap Vert
RL/   Cape Blanc
RL/   LAS PALMAS
RL/   Gibraltar Strait
RL/   Malta Ch.
RL/   Dardanelles
RL/   Bosporus Strait
RL/   DNEPROBUGSKIY

[Reason]
-Expected 2-3m N-NE-ly
seas/swells with BF 4-5G6 winds
conditions around until early
12nd(near 31N)

[Expected Conditions]

Date/Time UTC	Lat/Lon deg/deg	Wind DIR/BF	Sea DIR/(m)	Swell DIR/(m)	SigWave (m)	C/F (kts)
Jun-07 12	15.5N/ 17.9W	NNW/2-3	NNW/0-1	N /1-2	1-2	0.6
Jun-08 00	17.9N/ 17.8W	N /3-4	N /1	N /1-2	1-2	0.0
Jun-08 12	20.1N/ 17.7W	N /4-5	N /1-2	NNW/1-2	2-3	0.5
Jun-09 00	22.2N/ 17.3W	N /5-6	N /2-3	NNW/1-2	2-3	-0.4
Jun-09 12	24.2N/ 16.6W	NNE/4-5	NNE/1-2	NNW/1-2	2-3	-0.2
Jun-10 00	26.3N/ 15.9W	NNE/5-6	NNE/2-3	NNW/1-2	2-3	-0.3
Jun-10 12	28.2N/ 15.4W	NNE/4-5	NNE/1-2	NNW/1-2	1-2	-0.1
Jun-11 00	28.3N/ 15.3W	NNE/4-5	NNE/1-2	NNW/1-2	1-2	-0.3
Jun-11 12	29.8N/ 13.5W	NNE/4-5	NNE/1-2	NNW/1-2	2-3	-0.2
Jun-12 00	31.2N/ 11.8W	NNE/5-6	NNE/2-3	NNW/1-2	2-3	-0.2

◄━━━ Suggested Route

[Voyage Information]
ATD P/S (CONAKRY)   : Jun-05(Thu)/1348LT (UTC+0.0h), Jun-05/1348UTC
WNI's ETA P/S (DNEPROBUGSKIY): Jun-21(Sat)/0100LT (UTC+3.0h), Jun-20/2200UTC
Total Dist. / Time   : 4212nm / 367.0h (368.0h - 1h*)
Remaining Dist. / Time   : 3956nm / 344.8h (345.8h - 1h*)
Sailing Draft F/A   : 10.2m / 10.3m
Calm Sea Speed   : 12kts

Contact us   Email:wni-osr@wni.com   Telephone:+81-43-212-7211   Telex:072-88022   WEATHERNEWS INC.

To:WNI
Fr:MV SAMPLE 2
Dd:07th June 2014 to 12th June 2014
Re:Noon Report
略

To Master of MV SAMPLE 2 / A8KA9

Good day Captain,

Thank you very much for your noon report, well received.

Please be advised that we have updated our plan as PDF attachment(s) via E-mail.

Please download the E-mail with the attachments and confirm good reception.

Alternatively, if your E-mail system is out of order, please kindly let us know so we can send them via Telex.

If you have any inquiries, please do not hesitate to contact us anytime.

Best regards,

Weathernews Inc.

24 hours Telephone Assistance Available	: +81-43-212-7211
Weathernews Telex Numbers	: 072-88022
contact to WNI	: wni-osr@wni.com

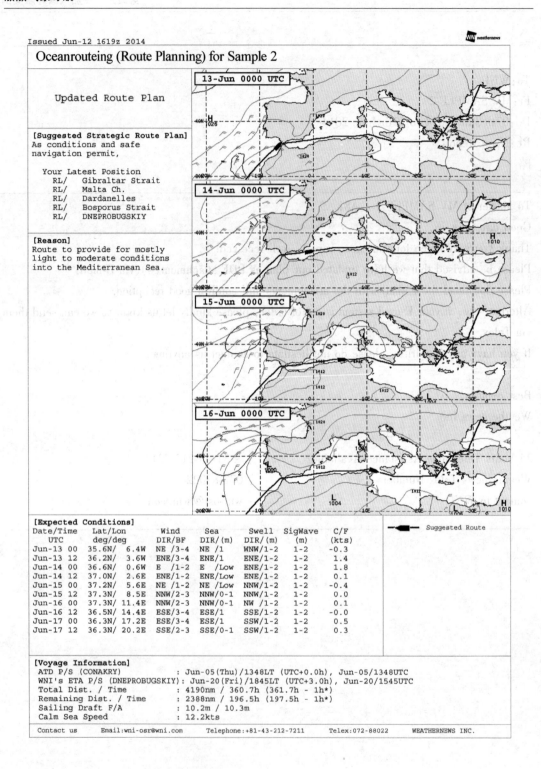

Oceanrouteing (Route Planning) for Sample 2

Updated Route Plan

[Suggested Strategic Route Plan]
As conditions and safe navigation permit,

Your Latest Position
RL/   Gibraltar Strait
RL/   Malta Ch.
RL/   Dardanelles
RL/   Bosporus Strait
RL/   DNEPROBUGSKIY

[Reason]
Route to provide for mostly light to moderate conditions into the Mediterranean Sea.

13-Jun 0000 UTC

14-Jun 0000 UTC

15-Jun 0000 UTC

16-Jun 0000 UTC

Suggested Route

[Expected Conditions]

Date/Time UTC	Lat/Lon deg/deg	Wind DIR/BF	Sea DIR/(m)	Swell DIR/(m)	SigWave (m)	C/F (kts)
Jun-13 00	35.6N/ 6.4W	NE /3-4	NE /1	WNW/1-2	1-2	-0.3
Jun-13 12	36.2N/ 3.6W	ENE/3-4	ENE/1	ENE/1-2	1-2	1.4
Jun-14 00	36.6N/ 0.6W	E /1-2	E /Low	ENE/1-2	1-2	1.8
Jun-14 12	37.0N/ 2.6E	ENE/1-2	ENE/Low	ENE/1-2	1-2	0.1
Jun-15 00	37.2N/ 5.6E	NE /1-2	NE /Low	NNW/1-2	1-2	-0.4
Jun-15 12	37.3N/ 8.5E	NNW/2-3	NNW/0-1	NNW/1-2	1-2	0.0
Jun-16 00	37.3N/ 11.4E	NNW/2-3	NNW/0-1	NW /1-2	1-2	0.1
Jun-16 12	36.5N/ 14.4E	ESE/3-4	ESE/1	SSE/1-2	1-2	-0.0
Jun-17 00	36.3N/ 17.2E	ESE/3-4	ESE/1	SSW/1-2	1-2	0.5
Jun-17 12	36.3N/ 20.2E	SSE/2-3	SSE/0-1	SSW/1-2	1-2	0.3

[Voyage Information]
ATD P/S (CONAKRY)   : Jun-05(Thu)/1348LT (UTC+0.0h), Jun-05/1348UTC
WNI's ETA P/S (DNEPROBUGSKIY): Jun-20(Fri)/1845LT (UTC+3.0h), Jun-20/1545UTC
Total Dist. / Time   : 4190nm / 360.7h (361.7h - 1h*)
Remaining Dist. / Time   : 2388nm / 196.5h (197.5h - 1h*)
Sailing Draft F/A   : 10.2m / 10.3m
Calm Sea Speed   : 12.2kts

Contact us   Email:wni-osr@wni.com   Telephone:+81-43-212-7211   Telex:072-88022   WEATHERNEWS INC.

To：WNI

Fr：MV SAMPLE 2

Dd：13th June 2014 to 16 th June 2014

Re：Departure Report

略

三、出具气象导航中期报告

From：Weathernews Inc. ［mailto：wni-osr@ wni. com］

Sent：Tuesday，June 17，2014 8：14 PM

To：Capt. J

Subject：Re：MV SAMPLE 2 – INTERIM REPORT

Issued June 17th 1215 UTC 2014

To Operator of MV SAMPLE 2 ／ A8KA9

Dear Capt. J，

Thank you for your E-mail regarding the MV SAMPLE 2.

Please find the attached Mid-Voyage Audit Report.

Based on the Charter Party requirements，it has been assessed as following.

Conclusion：

CONAKRY to 36. 30N 17. 00E（Economical speed）

Time Lost	No Time Lost
Fuel Oil	No Over-consumption ／ Saving
Diesel Oil	2. 21 MT Over-consumption

If you have any further questions or inquiries，please do not hesitate to contact Weathernews team.

Best Regards，

Kentaro Shimazaki

Weathernews Optimum Ship Routeing Team

＋＋＋＋＋＋＋＋＋＋＋＋＋＋＋＋＋＋＋＋＋＋＋＋＋＋＋＋＋＋＋

Contact with WNI／OSR ：wni-osr@ wni. com

Telex：072 － 88022

Telephone：＋81 － 43 － 212 － 7211

＋＋＋＋＋＋＋＋＋＋＋＋＋＋＋＋＋＋＋＋＋＋＋＋＋＋＋＋＋＋＋

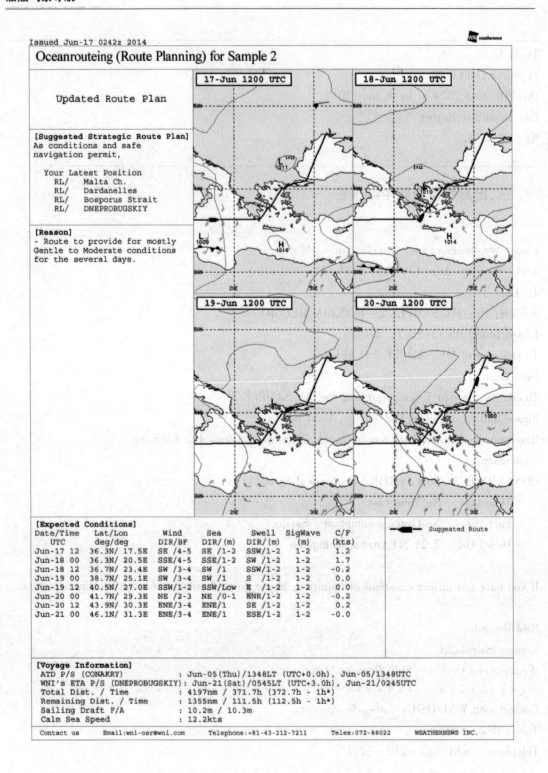

Issued Jun-17 0242z 2014

Oceanrouteing (Route Planning) for Sample 2

Updated Route Plan

[Suggested Strategic Route Plan]
As conditions and safe
navigation permit,

Your Latest Position
RL/   Malta Ch.
RL/   Dardanelles
RL/   Bosporus Strait
RL/   DNEPROBUGSKIY

[Reason]
- Route to provide for mostly
Gentle to Moderate conditions
for the several days.

17-Jun 1200 UTC

18-Jun 1200 UTC

19-Jun 1200 UTC

20-Jun 1200 UTC

[Expected Conditions]

Date/Time UTC	Lat/Lon deg/deg	Wind DIR/BF	Sea DIR/(m)	Swell DIR/(m)	SigWave (m)	C/F (kts)
Jun-17 12	36.3N/ 17.5E	SE /4-5	SE /1-2	SSW/1-2	1-2	1.2
Jun-18 00	36.3N/ 20.5E	SSE/4-5	SSE/1-2	SW /1-2	1-2	1.7
Jun-18 12	36.7N/ 23.4E	SW /3-4	SW /1	SSW/1-2	1-2	-0.2
Jun-19 00	38.7N/ 25.1E	SW /3-4	SW /1	S /1-2	1-2	0.0
Jun-19 12	40.5N/ 27.0E	SSW/1-2	SSW/Low	E /1-2	1-2	0.0
Jun-20 00	41.7N/ 29.3E	NE /2-3	NE /0-1	ENE/1-2	1-2	-0.2
Jun-20 12	43.9N/ 30.3E	ENE/3-4	ENE/1	SE /1-2	1-2	0.2
Jun-21 00	46.1N/ 31.3E	ENE/3-4	ENE/1	ESE/1-2	1-2	-0.0

◄— Suggested Route

[Voyage Information]
ATD P/S (CONAKRY)   : Jun-05(Thu)/1348LT (UTC+0.0h), Jun-05/1348UTC
WNI's ETA P/S (DNEPROBUGSKIY): Jun-21(Sat)/0545LT (UTC+3.0h), Jun-21/0245UTC
Total Dist. / Time   : 4197nm / 371.7h (372.7h - 1h*)
Remaining Dist. / Time   : 1355nm / 111.5h (112.5h - 1h*)
Sailing Draft F/A   : 10.2m / 10.3m
Calm Sea Speed   : 12.2kts

Contact us   Email:wni-osr@wni.com   Telephone:+81-43-212-7211   Telex:072-88022   WEATHERNEWS INC.

To：WNI

Fr：MV SAMPLE 2

Dd：18th June 2014

Re：Noon Report

略

To：WNI

Fr：MV SAMPLE 2

Dd：19th June 2014

Re：Noon Report

略

To：WNI

Fr：MV SAMPLE 2

Dd：20th June 2014

Re：Noon Report

略

To：WNI

Fr：MV SAMPLE 2

Dd：21th June 2014

Re：Noon Report

［＝＝Start of Message］

［Format Version   ：1.12］

［REPORT TYPE   ：NOON REPORT］

［Vessel Name   ：MV SAMPLE 2］

［IMO Number   ：9249271］

［Call Sign   ：A8KA9］

［Voyage Number   ：112］

［Load Condition   ：Laden］

［Departure Port Name   ：GIBRALTAR / GIBRALTAR］

［Departure Port Code   ：GBR］

［Time at Noon   ：2014/Jun/21 09：00 UTC］

［Position at Noon   ：44-38.9N 030-28E］

［Your Set Gyro at Noon   ：015Degree］

［Your Set RPM after this Noon   ：80 r. p. m. ］

[Steaming Distance from Last Report   : 233NM]
[Steaming Time from Last Report   : 24 hours 00 minutes]
[Average Speed from Last Report   : 9.7 knots]
[Average RPM from Last Report   : 80.83 r. p. m.]
[Slip from Last Report   : 20.6%]
[FO Consumption of M/E from Last Report   : HSFO:17.5MT, IFO:0MT,
                                                LSFO:0MT, Total:17.5MT]
[FO ROB at Noon   : HSFO:436.566MT, IFO:0MT,
                                                LSFO:243.37MT, Total:679.93MT]
[MDO or MGO ROB at Noon   : 84.39MT]
[Wind Speed   : 27 knots]
[Wind Direction   : NW]
[Wind Sea Height   : 4.0 m]
[Wind Sea Direction   : NW]
[Swell Height   : 3.0m]
[Swell Direction   : WSW]
[Destination Port Name   : DNEPROBUGSKY / UKRAINE]
[Destination Port Code   :]
[Destination Pilot Station Name   : Yuzhnyy]
[Destination Pilot Station Position   : 46-33.5N 031-01E]
[Master's ETA at Pilot Station(UTC)   : 2014/Jun/22 01:00 UTC]
[Master's ETA at Pilot Station(LT)   : 2014/Jun/22 04:00 LT]
[Required Time of Arrival at Pilot Station (UTC) : 2014/Jun/22 01:00UTC]
[Required Time of Arrival at Pilot Station (LT) : 2014/Jun/22 04:00 LT]
[Request Arrival Time Margin before Arrival Pilot Station:01hours00minutes]
[Reason for Request Arrival Time Margin   : Tried out engine]
[Remaining Distance to Pilot Station   : 123NM]
[Notification to Weathernews   :]
[Remarks   : Maneuvering/Slow steaming as per Charter-
                                                er's advise, to adjust ETA at 0400LT/22nd
                                                June 2014.]

To Master of MV SAMPLE 2 / A8KA9

Good day Captain,

Thank you for using our service for your shipping needs.

In order to complete the records for the voyage,

it would be very much appreciated if you would provide us with the following information at your

convenience:

– date / time (gmt)/ position / brob on standby-engine before transiting through Dardanelles Strait on June 19

– date / time(gmt)/ position / brob on rang up-engine after transiting through Bosporus Strait

If you require further clarification or assistance, please feel free to contact us at any time.

Best regards,

Weathernews Optimum Ship Routeing Team

To Master of MV SAMPLE 2 / A8KA9

Good day Captain,

Thank you for using our service for your shipping needs.

In order to complete the records for the voyage, it would be very much appreciated if you would provide us with the following information at your convenience:

date / time(gmt)/ position / brob / ave. RPM / M/E FOC / ave. speed

slip / total steaming time / total steaming distance on standby-engine arrival at DNEPRO BUGSKY

date / time(gmt)/ position / brob on standby-engine before transiting through Dardanelles Strait on June 19

date / time(gmt)/ position / brob on rang up-engine after transiting through Bosporus Strait

If you require further clarification or assistance, please feel free to contact us at any time.

Best regards,

Weathernews Optimum Ship Routeing Team
E-mail: wni-osr@ wni. com
Telex: 072-88022
Telephone: +81-43-212-7211

四、出具最终总结报告

MV SAMPLE 2
23 June 2014
Re: Arrival Report Dneprobugsky

Good day sir,

Pls. find below details of arrival information as per your message below.

Arrival Dneprobugsky

22 June 2014/ 0000 UTC/ 46 26. 5N/030 57E/ BROB：HSFO：429. 166 MT, LSFO：243. 37 MT, MGO：84. 9 MT/117/134. 40/7. 8 kts/20/15. 0 hrs/117

Before transitting through Dardanelles Strait/ June 19, 2014

19 June 2014/ 0818 UTC/ lat：39 43. 7N, long：025 45. 5E/ BROB：HSFO：472. 266 MT, LSFO：243. 37 MT, MGO：84. 89 MT

After transitting through Bosporus Strait

20 June 2014/ 1000 UTC/ lat：41 15.5N, long：029 10.3E/ BROB：HSFO：454. 066 MT, 243. 37 MT, MGO：84. 59 MT

WEATHERNEWS INC.
Global Center

Voyage Audit Report

WNI Route Number: sid20140530_000016
Date: June 24, 2014

Vessel Name:	SAMPLE 2	
Prepared for:	SAMPLE 2 SHIPPING CO.	
Departure:	CONAKRY	June 05, 2014 13:48GMT
Arrival:	DNEPRO BUGSKY	June 22, 2014 00:00GMT
Voyage No:	112	
Ship Type:	BULK CARRIER	
Loading Conditions:	Loaded	

1. Speed and Consumption Warranty & Good Weather Definition

Warranted Speed:	about 12.00 Knots
Warranted FO Consumption:	about 22.00 MT/day
Warranted DO Consumption:	0.0 MT/day
Good Weather Definition:	Wind force Beaufort Force 4, Significant wave height 2.0 meters (Douglas Sea State 3)

2. Speed and Consumption Calculation

CONAKRY to DNEPRO BUGSKY (Economical speed)

Time Lost	No Time Lost
Fuel Oil	No Over-consumption / Saving
Diesel Oil	2.90 MT Over-consumption

Weathernews' ship performance assessment methodology is in compliance with English case law, a Good Weather Analysis method, as set out in London law precedents such as by The Didymi [1987] 2 Lloyd's Rep 166 and The Gas Enterprise [1993] 2 Lloyd's Rep. 352.

Details at:
—http://weathernews.com/TFMS/services/opa/index.html
—And also shown at the last page of this report "Charter Party Compliance Auditing Methodology."

3. Remarks

CONAKRY to DNEPRO BUGSKY (Economical speed)

Exclusion

The following time, distance and amount of consumed fuel have been excluded from the Performance Speed Evaluation.

	Date/Time	Duration(hrs)	Distance(nm)	FO(MT)	DO(MT)
1	06/19/2014 0818Z - 06/20/2014 1000Z	25.7	195	18.20	0.30

1　Vessel transited through the Dardanelles, Sea of Marmara and Bosporus.

Notes

June 21st 0900Z - 22nd 0000Z is analyzed as being a good weather day but this day is not included in the good weather analysis as it was right before arrival at DNEPRO BUGSKY and it appears the vessel may have been on reduced speed.

Speed and Consumption Calculation

WNI Route Number: sid20140530_000016
Date: June 24, 2014

CONAKRY to DNEPRO BUGSKY (Economical speed)

The extrapolated time and fuel consumption for the entire voyage (based on the good weather speed and consumption) are compared to the warranted time and consumption as per the Charter Party. The difference between the values represents a time lost or gained and/or fuel over-consumption or saving.

Details at:
http://weathernews.com/TFMS/services/opa/methodology/07.html.

A. Good Weather Analysis

The following days were analyzed as "Good Weather Days" meeting the Charter Party requirements as stated on page 1 (1. Speed & Consumption Warranty & Good Weather Definition).
June 6 to 8, 12 1000Z - 13 0430Z, 14 to 19

	Good Weather		Entire Voyage	
Distance Sailed	2698	Miles	4011	Miles
Time En Route	226.0	Hours	358.0	Hours
Average Speed	11.9	Knots	11.2	Knots
Fuel Consumption	207.40	MT	318.91	MT
(Averaged Daily FO Consumption)	(22.02	MT/day)	(21.38	MT/day)
Diesel Consumption	1.90	MT	2.90	MT

Good Weather Average Speed: **11.9 Knots**
Good Weather Current Factor: **0.3 Knots**

Good Weather Performance Speed: 11.6 Knots

B. Time Calculation

Allowing 0.5 knot for "about", an effective warranted speed of **11.5 knots** has been used to calculate time loss for the entire voyage period.

Total Time at Good Weather Speed = $\dfrac{\text{Total Distance}}{\text{Good Weather Performance Speed}}$ (a)

Total Time at Warranted Speed   = $\dfrac{\text{Total Distance}}{\text{Warranted Speed - 0.5 knot}}$ (b)

Time Lost = (a) – (b)

Time Lost   = $\dfrac{4011}{11.60}$ – $\dfrac{4011}{11.50}$

= 345.78 – 348.78   =   -3.0 Hours

Conclusion: No Time Lost

C. Consumption Calculation

Unless otherwise specified, the fuel over-consumption assessment as well as fuel under-consumption assessment employ a 5% tolerance.

Effective warranted consumption
Fuel over-consumption: 23.10 MT (a plus 5% tolerance applied) and 0.00 MT DO/GO (No tolerance applied)
Fuel under-consumption: 20.90 MT (a minus 5% tolerance applied) and 0.00 MT DO/GO (No tolerance applied)

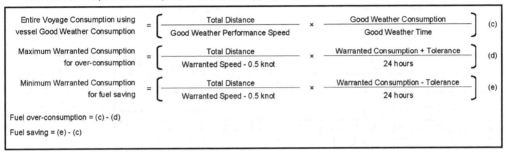

$$\text{Entire Voyage Consumption using vessel Good Weather Consumption} = \left[\frac{\text{Total Distance}}{\text{Good Weather Performance Speed}} \times \frac{\text{Good Weather Consumption}}{\text{Good Weather Time}} \right] \quad (c)$$

$$\text{Maximum Warranted Consumption for over-consumption} = \left[\frac{\text{Total Distance}}{\text{Warranted Speed} - 0.5 \text{ knot}} \times \frac{\text{Warranted Consumption} + \text{Tolerance}}{24 \text{ hours}} \right] \quad (d)$$

$$\text{Minimum Warranted Consumption for fuel saving} = \left[\frac{\text{Total Distance}}{\text{Warranted Speed} - 0.5 \text{ knot}} \times \frac{\text{Warranted Consumption} - \text{Tolerance}}{24 \text{ hours}} \right] \quad (e)$$

Fuel over-consumption = (c) - (d)
Fuel saving = (e) - (c)

(1) Fuel Oil

$$\text{Entire Voyage Consumption using vessel Good Weather Consumption} = \frac{4011}{11.60} \times \frac{207.40}{226.0} = 317.32 \text{ MT} \quad (c')$$

$$\text{Maximum Warranted Consumption for over-consumption} = \frac{4011}{11.50} \times \frac{23.10}{24.0} = 335.70 \text{ MT} \quad (d')$$

$$\text{Minimum Warranted Consumption for fuel saving} = \frac{4011}{11.50} \times \frac{20.90}{24.0} = 303.73 \text{ MT} \quad (e')$$

Conclusion: No Fuel Oil Over-consumption/Saving

(2) Diesel Oil

$$\text{Entire Voyage Consumption using vessel Good Weather Consumption} = \frac{4011}{11.60} \times \frac{1.90}{226.0} = 2.91 \text{ MT} \quad (c'')$$

$$\text{Maximum Warranted Consumption for over-consumption} = \frac{4011}{11.50} \times \frac{0.00}{24.0} = 0.00 \text{ MT} \quad (d'')$$

$$\text{Minimum Warranted Consumption for fuel saving} = \frac{4011}{11.50} \times \frac{0.00}{24.0} = 0.00 \text{ MT} \quad (e'')$$

Diesel Oil Over-consumption = (c'') - (d'') = 2.91 - 0.00 = 2.91 MT

Conclusion: 2.90 MT Diesel Oil Over-consumption

*Diesel Oil Over-consumption based on actual reported consumption data.

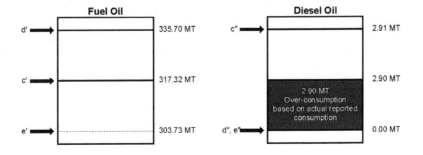

Voyage Summary Report

Leg ID:	sid20140530_000016
Date:	June 24, 2014

SAMPLE 2   Operator: SAMPLE 2 SHIPPING CO.

Departure:	CONAKRY	9.4N	13.7W	June 5, 2014	13:48 (GMT)
Arrival:	GIBRALTAR	36.0N	5.5W	June 13, 2014	04:30 (GMT)
Distance:	2026 miles		Time En Route 182.7 hours	Average Speed: 11.1 knots	

DATE	REPORTED POSITIONS			1200 GMT DR DAILY POSITIONS		DAILY		1200 GMT WEATHER				REPORTED VESSEL DATA			AVERAGE DAILY CONS.	
									SURFACE WIND		SIG. WAVE	ENGINE	ROB			
	LAT	LON	GMT	LAT	LON	DISTANCE (NM)	SPEED (KTS)	DIR	SPEED (KTS)	BEAUFORT FORCE	HEIGHT (M)	RPM	F.O. (M/T)	M.D.O. (M/T)	F.O. (M/T)	M.D.O. (M/T)
6/5	9.4N	13.7W	13:48										672.64	88.79		
6/6	10.6N	17.6W	12:00	10.61N	17.61W	264.2	11.9	WNW	8	3	1.5	88.5	652.24	88.59	22.1	0.2
6/7	15.2N	18.0W	12:00	15.24N	18.00W	292.7	12.2	NNW	11	4	1.4	88.5	630.54	88.39	21.7	0.2
6/8	19.9N	18.0W	12:00	19.86N	18.00W	277.0	11.5	NNE	17	5	2.0	89.6	608.64	88.19	21.9	0.2
6/9	23.7N	16.8W	11:00	23.83N	16.66W	252.8	10.5	NNE	20	5	2.0	87.8	586.94	87.99	22.6	0.2
6/10	27.3N	14.2W	11:00	27.45N	14.12W	257.3	10.7	NNE	14	4	1.1	89.7	565.14	87.79	21.8	0.2
6/11	30.6N	11.6W	11:00	30.73N	11.47W	241.5	10.1	N	23	6	2.7	88.8	543.34	87.59	21.8	0.2
6/12	33.7N	8.6W	10:00	33.97N	8.32W	253.2	10.5	NE	6	2	1.3	88.4	522.04	87.39	22.2	0.2
6/13	36.0N	5.5W	4:30			187.0	11.4						504.74	87.29	22.4	0.1

The weather data displayed on this page serves as a quick reference / general overview of weather conditions along this voyage. The more detailed data set necessary for an accurate selection of good weather days is displayed in the 6 hourly analysis' pages.

6 Hourly Analysis

	Leg ID:	sid20140530_000016
	Date:	June 24, 2014

SAMPLE 2　　　Operator: SAMPLE 2 SHIPPING CO.

Departure: CONAKRY　　9.4N　　13.7W　　June 5, 2014　　13:48 (GMT)
Arrival:　　GIBRALTAR　36.0N　　5.5W　　June 13, 2014　　04:30 (GMT)
Distance:　2026 miles　　Time En Route 182.7 hours Average Speed: 11.1 knots

DATE	GMT	POSITIONS LAT	POSITIONS LON	DISTANCE (NM)	WIND DIR	WIND SPEED (KTS)	BF	SIG. WAVE (M)	CURRENT DIR	CURRENT SPEED (KTS)	FAC (KTS)
6/5	13:48	9.37N	13.73W		WSW	1.0	1	0.6	WNW	0.1	0.07
6/5	18:00	9.32N	14.56W		W	7.0	3	1.3	ENE	0.1	-0.08
6/6	0:00	9.33N	15.76W		WSW	7.0	3	1.3	NNW	0.2	0.11
6/6	6:00	9.75N	16.77W		NW	10.0	3	1.3	NNE	0.5	0.23
6/6	12:00	10.61N	17.61W	264.2	WNW	8.0	3	1.5	NE	0.8	-0.08
6/6	18:00	11.59N	18.15W		WNW	5.0	2	1.3	E	1.0	-0.11
6/7	0:00	12.81N	18.06W		WNW	6.0	2	1.2	NNW	1.4	1.33
6/7	6:00	14.02N	17.98W		WNW	3.0	1	1.2	N	1.4	1.39
6/7	12:00	15.24N	18.00W	292.7	NNW	11.0	4	1.4	ENE	0.6	0.15
6/7	18:00	16.40N	18.00W		NNW	5.0	2	1.7	ESE	0.3	-0.13
6/8	0:00	17.55N	18.00W		N	15.0	4	1.6	S	0.2	-0.17
6/8	6:00	18.71N	18.00W		N	17.0	5	1.8	NNE	0.3	0.29
6/8	12:00	19.86N	18.00W	277.0	NNE	17.0	5	2.0	WNW	0.4	0.21
6/8	18:00	20.90N	17.93W		N	21.0	5	2.2	NNW	0.5	0.30
6/9	0:00	21.88N	17.52W		NNE	23.0	6	2.5	SW	0.7	-0.63
6/9	6:00	22.86N	17.11W		NNE	19.0	5	2.2	WSW	0.5	-0.40
6/9	11:00	23.68N	16.77W	242.0	NNE	17.0	5	2.1	SW	0.4	-0.34
6/9	12:00	23.83N	16.66W		NNE	20.0	5	2.0	S	0.1	-0.07
6/9	18:00	24.74N	16.03W		NNE	19.0	5	1.9	SW	0.6	-0.54
6/10	0:00	25.65N	15.40W		NNE	18.0	5	1.7	SSW	0.1	-0.10
6/10	6:00	26.55N	14.76W		NNE	16.0	4	1.7	NE	0.3	0.27
6/10	11:00	27.31N	14.23W	258.0	NNE	13.0	4	1.1	S	0.1	-0.12
6/10	12:00	27.45N	14.12W		NNE	14.0	4	1.1	WSW	0.7	-0.55
6/10	18:00	28.27N	13.46W		N	20.0	5	1.5	SW	0.4	-0.37
6/11	0:00	29.08N	12.81W		N	21.0	5	2.1	SW	0.1	-0.10
6/11	6:00	29.90N	12.14W		N	24.0	6	2.7	SSW	0.6	-0.59
6/11	11:00	30.59N	11.58W	241.0	N	25.0	6	2.7	WSW	0.4	-0.36
6/11	12:00	30.73N	11.47W		N	23.0	6	2.7	SW	0.4	-0.41
6/11	18:00	31.58N	10.76W		N	21.0	5	2.3	SSW	0.6	-0.54
6/12	0:00	32.44N	10.05W		N	16.0	4	1.9	W	0.4	-0.23
6/12	6:00	33.22N	9.24W		N	9.0	3	1.6	SW	0.8	-0.81
6/12	10:00	33.68N	8.61W	240.9	NE	7.0	3	1.5	W	0.6	-0.44
6/12	12:00	33.97N	8.32W		NE	6.0	2	1.3	W	0.3	-0.16
6/12	18:00	34.84N	7.44W		NE	15.0	4	0.9	NNW	0.7	0.46
6/13	0:00	35.66N	6.48W		NE	21.0	5	0.9	NW	0.9	0.05
6/13	4:30	35.95N	5.53W	210.1							

▨ Good weather days

SAMPLE 2

WNI weathernews *Always WITH you!*

Leg ID: sid20140530_000016

Route	Distance	Time	Speed	Departure Time	Arrival Time
Actual	2026 NM	182.7 Hours	11.1 knots	6/5/2014 13:48 (GMT)	6/13/2014 04:30 (GMT)

FROM: 9.4N 13.7W CONAKRY
TO: 36.0N 5.5W GIBRALTAR

```
LEGEND:
8      Wind from NE(045)
         Each barb = 10 kts
W 5      1/2 barb = 5 kts
8 - DAY OF THE MONTH
W 5 - PRIMARY WAVE FROM WEST,
       5 METERS
Date   Good weather days
```

Voyage Summary Report

Leg ID:	sid20140530_000016
Date:	June 24, 2014

 weathernews *Always WITH you!*

SAMPLE 2　　Operator: SAMPLE 2 SHIPPING CO.

Departure:	GIBRALTAR	36.1N	5.3W	June 13, 2014	15:00 (GMT)
Arrival:	DNEPRO BUGSKY	46.5N	31.0E	June 22, 2014	00:00 (GMT)
Distance:	2180 miles	Time En Route 201.0 hours	Average Speed: 10.8 knots	

DATE	REPORTED POSITIONS			1200 GMT DR DAILY POSITIONS		DAILY		1200 GMT WEATHER				REPORTED VESSEL DATA			AVERAGE DAILY CONS.	
								SURFACE WIND			SIG. WAVE	ENGINE	ROB			
	LAT	LON	GMT	LAT	LON	DISTANCE (NM)	SPEED (KTS)	DIR	SPEED (KTS)	BEAUFORT FORCE	HEIGHT (M)	RPM	F.O. (M/T)	M.D.O. (M/T)	F.O. (M/T)	M.D.O. (M/T)
6/13	36.1N	5.3W	15:00										841.74	86.09		
6/14	36.6N	0.5W	10:00	36.72N	0.01E	260.1	12.4	NW	3	1	0.1	88.0	822.94	85.89	23.7	0.3
6/15	37.6N	5.4E	10:00	37.73N	5.87E	287.8	12.0	NNE	12	4	0.9	88.2	801.24	85.69	21.7	0.2
6/16	37.3N	11.3E	10:00	37.20N	11.79E	294.9	12.3	SW	6	2	0.4	88.4	779.44	85.49	21.8	0.2
6/17	36.3N	17.0E	10:00	36.27N	17.50E	282.0	11.7	SE	18	5	1.0	88.4	757.84	85.29	21.6	0.2
6/18	36.0N	22.7E	9:00	36.28N	23.27E	288.7	12.0	SW	11	4	0.4	88.9	736.94	85.09	21.8	0.2
6/19	39.7N	25.8E	8:18	40.02N	26.16E	266.7	11.1	WSW	9	3	0.2		715.64	84.89	21.9	0.2
6/20	41.1N	29.1E	9:00	41.48N	29.45E	187.6	7.8	W	20	5	1.4	87.9	698.84	84.69	16.0	0.2
6/21	44.7N	30.5E	9:00	45.02N	30.65E	218.7	9.1	WNW	7	3	0.7	80.8	679.94	84.39	18.3	0.2
6/22	46.5N	31.0E	0:00			94.0	7.8						672.53	84.39	11.9	0.0

The weather data displayed on this page serves as a quick reference / general overview of weather conditions along this voyage. The more detailed data set necessary for an accurate selection of good weather days is displayed in the 6 hourly analysis' pages.

6 Hourly Analysis

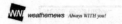
weathernews *Always WITH you!*

Leg ID:	sid20140530_000016
Date:	June 24, 2014

SAMPLE 2　　Operator: SAMPLE 2 SHIPPING CO.

Departure:	GIBRALTAR	36.1N	5.3W	June 13, 2014	15:00 (GMT)
Arrival:	DNEPRO BUGSKY	46.5N	31.0E	June 22, 2014	00:00 (GMT)
Distance:	2180 miles		Time En Route 201.0 hours	Average Speed: 10.8 knots	

DATE	GMT	POSITIONS		DISTANCE	WIND			SIG.	CURRENT		
		LAT	LON	(NM)	DIR	SPEED (KTS)	BF	WAVE (M)	DIR	SPEED (KTS)	FAC (KTS)
6/13	15:00	36.07N	5.26W		E	9.0	3	0.4	S	0.4	-0.05
6/13	18:00	36.12N	4.50W		E	6.0	2	0.2	ENE	1.4	1.24
6/14	0:00	36.22N	2.97W		WNW	1.0	1	0.2	SSE	0.6	0.09
6/14	6:00	36.41N	1.46W		S	2.0	1	0.1	WSW	0.4	-0.44
6/14	10:00	36.63N	0.47W	236.2	SSE	2.0	1	0.1	E	2.4	2.35
6/14	12:00	36.72N	0.01E		NW	3.0	1	0.1	SE	1.5	0.91
6/14	18:00	37.00N	1.46E		E	7.0	3	0.1	NNE	0.4	0.19
6/15	0:00	37.29N	2.91E		ESE	7.0	3	0.1	NW	0.7	-0.36
6/15	6:00	37.56N	4.37E		ENE	9.0	3	0.6	N	0.9	-0.01
6/15	10:00	37.63N	5.37E	287.0	NE	6.0	2	0.8	WNW	0.5	-0.46
6/15	12:00	37.73N	5.87E		NNE	12.0	4	0.9	SSE	0.4	0.12
6/15	18:00	38.03N	7.38E		N	4.0	2	1.0	NNE	0.5	0.37
6/16	0:00	37.98N	8.87E		W	8.0	3	0.8	ENE	0.6	0.43
6/16	6:00	37.57N	10.34E		W	10.0	3	0.5	E	0.3	0.25
6/16	10:00	37.30N	11.32E	296.2	W	7.0	3	0.4	NE	0.4	0.25
6/16	12:00	37.20N	11.79E		SW	6.0	2	0.4	NE	0.4	0.18
6/16	18:00	36.91N	13.20E		NE	4.0	2	0.6	NE	0.3	0.18
6/17	0:00	36.61N	14.61E		S	9.0	3	0.7	S	0.2	0.01
6/17	6:00	36.42N	16.04E		SE	14.0	4	1.1	N	0.8	-0.23
6/17	10:00	36.30N	17.00E	281.3	ESE	16.0	4	1.0	ESE	0.9	0.81
6/17	12:00	36.27N	17.50E		SE	18.0	5	1.0	ENE	1.6	1.44
6/17	18:00	36.20N	18.98E		SSE	16.0	4	1.2	NNE	1.0	0.17
6/18	0:00	36.12N	20.46E		SE	14.0	4	0.8	ENE	2.1	1.74
6/18	6:00	36.04N	21.94E		S	8.0	3	0.6	SE	1.5	1.19
6/18	9:00	36.00N	22.68E	277.1	SSW	9.0	3	0.5	N	0.4	0.04
6/18	12:00	36.28N	23.27E		SW	11.0	4	0.4	WNW	0.3	-0.08
6/18	18:00	37.31N	23.99E		SSW	10.0	3	0.8	NE	0.4	0.39
6/19	0:00	38.27N	24.82E		SW	9.0	3	0.4	SSW	0.5	-0.53
6/19	6:00	39.33N	25.50E		SE	6.0	2	0.3	SW	0.2	-0.20
6/19	8:18	39.73N	25.77E	276.7	ESE	7.0	3	0.3	W	0.4	-0.06
6/19	9:00	39.78N	25.78E	2.9	ESE	7.0	3	0.3	W	0.4	-0.28
6/19	12:00	40.02N	26.16E		WSW	9.0	3	0.2	NNW	0.0	0.00
6/19	18:00	40.47N	26.86E		WSW			0.1	N	0.0	0.00
6/20	0:00	40.74N	27.78E		WSW	4.0	2	0.1	N	0.0	0.00
6/20	6:00	40.92N	28.75E		W	10.0	3	0.2	N	0.0	0.00
6/20	9:00	41.13N	29.07E	181.9	W	12.0	4	0.6	N	0.0	0.00

　　　Good weather days

6 Hourly Analysis

Leg ID:	sid20140530_000016
Date:	June 24, 2014

DATE	GMT	POSITIONS		DISTANCE	WIND			SIG.	CURRENT		
		LAT	LON		DIR	SPEED	BF	WAVE	DIR	SPEED	FAC
				(NM)		(KTS)		(M)		(KTS)	(KTS)
6/20	10:00	41.27N	29.17E	9.9	W	12.0	4	0.6	SE	0.1	-0.01
6/20	12:00	41.48N	29.45E		W	20.0	5	1.4	E	0.7	0.20
6/20	18:00	42.39N	29.73E		NW	21.0	5	1.8	NNW	0.4	0.38
6/21	0:00	43.29N	30.02E		WNW	18.0	5	1.5	S	0.2	-0.22
6/21	6:00	44.20N	30.32E		NW	15.0	4	1.1	WSW	0.4	-0.19
6/21	9:00	44.65N	30.47E	213.9	NW	15.0	4	1.1	WSW	0.7	-0.48
6/21	12:00	45.02N	30.65E		WNW	7.0	3	0.7	SSW	0.7	-0.68
6/21	18:00	45.75N	31.02E		W	12.0	4	0.6	SSW	0.9	-0.85
6/22	0:00	46.45N	30.95E	117.1							

Good weather days

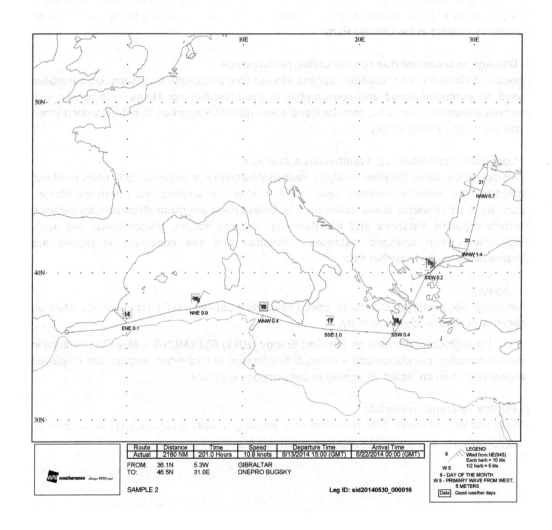

	Route	Distance	Time	Speed	Departure Time	Arrival Time
	Actual	2180 NM	201.0 Hours	10.8 knots	6/13/2014 15:00 (GMT)	6/22/2014 00:00 (GMT)

FROM:　36.1N　5.3W　GIBRALTAR
TO:　46.5N　31.0E　DNEPRO BUGSKY

SAMPLE 2

Leg ID: sid20140530_000016

LEGEND:
8　Wind from NE(045)
　　Each barb = 10 kts
W 5　1/2 barb = 5 kts
8 - DAY OF THE MONTH
W 5 - PRIMARY WAVE FROM WEST,
5 METERS
Date　Good weather days

weathernews *Always WITH you!*

Charter Party Compliance Auditing Methodology

1. Good Weather Method
Ship Performance is assessed based on the Good Weather Method as set out by The Didymi [1987] 2 Lloyd's Rep 166 and The Gas Enterprise [1993] 2 Lloyd's Rep. 352.
The vessel's performance in good weather conditions stipulated in the Charter Party is analyzed taking into account the average speed and the current factor during good weather periods, unless otherwise stipulated.

A "day" is taken to be the period of time between consecutive daily noon positions: each day is categorized as a "good weather day" or "adverse weather day" according to the good weather definition stipulated in the Charter Party.

2. Damage assessment due to ship under-performance
Speed and Consumption Calculation applies allowed time and allowed consumption calculated based on warranted speed and consumption in good weather conditions. Complying with maritime arbitration standards, time loss and over/under-consumption is not calculated when there are no good weather days.

3. Logbooks description vs. Weathernews Analysis
To complete the Good Weather Analysis method Weathernews requests daily noon positions (including time, distance, weather, seas, RPM, bunker consumption, etc.) from the Master, which are to be evaluated in evaluation reports. Unless there are major discrepancies between Master's reported distances and Weathernews' analysis values, Weathernews will apply Weathernews' own analyzed distances. Weather and sea conditions in reports are Weathernews' verified weather data.

4. "About"
Complying with arbitration standards, speed calculation applies a 0.5 knot allowance when an "about" is applied to speed warranty.

As per the High Court decision on The Gaz Energy (2012) 852 LMLN 2 a plus 5% tolerance in over-consumption calculation and a minus 5 % tolerance in under-consumption are employed respectively when an "about" is applied to consumption warranty.

5. Further reference materials
Please visit Weathernews' Official Performance Auditing website for Quick and Fair settlement.
http://weathernews.com/TFMS/services/opa/index.html

参考文献

［1］李志华,王辉. 船舶海洋气象导航［M］. 大连:大连海事大学出版社,2006.

［2］杨礼伟,杨良华. 船舶气象定线［M］. 北京:人民交通出版社,1986.

［3］王长爱,姚洪秀. 船舶海洋气象导航［M］. 上海:中国纺织大学出版社,1993.

［4］陈家辉. 航海气象学与海洋学［M］. 大连:大连海事大学出版社,2001.

［5］韩忠南. 船舶最佳航线计算研究［J］. 海洋学报,1986.

［6］Capt. R. Motte. Weather Routeing of Ships［M］. Maritime Press,1972.